新筆跡鑑定

Graphology

事件を見抜く筆跡心理学

日本筆跡心理学協会会長
根本寛

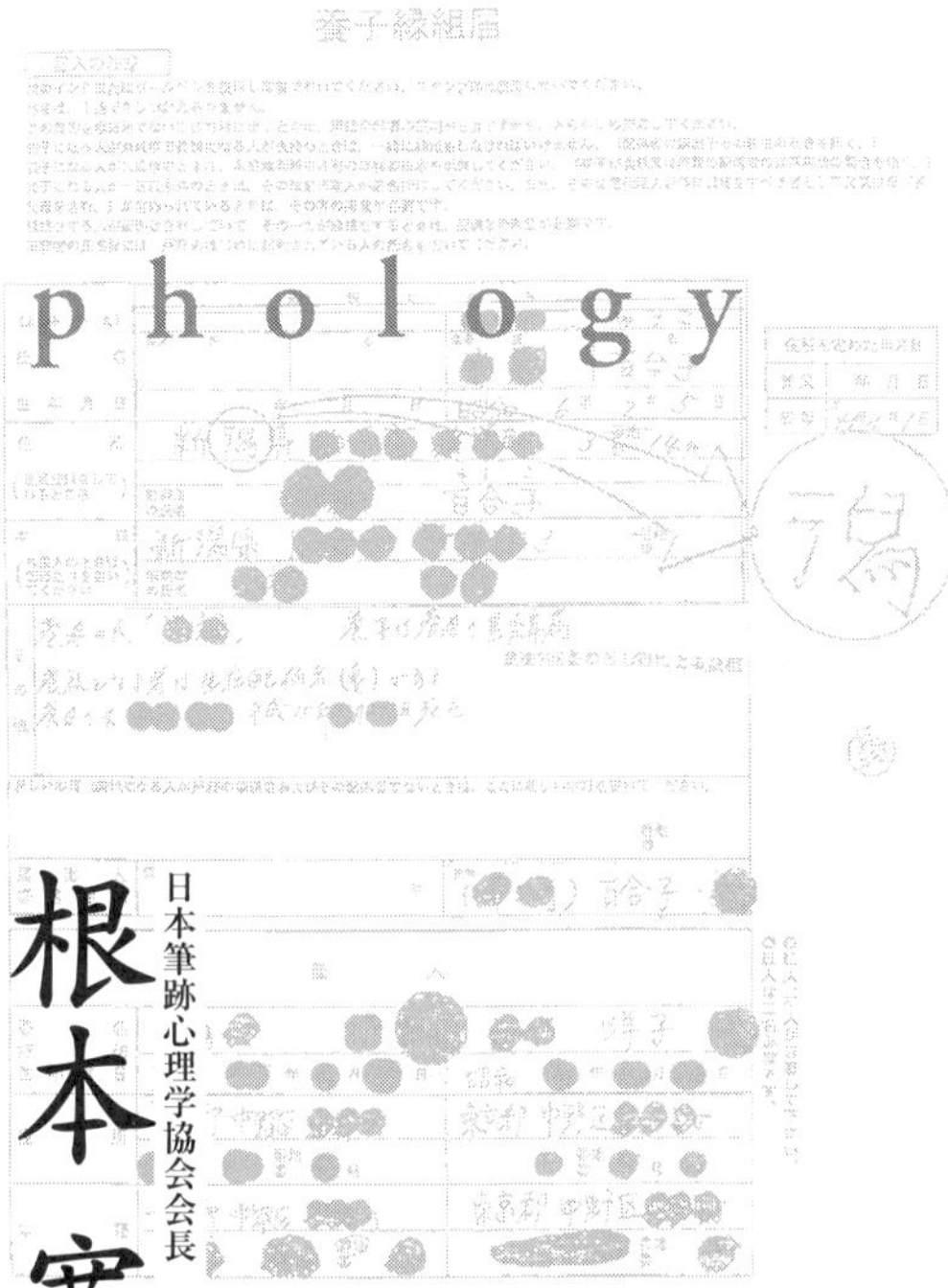

三和書籍

新しい筆跡鑑定への挑戦

はじめに

私は現在までに、筆跡心理学を二五年ほど研究してきた。その一方で、プロの筆跡鑑定人として、約一〇年活動し約一三〇〇件の鑑定を行ってきた。この間、筆跡心理学をベースにした書物を一〇冊ほど刊行し、また弁護士さんなどに向けて、筆跡鑑定に係わるメール・マガジンを発行してきた。私としては、筆跡心理学には、学究的立場で臨み、筆跡鑑定人としては、実務家としての立場でそれぞれ注力してきた。

筆跡心理学は、筆跡鑑定の土台になる非常に意義のある学問である。しかし、筆跡鑑定は、わが国においては警察系の鑑定人が先人として実績を積んでいる。その警察系の鑑定人は、筆跡心理学の素養はない。そのような中で、社会的に十分知られていない筆跡心理学を表に出すことは、様々な面で弊害が予想された。

最終判定人たる裁判官や、一部の弁護士さんには理解して頂けないだろうということである。それにより、私の作成した筆跡鑑定書が否定されれば、私の立場がないことは当然として、何より依頼人の足を引っ張ることになりかねない。

このような弊害が予測されたので、私は筆跡鑑定書に、筆跡心理学の知見を表現することは今まで行っていない。しかし、筆跡から人の性格や行動傾向を読み解く筆跡心理学は、筆跡鑑定を進める上で基礎知識として大いに役立つものである。フランスやイタリーでは、国の制度として上級の筆跡心理学者（グラフォロジスト）でなければ、司法の筆跡鑑定を行う事はできない。

本書のテーマの一つは、わが国において、筆跡鑑定と筆跡心理学の知見の融合を図ろうとすることである。この融合には多くの曲折があるだろうが、私としてはわが国の筆跡鑑定の水準を上げるため、是非とも実現したいものだと考えている。

第1章では筆跡心理学の概要を説明する。筆跡心理学を成り立たせている基本原理や内容について、出来るだけ具体的に説明した。わが国では、特に男性には知られていないので、ぜひ知っていただきたいと考えた。筆跡鑑定に関係する弁護士さんに役立つのは当然として、筆跡心理学は人生の全てに関係するものなので、誰にとっても見逃すことのできない知識として役に立つものと思う。

第2章では、わが国の筆跡鑑定における「問題点」、「改善案」、「新しい筆跡鑑定の方向」について、司法と警察系鑑定の問題提起を含め、今後の方向について具体的に提言した。また、韜晦筆跡《とうかいひっせき》（自分の筆跡個性を隠す筆跡）や左手（逆手）で書かれた筆跡の鑑定など、現在の鑑定では、安定したノウハウのない分野について、経験をもとにできるだけ理論的に整理して説明した。

裁判所主導の鑑定において、荒唐無稽な鑑定書によって臍をかんだ弁護士さんがいると思う。そのような鑑定書が何故できてしまうのか。それは、裁判所リストに載っている元警察官鑑定人と裁判所のなれ合いの結果ともいえる。弁護士さんは、本書によりそれを打開するすべを身に付けて頂きたい。また、鑑定に係る全ての人にとって見逃すことのできない諸要点を説明した。

第3章では、「筆跡鑑定の現状」について、様々なケースの具体例を幅広く数多く取り上げて説明した。世の中には、こんな問題が起こっているのかと、面白く読みながら、筆跡鑑定の要点、筆跡鑑定で負けないためのポイント、間違いのない鑑定依頼の要点がよく理解できる内容にしたつもりである。弁護士さんなど法曹関係者を含め、筆跡鑑定に興味のある方にとっては、有用な実務知識になるものと思う。

第4章では、普通の市民として暮らしていたのに、ある日突然、裁判所から出頭命令書が届くなど、考えもしなかった筆跡鑑定の紛争に巻き込まれた方に対して、どのように考え、どのように対処するのかを具体的に説明した。筆跡鑑定に対する基本のスタンス、鑑定資料の選択、間違いのない依頼方法など、この章は、実務マニュアルとして役立てて頂ける内容になっている。

第5章では、印影（印鑑）鑑定について知っておくべきことをシンプルにまとめた。印影鑑定はコンピュータや光学機器の発達が著しく、それら最新の機器を駆使している技術力の高い鑑定人と、旧態依然たる古い鑑定人との差が大きくなっている。いわば玉石混交状態である。それだけに、これだけは知っておくと損はしないという大事なポイントをわかりやすくまとめた。何らかの意味で縁のある関係者には必ず役に立つものと思う。

本書の究極の目的は、今まで科捜研など警察分野に偏っていて、未だ確立されているとはいえない筆跡鑑定の確立に役立ち、筆跡鑑定の信頼性を高め、利用者が安心して利用でき、その結果、なにより誤った判決が無くなることに寄与したいということである。そのためには、筆跡鑑定という狭い世界ではあるが、閉ざされた世界ではなく、多くの法曹関係者の幅広い理解が必要で、そこに役立つことが何よりの目的である。

もちろん私ごとき浅学の徒に容易に実現できることとは思われないが、同じような志を持つ人たちのためにも、将来への布石として一歩を記しておきたいと思う。

新筆跡鑑定　目次

第2章　筆跡鑑定の本質と問題点、そして夢

第4章 ある日裁判所からの呼び出し状が届いた

第5章 印影鑑定（印鑑鑑定）について知っておくべきこと

第1章　筆跡心理学と筆跡鑑定の融合

1 世界における筆跡心理学の歴史

⑴ 世界における筆跡心理学の位置づけ

筆跡心理学は、世界的には「グラフォロジー（Graphology）」と呼ばれている。幅広い分野があるが中心テーマは筆跡から書き手の性格を分析することである。ヨーロッパでは非常に発展していて、パリには「フランス・グラフォロジー協会」があり、ヨーロッパのグラフォロジーの総本山のように位置づけられている。

グラフォロジー（Graphology）とは、グラフィック（Graphic）…「図形」とサイコロジー（psychology）…「心理学」の合成語で、日本語にすれば「筆跡心理学」となる。

ヨーロッパの中でも、フランス、ドイツ、イタリー、ベルギーなどは特に盛んで、国際学会なども頻繁に開かれているようだ。中でもフランスは、「グラフォロジスト（筆跡診断士）」は、第1種はフランス・グラフォロジー協会が認定するが、上級の第2種は、弁護士などと同じく国の認定する国家資格になっている。この資格がないと、司法関係の筆跡鑑定はできないそうである。何の資格もなくても筆跡鑑定人が営業できる日本とは異なっている。

「フランス・グラフォロジー協会」のこれまでの役員には、アルバート・シュバイツァー、アンドレ・ジード、アンドレ・モーロア等、ノーベル賞受賞者や第一級の知識人が目白押しということでわかるように、非常に権威ある団体である。

フランスの国家資格制度は、イタリーにも受け継がれ、イタリーでは二〇一三年に上級のグラフォロジストは国家認定の資格になり、やはり、この資格がないと司法関係の筆跡鑑定はできないことになった。この上級グラフォロジストは五〇〇人もおり、裁判所から鑑定の依頼を受けるのは、なかなかに狭き門だと聞いている。

(2) アングロサクソン系の国々ではやや不熱心

アメリカやイギリスなどアングロサクソン系の国々では、仏・独・伊などに比べると筆跡心理学にはやや冷淡のようだ。しかし、それでもわが国ほどではなく、アメリカなどは最近は活発化しているとも聞いている。

私どもの米国顧問の稲垣好子氏（サンディエイゴ在）は、アメリカで、コンサルタント会社の運営する筆跡による性格診断業務に従事したことがあり、三〇〇〇人程度は、企業の要請による診断を担当したそうだから、筆跡心理学に冷淡といってもわが国とは比較にならないようである。

(3) 日本能率協会の担当者もビックリ

すこし古い話になるが、私は日本能率協会で講師をしていたことがある。そのころ聞いた話だが、日本能率協会がわが国の代表的な企業の人事責任者を引き連れて、欧米の社会人研修事情を視察に行った。これは、夏休みに行っていた恒例の行事であった。

イギリスで双方から一〇人程度出席して意見交換会を行ったときのこと。彼らの一人がこういった。

「わが国はグラフォロジーには冷淡で、活用している企業は五パーセント程度であるが、大陸（仏、独など）は、熱心で企業の八割程度は活用している」

日本能率協会の担当者も大手会社の社員も「グラフォロジー」など聞いたこともなかったので、「それは筆跡と性格の関係の学問か？」と、目を白黒させて質問したそうだ。これは、私がその分野に携わっていることを知っている職員が私に教えてくれた話である。

フランスでは、企業の七〜八割は人事面でグラフォロジストを活用しているようである。また、大学には必ずグラフォロジストがいて、学生の進路指導などに当たっている。民間でも子供の将来性などについて、グラフォロジストのアドバイスを受けることはごく普通のことのようだ。

私は、二〇〇八年に、アルマーニ・ジャパンのクリスマスパーティで、筆跡診断をする機会があった。そこでアルマーニ・ジャパンの社長（日本人）の筆跡を診断した。そのとき伺った話だが、ミラノの本社では、社員の採用に当たっては、最後に必ずグラフォロジストに診断をしてもらい、その報告書（A4、二枚程度）によって採否を決めるそうである。これは、フランスの実情とほぼ同じ状況のようである。

(4) 欧米の筆跡心理学の歴史

筆跡と性格の関係については、ローマ時代にすでに研究されていたという記録がある。しかし、明確な欧米における筆跡と性格の研究は、一六二二年にイタリア人・カミロ・バルディ（Camillo Baldi）

の『手紙によって書き手の素行や性格を知る方法』の著作が最初といわれている。

バルデイは、ボロニア大学の教授であり有名な学者であった。彼は、全ての人は独自の書き方をしていて、他人が真に真似をすることはできないこと、繰り返し表れる特徴に注意するべきことなどを指摘している。これは、筆跡鑑定の原点でもある。

その後、ゲーテ、バルザック、ジョルジュ・サンドなどの一流の作家が興味を持ち何らかの研究をしたと伝えられている。

日本では、筆跡――「文字」は、その美しさや芸術性という方向への関心が強い。これは、文字が大陸から伝来し、文化や権力の一環として非常に尊重されたこと、日本人独特の感性の高さなどから生じたようで、中国とも異なるわが国独特のもののようだ。

そのような側面もあり、わが国では、文字についての心理的なアプローチや分析は、あまり発展しなかったようである。欧米では、文字は実用的な価値を重視しているようで、カリグラフィーなど装飾的なものも少しはあるが、それよりは書き手の性格の分析など、実用的、心理学的な方向への関心が強いようである。

(5) ゲーテも筆跡心理学を研究

ゲーテは、一八二〇年の友人への手紙のなかでつぎのように書いている。「人間の筆跡がその人の感覚の状態や性格に関係を持つということ、そしてそこから、少なくとも『その人の生存し行動するやり方のある予感』を感ずることは疑いありません。それはちょうど、人の外観と特徴のみならず、表情、音声、はては身体運動も重要なものとして、また全個性と一致するものとして認識せざるを得ないことと同様なことです。しかし、人はこれについてこまごまと語るでしょうが、このことを、特定の方法的連関において果たすことは何人もまず成功しまい」（黒田正典『書の心理』より）と、述べて、筆跡は書き手の性格と密接な繋がりを持っているといっている。

「その人の生存し行動するやり方のある予感」というのは難しい表現ですが「予感」を「予測」と読みかえると、「筆跡の特徴から書き手の将来がある程度予測できる」ということだろう。これは、いまや、私たち筆跡アドバイザーが行っている「筆跡診断」そのものといえる。

筆跡診断では、性格傾向から「あなたの性格からは、将来、このようなことが予測されます」等とアドバイスをすることがあるので、一部の方は占いのようなものかと誤解されているが、占いではなく、心理学面からのアドバイスなのである。

ゲーテは、筆跡から性格を見抜く方法は確立しないのではないかと考えていたようで、さすがのゲーテも、その後のグラフォロジーの発達までは予測できなかったらしい。

⑹ミションの『グラフォロジーの実践』により正式に認知される

その後、「グラフォロジー」（筆跡心理学）として正規に認知されたのは、フランス人のミション神父(Michon)が、一八七八年に『グラフォロジーの実践』を著したときとされている。

ミションは、「グラフォロジーの父」と呼ばれているが、異常な観察力、記憶力に恵まれ、生まれながらの経験主義者というべきで、理論に囚われず、筆跡を集め観察し、確かめ整理して記録した。

彼のグラフォロジーは、「符号理論」と呼ばれる。

筆跡に表れる特定の符号（Sign）は、個性における特定の性質と対応するものであると考えた。つまり、筆跡に特定の符号があれば、それに対応する特定の性格があると考えたのである。これは、後に詳述する、わが国における筆跡心理学の第一人者・森岡恒舟先生の方法とよく似ている。

グラフォロジーに関してミションに次いで著名な貢献者は、クレピュー・ジャマン（Crepieux-Jamin）である。彼は、ミションの弟子であり、英国に大きな影響を与えた筆跡学者である。クレピュー・ジャマンは、「筆跡には人の行動の図形的な固定がある」と考えた。これは現在のわれわれの「筆跡とは行動の痕跡である」という考え方と同じだ。

彼の重要な理論は「合成体の理論」（Theory of rusultants）と呼ばれている。たとえば筆跡に「利己主義」、「強い感情性」、「活動性」が見出されたとすれば、それに基づいて「不公平」という性質が推定されるとする。つまり、前者の特性群を第一次性質として、後者の第二次性質を導き出すことができるという考え方である。この考え方も、今やわれわれの診断の常識的な方法になっている。

2 日本における筆跡心理学の夜明け

(1) わが国における筆跡心理学の夜明け

私が知る限り、わが国における筆跡心理学の最初の著作物は、昭和三九年に発刊された『書の心理』（誠心書房）である。当時、新潟大学教育学部の黒田正典教授（一九一六年生まれ。元／東北福祉大学教授）が著したものある。

黒田先生は、同著の中で「筆跡心理学」という用語を使用している。外国の筆跡心理学の紹介と、ご自身も毛筆の筆圧測定など独自の研究を行い、東北大の教授連との交流があり協力も得ている様子である。

『書の心理』のまえがきにつぎのように書いている。


（前略）「わが国の筆跡心理学は、これから広大な未知の地帯に向かう探検に似ている。本書では計量的、実験的方法と内観的、了解的方法の両方が重視された。前者は実証的であり、後者は直感的であるといえる。よく誤解されるように、直感的なものは実証的なものによって克服されねばならないような、認識論的に価値の低いものであるとは考えるべきではない。正しい認識のためにそれぞれの役割を持っていると考えるべきである」（中略）

「本書では、あるものにおいては、実証的なものをして直感的なものの妥当性を検討させている。

他のものにおいては、重要なものは直感的なものであり、実証的なものは直感的なものを統制する補助手段となる。また、さしあたり実証的なものが無力な対象については、直感的な見通しの獲得が求められている。直感的なものが見通しを与え、実証的なものがその見通しを確かめるといわねばならぬ」（後略）。


……と、筆跡心理学の研究においては、「直感・推論」的なものと、「実証」的なものの双方にそれぞれの役割があり、大切であると述べられている。

(2) 直感的理論と実証の役割

これは、私が主催する、日本筆跡心理学協会の探求する方向に大切な示唆を与えてくれた。わが国では、とかく、目に見えないものや実証されないものは学問でないとする偏向があり、たとえば「心理学」などもその不当な扱いに長年甘んじてきた歴史がある。

しかし、たとえばノーベル賞受賞者の湯川秀樹博士が、「理論物理学」で中間子理論を発見し、その十年以上後に「実験物理学」で証明されたように、理論や仮説による発見に意味がないわけではない。理論は実験による制約がない分、進化のスピードが速いという特徴がある。

これが、医薬品のような分野ならば、理論だけで進めることは許されないだろう。しかし、人間の心や性格などを、実験で証明されたものだけに限定するならば、それは過剰な制約となり、その歩みはあまりに遅いと言わねばならない。その結果、人間社会の発展にブレーキがかけられてしまう。黒田教授が述べたように「直感・推論」的なものと、「実証」的なものの双方にそれぞれの役割があり、大切であることを理解すべきだろう。

(3) 慶応義塾大学・槇田仁名誉教授の研究

一九九二年（平成四年）には、慶応義塾大学の槇田仁名誉教授が、『筆跡性格学入門』（金子書房）を著している。これは、名称が少し異なっているが、本質的には筆跡心理学の分野と理解してよいと思われる。

私の知る限り、槇田先生の研究は、ユングやクレッチマーなどの「類型論」的なアプローチに近いように思う。ひらがなによる研究なども行っていて、東北福祉大学の黒田正典先生とも交流があったご様子である。

(4) 民間の研究家・森岡恒舟

森岡恒舟先生（一九三三年生）は、私が直接教えを受けた先生である。森岡先生は、東京大学・心理学科を卒業され、書道教室を主宰する一方で、昭和五五年頃より独自に筆跡心理学の研究を開始されている。

昭和五八年には『筆相診断』（光文社）を著された。森岡方式は、「理論」と「実証」の中間的な「仮説検証法」ともいうべき方法で筆跡と性格の関係を掘り下げた。「仮説検証法」とは私の命名だが、具体的には、ある筆跡特徴がどのような性格の反映なのかと仮説を立て、それを数多くの人に当てはめて検証する。そして、一定の確率で検証できたものを「定説」として発表するという方法である。つまり、最初は仮説からスタートし、多くの人に当てはめて検証するという実証的な方法をとっている。私は、森岡先生に協力してこの分野を探求してきた。

(5) なぜ筆跡から性格がわかるのか

「なぜ、筆跡から書き手の行動や性格などがわかるのか」ということが肝心である。これは、「筆跡と

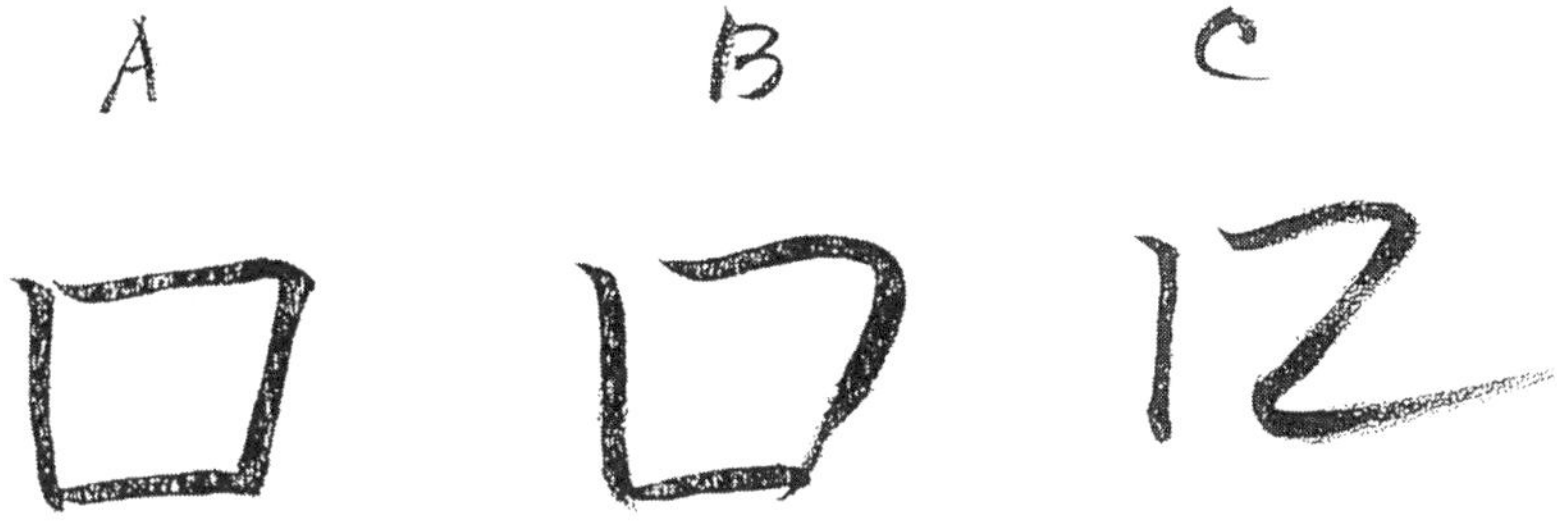

図1

は行動の痕跡である」とお話ししたことが要点になる。あなたは、人の性格をどのようにして理解されるだろうか。

人の性格など、普段はさほど気にしていないが、多くは、その人のしぐさなどを見ているうちに何となくわかってくるものではないだろうか。たとえば、早口にしゃべる人をみればせっかちな人だなと受け止める。何かの集まりがあって、定刻前に到着し責任者にきちんと挨拶などをしている人を見れば「真面目な人らしい」と理解する。

ところで、このような真面目な人は、次の三通りの「口」の字のどれを書くと思われるだろうか……。

真面目な人は、Aタイプの書き方をすることが多い。規則通りにきちんと書いている。Bは柔軟で、融通性のある書き方、Cは自由奔放といってもよい囚われない書き方である。人の性格は、この筆跡パターンそのものである。つまり、Aは生真面目・几帳面な性格、Bは柔軟な融通性のある性格、Cはルールに囚われない自由な性格……と、筆跡特徴と性格傾向や行動傾向はおおむね合致している。

人の行動と筆跡は、いずれも、同じ意識できない「深層心理」によってコントロールされているから、同じパターンを示すのである。つまり、人は無意識の深層心理によって管理され、それは何気ない行動や書字にそのまま表れるということなのである。

(6) われわれの方式の優れた点

私たちが教育している筆跡心理学は、「特徴対比法」ということもできる。ある筆跡特徴とある性格を対応させて読み解く方式のため、非常に分かりやすく、一定のノウハウをマスターすれば、比較的素早く実際の診断が可能になる。

これは、前述したフランスのミション神父の方法に近いように思われる。この方法は、筆跡特徴と性格特徴を対比させる形で分析するので、比較的理解しやすいという特長がある。ただ、分かり易い反面、複数の第一次性格を組み合わせて第二次性格を導き出すという点では、十分とはいえないので、そのあたりの掘り下げが今後の課題である。

私は、フランス・グラフォロジーも少しは勉強したが、彼らの方式は、もう少し感覚的な側面が強いようで、われわれの方式に比べると、同じレベルの診断をするためには、三倍くらい時間をかけなければマスターできないように感じている。

逆に言えばわれわれの「特徴対比法」は、彼らの方法より三倍早くマスターすることの出来る優れた方式だと信じている。これは、漢字という文字によって立つことも貢献しているようだ。

3 筆跡心理学による性格分析

(1) 文字と書き手の関係

筆跡と性格の関係の詳細は、私どもの教育に譲るとして、肝心なことは、「どのような仕組みで、文字に書き手の性格や行動傾向が表れるのか」ということである。

これは、筆跡鑑定においても、最も根幹をなす重要な原理といえる。わが国における筆跡鑑定は、これまで、「科学警察研究所」略称「科警研」や、「科学捜査研究所」略称「科捜研」がリードしてきたが、私の知り得る限りにおいてはこれらの組織では筆跡心理学の研究は行われず、その意味では、欧州などの実態から見れば大きく後れを取っている。私は、その欠落部分を埋めたいと考えている。

私は、数年前に、科警研と共同研究を行うことでわが国における筆跡鑑定の水準を上げたいと考え、科警研に打診をしたことがある。しかし、その意志はないと聞かされ取りやめた経緯がある。「科警研」は、検察庁に所属する中央官庁として、科学捜査に係る専門的事項について研究を行っている組織であり、日本に一つしかない組織である。筆跡鑑定（警察系では「文書鑑定」）について言えば、科捜研に属する全国の警察官を指導している立場でもある。

筆跡による性格診断では、書き手の深層心理にある本音が表れる。性格診断というと、わが国では「質問法」が多く利用されているが、これは、イギリスの心理学者R・B・キャッテル（Cattell, R. B）を源流とする方法で、この方式は、利点もあるが欠点もある。筆跡心理学による方法は、質問法による性格診断の欠点を補うことのできる貴重な方法といえる。

われわれは、自分の日頃の行動は、すべて意識で管理しているように考えている。意識できるものしか意識できないわけだから、これは当然のことともいえる。その結果、われわれは何事も意識して行動しているつもりでいるが、それは、「そのつもりでいるだけ」であって、実際には、深層心理の「行動管理機能」によって管理されていることが大部分なのである。

意識は、本人も無意識のうちに状況を「合理化（rationalize）」したり、都合の良い方向へ「作話」をしたりして、その信用性には限界がある。これは、近年の脳科学の研究によってかなりはっきりしてきた。つぎは、脳科学者・池谷裕二先生の説明である。

「コンビニ強盗の映像を見てもらったあと、事件には何の関係もない六人の写真を見せ、『このなかに犯人はいるか』と警官が聞くのです。すると四〇％くらいの人が犯人を指し示すのですよ。偽証ですね。もっとすごいのは、『ほかの人が犯人を特定したので、それが正しいのか確認してほしい』と頼むと、何と七〇％もの人が嘘の記憶を呼び起こして無実の人を犯人だと証言してしまう」（『和解する脳』講談社）。

(2) 意識は無意識のうちに合理化する

このように、悪意はなくとも「作話」をしてしまうことは、人間の普通の姿といえる。あいまいなことに関しては、誰でもがじつにたくさんの作話をしているそうである。もちろん本人は嘘をつこうとか、嘘をついているなどという意識は全くない。だから、質問法による調査方法というのは、本質的に「ウソ」が混じってしまうのである。先に質問法による性格診断には問題があるというのはこのことである。

このように、われわれは、意識の曖昧性を知れば知るほど、本音が表れる無意識の重要性が理解できる。脳科学でいう「意識と無意識」、心理学でいう「表層心理と深層心理」の活動やその役割を知れば、「無意識の世界」（深層心理）が、私達の生活や生きざまに大きな影響力をもっていることが分かる。

人が普通に書く文字を自然筆跡というが、自然筆跡は深層心理によって管理されている。深層心理の中心は、感情であり、さらに突き詰めていえば好悪の感情といえる。つまり、人間は、無意識のうちに「快い」、「安全である」などの基準により行動を選択している。たとえば、ある人には好感を持ち近づこうとし、別の人には、近づこうとはしない。このような選択は理屈ではなく無意識下の直感に依っている。


たとえば、「なぜあの人が好きなのですか」と質問されれば、「人柄がいい」とか「信頼できる人だ」などの答えが返ってくる。しかし、これは本当なのだろうか。

事実は、「ただなんとなく」というのが真実である。ただ、それでは答えにならないと考えて「人柄が良いから」などと合理化しているに過ぎない。もちろん、ビジネスの世界で、メリットがある人に近づいていくというような行動は別もの、それは、意識の産物である。

つまり、深層心理（無意識）の世界の中心は好悪感情であり、それは言い方を変えれば、安全な方向を選択するということでもある。われわれは、何十万年も、このようにして、直感的・本能的に好ましいもの、安全なものを選択してきた。これは、生きるうえでの本質的・基本的な欲求だから極めて強いものだといえる。

このような本能的な欲求は、文字を書くときも同じ原理が働く。先に、「口」の文字で説明したが、ある人は、かっちりと楷書で書き、別な人は、丸く柔らかい行書型で書く。これは深層心理の好みの反映である。かっちりと楷書で書く人は、そのかっちりした形が心地よいのでそのように書くわけであり、柔らかく崩して書く人は、その柔らかな形が好ましいから書くわけである。

前者は、物事は整然と整った状況の方が、安心ができ心地よいと感じる性格といえる。後者は、適度に自由度のある状況が心地よいと感じる性格で、それぞれ自分の深層心理にフィットした文字を書くということになるのである。

(3) 好き嫌いは自分の知らないうちに作られる

このあたりの深層心理の好悪感情について、先の、脳科学者・池谷裕二先生は、面白い実験の結果からつぎのように説明している。

「幼児のそばに白ウサギのぬいぐるみを置きます。脳にはバイオフィリア（生き物が好き）という性質があります。幼児は、教えられたわけでもないのに、ぬいぐるみに好奇心を示し、近寄っていきます。そこで近寄った瞬間に背後でドラを大音量で鳴らします。幼児は大きな音が嫌いですから、驚いて泣き出します。これを何度か繰り返すと、やがて、白ウサギのぬいぐるみに近寄るのをやめてしまいます。『条件付け』と呼ばれる現象です。この実験で興味深いのは、『汎化《はんか》』が生じることです。たとえば、この幼児は、ウサギのぬいぐるみだけでなく、類似したものまで嫌いになってしまいます。実物の白ウサギや白いネズミはもちろん、白いもの全般が嫌いになってしまうのです。白衣の看護師、白髭のサンタクロースなど、です。この幼児は、成長したあとも、この実験のせいで、白いものが嫌いのままかもしれません。しかし本人には好悪《こうお》の理由はわかりません。なにせ物心がつく以前の経験ですから。ただ、なんとなく生理的に嫌いという状態に陥《おちい》るのです。汎化を通じて形づくられた私たちの嗜好は、意識上では無根拠なもの、あるいは誤解に基づいたものが少なくないと思います。いや、むしろ私は、無意識に形成された『わけがわからないけど』や『ただなんとなく』と感じる生理的な好悪癖こそが、人格や性格の圧倒的な部分を占めているだろうと想像しています。」（『脳には妙なクセがある』芙蓉社）

この「汎化」による無意識の好みの形成は、私も実感としてよく分かる。私は、少年期から、何故か「海軍」の軍服を着た人に魅力を感じる傾向があった。最初は理由が分からなかったが、母親から聞いて事情が分かった。母方の伯父の一人に海軍の軍人がいて、私を非常に可愛がってくれ、たまに会うと、軍服姿で抱き上げてあやしてくれたということなのである。それは私が二～三歳の頃だから記憶には残っていない。しかし、深層の心理には刻み込まれていて、その幼児期の嬉しさが好感のベースになったものと思われる。

池谷先生は、「無意識に形成された『わけがわからないけど』や『ただなんとなく』と感じる生理的な好悪癖こそが、人格や性格の圧倒的な部分を占めているだろうと想像しています」とまとめている。私もこの意見に賛成だが、脳科学者の池谷先生すら、広範な脳についての知識を動員しても、「想像しています」と述べられるように、人格や性格の土台である深層心理については、いまだ解明されていないないことが多い。

⑷ 脳の研究が広い世界を結びつける

しかし、池谷先生は「脳の研究は学問横断型の接着材」と述べ、つぎのように説明します。

「脳科学というのは、今までまったく無縁だった学問、たとえば、哲学とか心理学とか社会学とか、そういったものを結びつける接着剤の役割を担える分野なんだ。最近では、経済や政治、倫理学、芸術や奇術などにも、脳科学は接近しているんだよ。今までの研究は、専門家が訓練を受けて、専門のことだけのエキスパートであればいいというスタンスで科学は進んできた。たしかに自分の専門分野でさえ極めるのは困難なのだから、他の分野の理解に時間を費やしている余裕はない。

ところが、ふと気づけば、あまりに専門化が進みすぎて、領域はバラバラになりすぎてしまっている。もしかしたら相当なムダをしているのではないかということで、ここ何年かは『学際的』な研究が志向されている。学問横断型の研究を推進して、各分野をもっと融合し、有機的に統合していこうと。その第一線に立てる研究分野のひとつが脳科学なのかなと、まあ、個人的な思い入れはあるけど、少なくとも僕は、そう強く感じている。」（『単純な脳、複雑な私』朝日出版社）

私も池谷先生の考えには大賛成である。筆跡心理学は心理学の分野だが、従来から言われてきたけれども、なかなか証明をされない原理などについて、脳科学の知見を取り入れることで明確になったことがたくさんある。

たとえば、ウイリアムズ・ジェームスとカール・ランゲは、「悲しいから泣くのではない。泣くから悲しくなるのだ」という心理学上の名言を残しているが、これも、脳科学が、脳の活動プロセスを細かく分析することによって正しいことであることが明らかになった。そのようなわけで、私は脳科学の進展に非常に期待している。

⑸ 深層心理は大人になっても形成される

話を深層心理の好悪感情に戻して、私も、深層心理の中心は、「好悪感情」だと考えるが、少し補足をすれば、深層心理には、誕生から三歳ころまでの環境条件を中心にして、その後も続く母親や家族との関係、さらには、長年にわたる社会関係や経験などの影響も含まれていると考えている。

人間は社会的動物だから、社会規範を無視しては生きていない。広義に解釈すれば、社会規範を受け入れたと考えられるものに、「職業性格」というものがある。これは、ある職業に長年従事していると、その職業に必要な特性が身に付き、第二の天性のようになってくることをいう。

例えば、警察官なら警察官らしい規則正しさや雰囲気が身につき、医者は医者らしいしぐさが身について、無意識のうちに職業にマッチした行動を取るようになる。つまり、社会的に求められる行動や性格を身に付けていくわけである。これを職業性格という。

職業性格は、意識レベルで管理しなくとも、いわば本能的に表出するものといえる。そこまで身に付いた特性は、もはや深層心理レベルに定着したものといえるだろう。

文字に表れる筆跡特徴は、書き手の好みの反映だといったが、それは、幼児期の好悪感情だけではなく、教育や社会的な影響なども含む好悪感情も含まれ、複雑な様相を呈していると考えられる。

つまり、「口」字をきっちりと楷書で書く人、柔らかく崩す人について、それは深層心理の好みにフィットするからそのように書くのだといったが、この場合は、幼児期の経験というよりは、物心ついた後の、教育や経験を含めた本人の好みが反映しているものと思われる。

また、筆跡心理学の活用方法として、自分をなりたい人間に変えるために筆跡を利用するやり方がある。たとえば、「行動力を強めたければ大きな文字を書く」というようなこと。この根拠の説明は省くが、この方法を一年、二年と続けることによって、目的の性格が身についてくる。これは、職業性格の成り立ちと同じ原理を利用したものである。

6 筆跡心理学から性格分析を紹介

さて、本書は筆跡心理学の具体的なノウハウを説明するものではないが、まったく知らないのも感興が湧かないと思う。そこで、筆跡心理学では、筆跡の特徴と性格をどのように解釈しているのか、ごく基本的なものに絞って少し紹介してみよう。

既に、「口」や「日」などの四角い文字を書く場合、右上の転折部の形として、角型にきっちりと書く人と、丸く柔らかく書く人の性格の違いを説明した。

ただ、このような書き方も、おおむね角か丸に二分されるが、しかし、人というのは複雑で、角・丸の両方を書く人もいる。たとえば、一〇文字程度は角型に書いているが、ときに丸い形も混じるというようなことである。

このような人は、基本的には、キッチリとルールにのっとった行動が好きなのだが、そればかり続けていると窮屈な感じがしてきて、少し楽になりたいというような気分が生じてくるものと考えられる。人間の心理というものは、このように微妙・複雑な面もあることを理解して、柔軟に幅広く理解することが大切である。

①「ハネをしっかり書く人、書かない人」……ハネは字画線の最後のほうに書かれることが多い。これをしっかりと書くというのは、最後まで力を抜かない行動傾向を示している。転じて、最後まで責任を果たすという責任感の強さがあると考えられる。書道を習った人でハネを書かない人はいないだろうが、書道というものはこのような性格形成にも役立っていると考えられる。一方、ハネを書かない人は、最後まで責任は持たない書き方だから、当然のことながら、飲み込みや行動は早い。それだけに壁にぶつかると止めてしまうのも早いといえる。

②「頭部突出が長い人、短い人」……頭部突出とは、「大、木、東」などの文字で、横画を書いた後に縦画を書くが、その縦画が横画の上に突出するその長さをいう。この長い人は、物事を自分で決めていきたいという「一種のリーダー気質」を表していると考えられる。反対に短い人は、リーダーのように目立つのは好きではなく、皆と協調しているほうが好ましいという「協調型」の性格を示してい

ると考えられる。

この理論の根拠は、少し複雑である。まず、第一に、横線の上に縦画が長く突出するのは、リーダーであるという深層心理の存在による。これは、心理学者のカール・ユングが言った、人間の無意識の奥底には人類共通の認識（集合的無意識）があるということを根拠にしている。

つまり、人類は何十万年にわたって、リーダーは一段高い位置に立ち、部下は一段低い位置に横並びに並ぶという、いわば三角形の形を経験してきた。そのイメージが、人類の深層心理に定着していると考えられる。そこから、人並みではありたくない、人の上に立ちたいというような深層心理の人は、無意識のうちに頭部突出の長い形を書くと考えられる。

この書き方としては、中曽根康弘、本田宗一郎、松下幸之助などがいる。いずれもリーダー意識の強い方だと考えられる。

しかし、このような筆跡特徴も社会の影響を受けるらしく、「末は博士か大臣か」と言われた時代に比べ、今は突出の長い人は少なくなった。なにごとも平等化・平準化してきた影響のようである。

ところで、頭部突出に限ったことではないが、このような筆跡特徴は、深層心理にフィットした字形が表れるわけだから簡単に切り替えることはできない。突出が短い人に、「もう少し長く書いてみたら」などと促すと、二〇字程度は書けるのだが、三〇字にもなると、いつの間にか元に戻ってしまうものである。

そして、「どうも気分が落ち着かない」などというものである。つまり、深層心理に定着した自分なりの書き方は容易に切り替えることはできず、意識で調整している間は可能だが、意識から外れるとすぐに元に戻ってしまうのである。

この事実は、筆跡鑑定でも大いに役立つ。一般に「画線」や「払い」の長さは、変化しやすいものの代表である。書くべきスペースの大きさや、気分のありようで簡単に変化してしまう。だから、「画線」や「払い」の長さは、書き手の安定した筆跡個性として見るのは限界があるのだが、同じ長さでも頭部突出は何回書いてもそれほどの変化はしない。したがって、筆跡鑑定上当てになる特徴ということが出来る。しかし、科警研や元警察官鑑定人は、筆跡心理学には没交渉なので、このような判断はできない。

たとえば、私は、筆跡鑑定で頭部突出の長さが安定せず乱れていたりすると、本人の筆跡ではない可能性が高いようだと判断できる訳である。私は、このような筆跡鑑定に応用できる心理学的ポイントを一〇〇種くらいは把握しているので、筆跡心理学を知らない鑑定人よりは、一段掘り下げた鑑定が可能になる。

③「**文字の大小**」……文字は行動傾向が字形として表れたものである。そこから、大きな文字を書く人は、おおむね行動力のある人といえる。また、大きな文字は自己主張の一つの表れでもあるので、自信のある人、転じてリーダー型の人も多い。反対に小さな文字を書く人は、行動力や自己主張の面は控えめな人が多い。行動力が控えめな反面、頭脳は活発に活動している傾向で、緻密なことが好きという傾向になる。

また、たとえば、「東京都」と書くとき、文字に大小をつける人と、反対に同じような大きさに書く人もいる。これも、行動に置き換えてみればどのような行動の反映なのかがわかる。文字に大小をつけるということは、行動にも、変化をつける、アクセントをつけるということで、そのような変化を好むという深層心理が表れたものである。

たとえば、これを「話し方」に置き換えれば、「ときに大きな声で、ときには囁くように」と強弱をつけて話すということになる。想像してみると分かるように、このような方は、一本調子で話す人に比べれば話上手でおおむね優秀といえる。

変化が好きで優秀ということになると、新しい物事にも挑戦的だろう。すると、挑戦しない人に比べて時には失敗もする。つまり、文字に大小をつけて書く人は「波乱万丈」な生き方になりやすい人ともいえる。職業としては、起業家や政治家などに適している。

一方、文字に大小をつけずに、大きさの揃った文字を書く人がいる。これを行動に置き換えれば、常に安定したコンスタントな行動を好むということになる。いわばコツコツ型である。一つの道を目指したならば、飽きずに着実に追及していくということで、派手さはないけれど、いつの間にか独自の域に到達するような人であるともいえる。これで、分かるように、このような方は、技術者や職人などに適しているといえる。文字の大小やそのレイアウトから、マッチする職業人生も判断できるということになるのである。

④**「払いの長い人・短い人」**……「大、木、東」などの文字には、左払いと右払いがある。このような払いの長い短いは何を表しているのだろうか。

まず、左払いを長く書く人。文字としては、左払いを書いた後につぎに書くべき字画がある。合理的に考えれば、必要以上に長く伸ばしている必要はないわけである。しかし、一〇人に一人くらいは、この左払いを長く伸ばす傾向がある。

これも深層心理の好みの問題で、本人も意識しないうちにスルスルと長く伸びてしまうのである。この好みというのは、「少し恰好をつけたい」「格好よく見られたい」という好みの反映と考えられる。つまり、このような方は、美しいものに対する感受性が普通の人より強いのである。だから、おおむねオシャレでもある。この書き方の人には、ミスタージャイアンツ・長嶋茂雄さんや、女子マラソンの高橋尚子さんがいる。

少し古い話になるが、シドニーオリンピックの少し前に、新聞社の依頼で髙橋尚子さんの筆跡から、オリンピックの成績を予測したことがあった。私は、「髙橋さんは左払いが長い、このような方は、目立ちたがりの傾向がありますから、舞台が大きければ大きいほどハッスルするでしょう。有望です」と言ったが、優勝されたことはご存じの通り。長嶋茂雄さんも天覧試合でサヨナラホームランを打つなど、華やか好みのよく似た性格がある。

一方、右への払いは何を意味するのだろうか。これも行動として理解して頂くとわかりやすい。「大」字の右払いや、あるいは「道」字の「しんにょう」などを長く伸ばすというのは、今、やりかかっている仕事なり人間関係なりを、スパッと切り替えることが出来にくいという性格の反映である。

つまり、どちらかといえば、気分に流されやすい性格で、経営などにおける厳しい決断が出来にくい性格といえる。意志的というよりは情的な傾向が強く、夏目漱石流にいえば「情に竿させば流される」ことの多いタイプといえるだろう。それだけに、実務型ではなく、文芸を好む人に多いタイプのようである。

⑤「開空間《かいくうかん》の広狭」……開空間とは「様、新、都」など、偏とつくりのある文字で、その偏とつくりの間の空間のことをいう。この空間を広く書く人、狭く書く人がいる。まず、狭く書く人だが、このような人は、無意識のうちに自分の考え方や行動様式を守って、人の意見などを受け入れない傾向がある。「胸襟を開く」という言い方がある、ちょうどその反対で、考え方としては閉鎖的傾向である。

このような方は、良くいえば信念が強いということができ、悪くいえば頑固ともいえる。冗談に「頑固職人型」などというが、確かに、技術や職人的な仕事に就いている人が多く、「会計士」や「司法書士」など「士業」の方にも少なくない。しかし、このようなタイプの人は、頑固ともいえるだけに、努力家で精進する人は、「人間国宝」といわれるような域に到達する可能性も秘めている。

一方、この開空間が広めの方は、逆に、あまりこだわりがなく、清濁併せ呑むという傾向といえる。多くの人を率いるリーダー的な立場に向いているようだ。このような人は、窮屈なのを嫌って、無意識のうちに開空間をゆったりと広く書くようである。

私は、二〇年ほど前に、四〇歳代の税理士さん二人に対し、開空間が一人は典型的な「広型」であり、一人は典型的な「狭型」だったので、つぎのように言ったことがある。「Aさんは、将来多くの税理士さんを率いて事務所を大きくするでしょう。Bさんは、あまり事務所は大きくしませんが、専門性を高めて本を書きそうです」。二〇年経ち、二人とも六〇歳代になりましたが、二人ともあまりに私の予測通りなので、会うとこの話をして笑いあっている。

⑥「天ツマリと天アキ型」……「天ツマリ」とは、たとえばハガキの住所など書くときに、上辺ギリギリから書き始めることをいう。「天アキ」とは、反対に上辺から少し隙間をあけて書き始めることである。筆跡心理学では、文字一つ一つの形からの判断が五〇種、このように、レイアウト面からの判断を二〇種ほど確定している。

上辺ギリギリから書き始めるということは、何かことを始めるにあたって間を置かずすぐに始めるということで、積極的ともいえるし、せっかちということもできる。積極的なのはいいのだが、少し用心深さが足らない傾向といえる。

一方、一拍おいて書き始めるということは、慎重ともいえるが、消極的ともいうこともできる。自分や部下の、このような傾向を知って上手に生かしたいものである。

⑦「異常接筆型」……異常接筆型とは、本来衝突しない字画線が衝突したり交差したりする書き方をいう。たとえばつぎのように、「勝」の字や「崎」の字で見ることがある。これは、高齢になり、書字行動が覚束なくなって接触したというものではなく、前に書いた字画線を、はっきりと意志をもって切るような書き方をいっている。

この書き方をする人は、何事も生ぬるいことが嫌いでハッキリさせたいという性格を持っている。

図2

気が強いともいえる。このタイプの人は、芸術家など一匹狼的に暮らすには問題ないが、協力しあう組織には向かない人といえる。

⑧「右傾型と下狭型」……右傾型とは、門構えや国構えの場合に、図のように右に傾く字形をいう。日本の文字は、本来縦書きで全体として左に進む。だから、右に傾くというのは、後ろにのけぞる形になり見る人に非常に不安感を与えるものである。

下狭型とは、やはり門構えや国構えの場合に、図のように下が狭くなる書き方をいう。これも、不安定な形で見る人に不安な感じを与える。

このような字形を「転倒運」といい、中年以降の人生で、倒産したり一家離散したりするような運の悪い字形と考えられる。

そもそも、何ゆえにこのような字形に書くのかということを考えれば、結局、深層心理に行き当たる。深層心理に、そのような危なっかしいことを好むという心理があると考えられるのである。人は、安全なことを好むのが普通だが、一面、「スリルを味わいたい」とか「怖いもの見たさ」というような心理もあるわけだ。

このような、危なっかしい心理が普通の人より強いと考えられる。

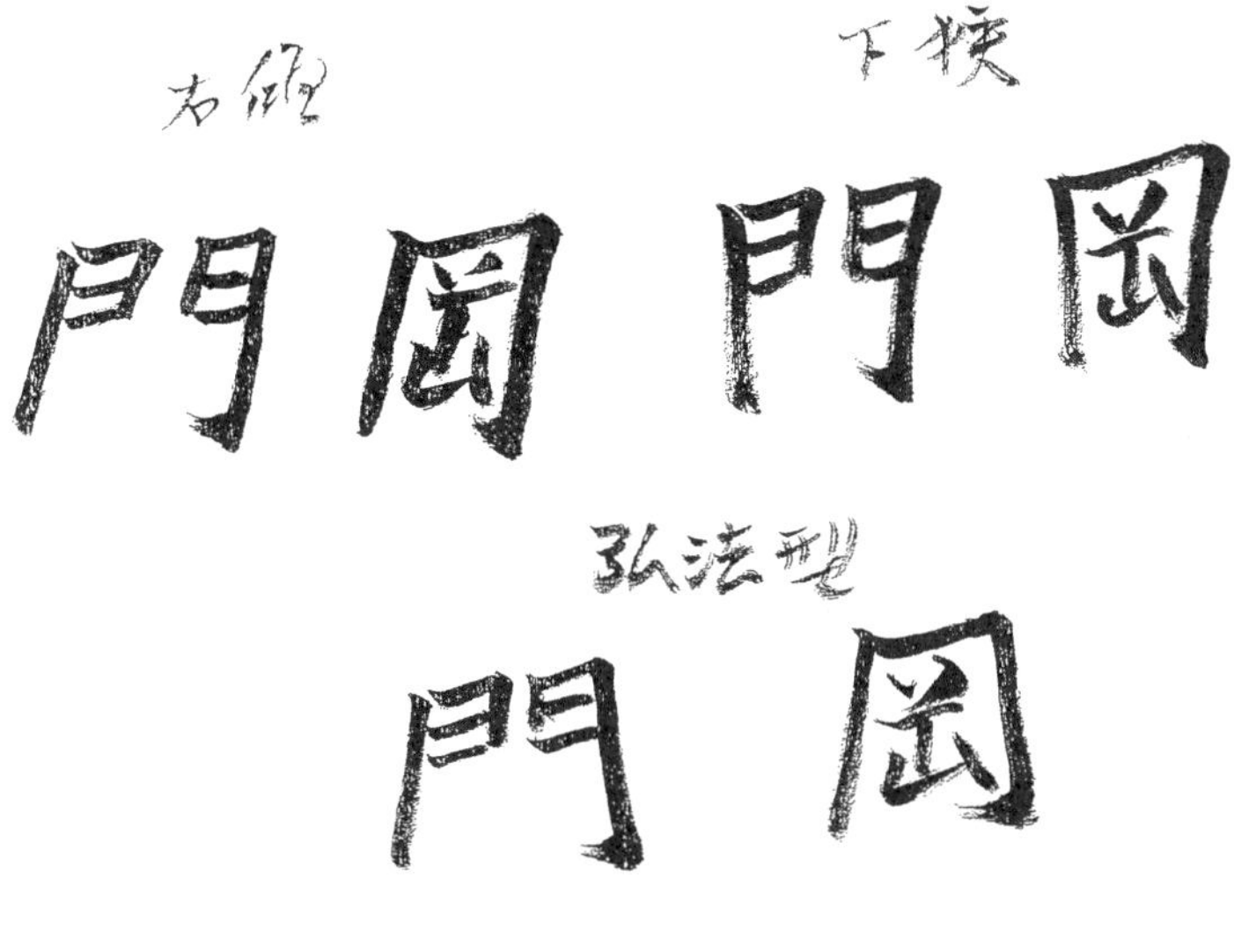

図3

若くて元気のあるうちは、危なっかしい場面に遭遇しても難なく避けていたものが、中高年となり反射神経や体力が落ちてきたときには、落とし穴に落ちてしまうと考えられる。不安定なものを好む心理が、不安定な文字を書き、それが現実に不安定なものへと近づいていくということで、人間とは、一筋縄では捉えられない複雑怪奇な一面を持っているものである。

このような字形を書いている人は、意識して図の「弘法型」の字形を習慣にすることが大切である。弘法型は、末広がりの安定的な形で、一面、野暮な雰囲気だが安定した人生を送る形である。

以上、私どもが「筆跡アドバイザー」の通信教育で行っているものの内から、代表的なものを紹介した。筆跡心理学とは「社会学」と連動した奥の深いものだとご理解を頂けたのではないだろうか。本書は筆跡心理学をお伝えすることが狙いではないが、男性の中には、筆跡心理学とは、占いのようなもので、女子供のおもちゃのように考えている人が少なくないので、少しご紹介した。

4　筆跡心理学が筆跡鑑定に役立った事例

(1) 筆跡鑑定でズバリ筆跡心理学が役立った事例

本項は「筆跡心理学と筆跡鑑定の融合」とのタイトルで進めてきた。しかし、ここまで、筆跡心理学についてはある程度説明してきたが、それが筆跡鑑定にどのように役立っているのかについてはほとんど説明していない。そこで、この点について少し紹介しよう。

筆跡心理学は、書かれた文字から書き手の深層心理や性格を探るものである。そこから、筆跡鑑定を進める際には、ある人物の鑑定をスタートした当初から、私には、書き手がたとえば「細かいことにうるさい生真面目な人」であるとか、「無頓着なおおまかな人」、あるいは「情緒的な人」であるなどの人間像がほぼ分かっている。

しかし、その人の筆跡を、鑑定的な面から検証していく過程で、これは、「生真面目な人の書く文字ではない、だから本人の筆跡ではない」などと、筆跡心理学からの判断を筆跡鑑定に使うことはしていない。正確には、全く使わないのではなく、記述しないということである。理解の裏付けとしては使っている。

鑑定書に記載するのは、あくまで、筆跡鑑定の角度から……つまり、二つの資料が別の人間によって書かれたものか、それとも同一人によって書かれたものかを、あくまで文字の特徴から記述していくことにしている。それは、鑑定人の普通の方法である。

その普通の方法で示していくことが、読み手にとっても自然で分かりやすいことだし、もちろん、そうでなければ法廷でも通用しないからだ。仮に、筆跡心理学の角度から説明するとすれば、筆跡心理学について、一から説明しなければならず、そんな悠長なことはしてはいられないからである。

しかし、筆跡心理学では、漢字のほぼあらゆる形態について、数年掛けて研究している。普通の鑑定人が文字を分析するのに比べ、はるかに深く掘り下げ研究しているわけだ。それだけに、普通の鑑定人がほとんど着目しない、字画線や字画構成の細部、あるいは、同じ特徴でもその濃淡を理解していることになる。

その結果、個性を分別する際は、普通の鑑定人よりも数段精密に検討していくことになる。このことは、類似した二つの筆跡を分別する筆跡鑑定においては、一般の鑑定水準を超えた精密な鑑定になることを意味している。これは特に、難しい鑑定において決定的な力を発揮することにつながっている。

当職は「精密鑑定」を標榜しているが、それは、このような裏付けがあって生まれるのである。このあたりについては、実例で説明した方が分かりやすいと思うので、以下、難しい筆跡鑑定において、筆跡心理学が決定的な力を発揮した事例を説明する。

⑵ 入院時に作られた疑問の養子縁組届

U氏は、七〇歳代の事業家である。奥さんに先立たれており独身だ。また、子供もいなかった。事業は順調だったが、ある年、秋口に入り、あまりに体調が悪いので検診をうけたところ、大腸がんが発見され三か月ほど入院した。

そのようなことから、日頃から気にしていた四〇代の甥との養子縁組をすることにして、手続きを甥に進めてもらった。しかし、退院後、調べてみると銀行預金からかなりの金が消えていたので、印鑑を預け管理を任せていた甥に尋ねると、病院やその他、いくつかの先に支払ったとのことである。

しかし、説明があいまいでどうも釈然としない。しかも、驚いたことには、署名をしたはずの無い養子縁組届に、U氏が署名をしたことになって届出も終了しているというのである。甥に質すと叔父さんに署名をしてもらったという。たしかに、朦朧とした頭で、何枚かの資料に署名したことは覚えている。しかし、当時は、集中力がなくなっていて、養子縁組届にも署名はしていないと自信をもっていえる状態ではない。

しかし、日付を見ると、入院していた中でも体調が最悪の時期に署名したことになっている。よりによってそんな日に署名をさせるとは変だなと感じた。筆跡を見ると、確かに自分の筆跡のようだが、何か、ふわふわして力の入らないようにも見える。あの時は、こんな力の入らない状態だったのかなと疑心暗鬼だったが、あの体調で署名すればこんな書体になるのかなと、一応、納得した。

しかし、落ち着いて改めて前後の状況を振り返ってみると、どうも、甥の行動は腑に落ちないところが多い。子供として老後や死亡後を託す気持ちはなくなった。そこで、甥に養子縁組の撤回を持ちかけると甥は頑として応じない、結果として、養子縁組の無効を裁判で争うことになってしまったのである。

この段階で、弁護士さんを通じて私に相談があった。私は「偽造だと思いますがなかなか難しい鑑定ですよ。多くの鑑定人なら鑑定不能というかもしれません」といった。鑑定不能となれば、裁判では、署名している本人の筆跡と認定される公算が高い。

このように、偽造が疑われる鑑定で難しいケースというのは、本人筆跡がもともと乱雑で乱れが強いケースである。なぜなら、このようなケースは、筆跡個性として安定した特徴が発見しにくく、乱雑に書けば類似しているように見えてしまうからである。警察ＯＢに多い類似分析を行えば、間違いなく本人筆跡となってしまうだろう。

しかし、このケースは、筆跡心理学で培った技術が鑑定結果をズバリ判定してくれた。プライバシーの問題があり、フルネームを示すわけいかないので、「稲」字と「俣」二文字で説明する。

つぎがその文字である。

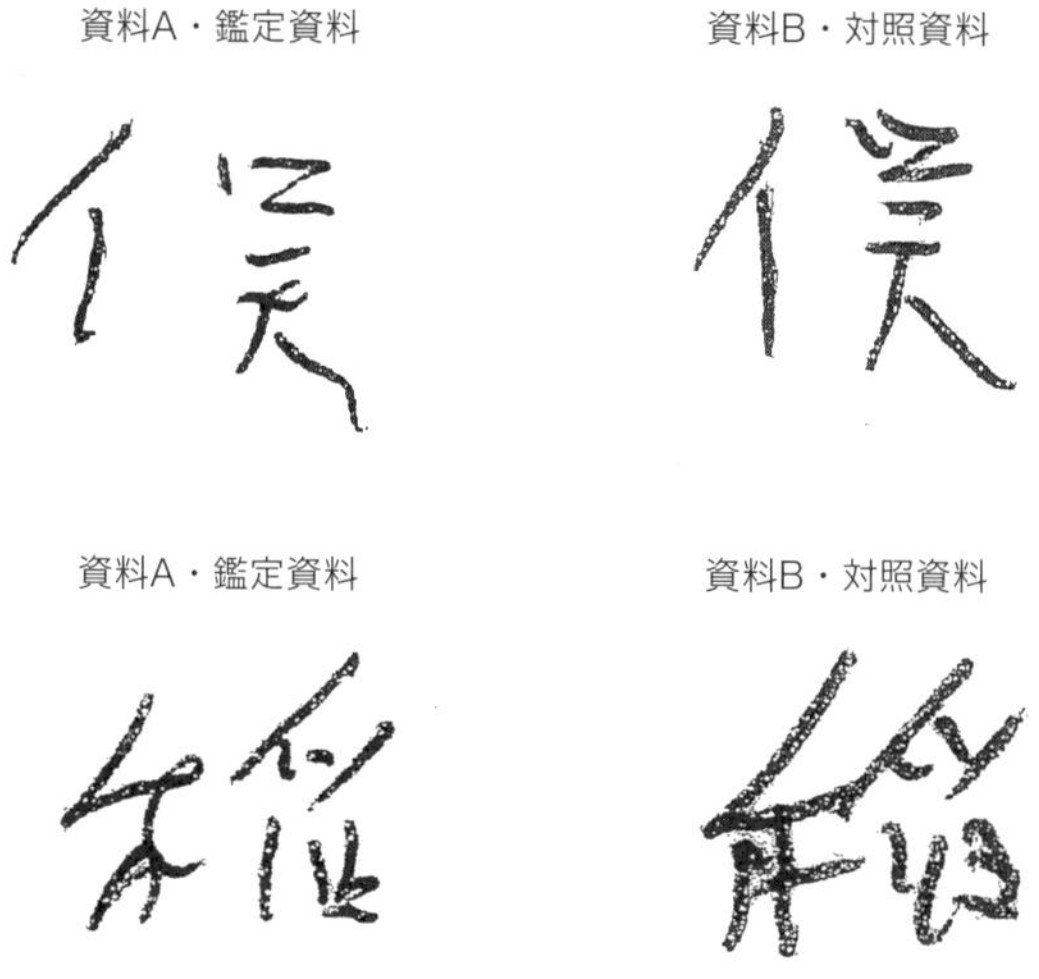

図4

鑑定資料Ａは養子縁組届の筆跡で、Ｕ氏の筆跡ということになっているが、実際は疑問の筆跡である。対照資料Ｂは、間違いなくＵ氏の筆跡で契約書などその他の資料にあるもの。

あなたは、鑑定資料と対照資料のそれぞれの文字を見て、資料Ａと資料Ｂが別人の筆跡であるか否かお分かりになるだろうか。もちろん、四文字ともに乱れていて、字画線など当然違うが、当職としては、資料A・Bを明確に二分する特徴があるのか無いのかが問題である。

当然だが、鑑定では、直感的に別人の筆跡だと分かっていても、それを科学的に説明できなければ鑑定書としては通用しない。しかし、この文字は、もともと乱れた筆跡だから、安定した特徴が見当たらないのだ。

このような、乱雑で乱れた筆跡は鑑定人泣かせである。誠実な鑑定人は「鑑定不能」といい、不誠実な鑑定人は、仕事を取りたいために依頼者の希望に合わせるだろう。

(3) 難しい筆跡鑑定を見破った開空間

しかし、このケースでは筆跡心理学の知見を援用することにより、明確に鑑定が可能になった。そのカギは「開空間」である。開空間とは「偏」と「つくり」の間の隙間のことである。この空間を、われわれは開空間と呼んでいる。

その開空間の大きさを円弧で示したのがつぎの図である。空間に書いた円弧・Cの大きさにご注意頂きたい。円弧の大きさが開空間の広さを示している。

明らかに、鑑定資料・Aの方が対照資料・Bより大きいことが分かる。特に「俣」字は明確だ。しかもこの開空間の違いは、資料A・Bではっきりと二分されている。同一人が書いて、このように、特徴がはっきりと二分されるということはない。これは書き手が別人であることを証明する極めて強力な材料である。

しかも紙面の都合で資料A・Bを一文字ずつ掲載したが、実際は、その倍、二文字ずつあるのだ。つまり「俣」字も「稲」字も、それぞれ二文字ずつあり、それが明確に二分されている。これは、偶然で変化した個人内変動などではない。書き手が二人いるということを強く示唆している。結局、これが異筆を証明する決定打になった。

改めて資料をご覧いただきたい。鑑定資料Aは、じつに巧みに模倣されている。「俣」字など、対照資料Bが健常時の筆跡としてみれば、鑑定資料Aの、最終画・右払いの乱れなども、体調が悪い時の筆跡として見れば、いかにも自然に乱れた感じである。何より、本人ですら「体調の悪いときはこんなものかなあ」と納得したのだから、相当に巧みに模倣したものだと感嘆させられる。

しかし、その抜け目ない書き手であっても、開空間は見落としている。当職の今までの経験からも、五〇人以上見た他の鑑定人の鑑定書でも、開空間を指摘したものは一度も見たことはない。それほど、誰しも気にかけない盲点というべきであろう。

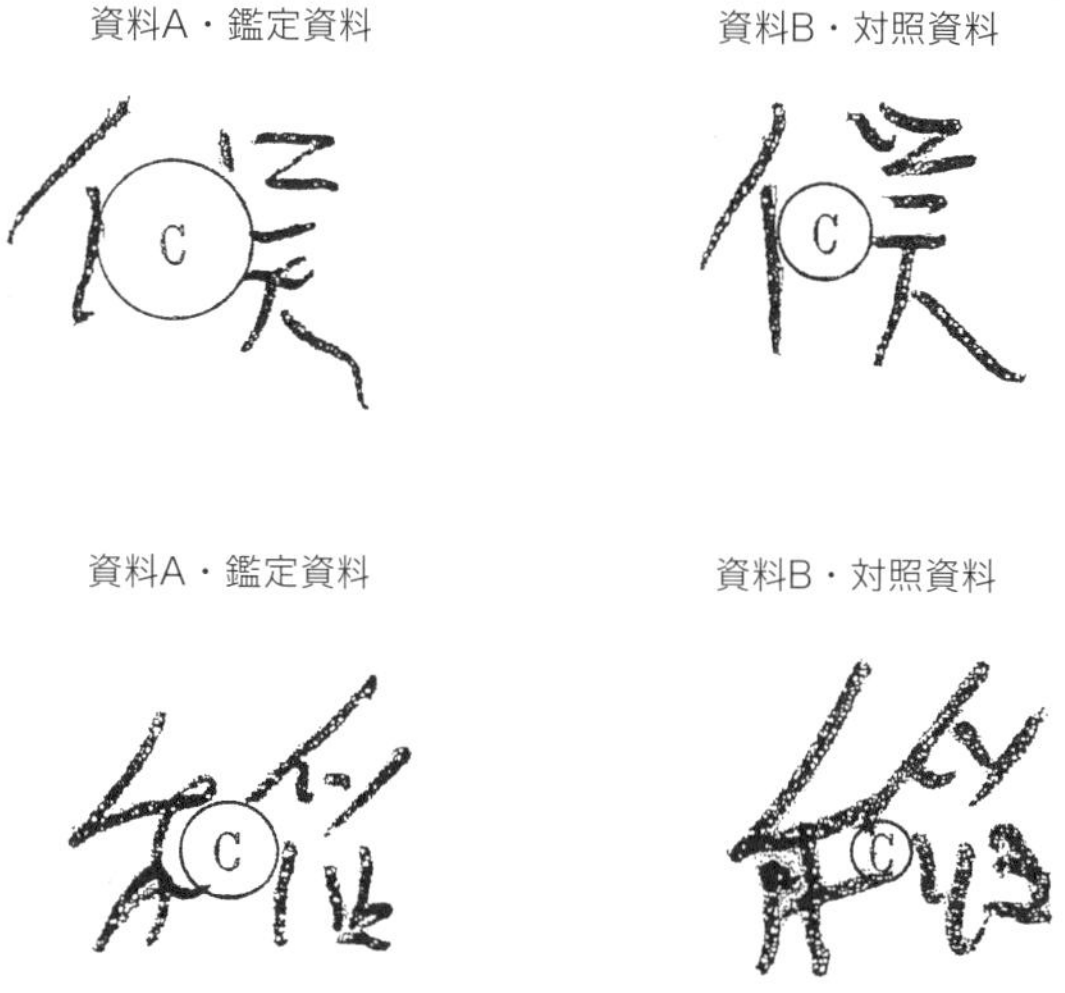

図5

つまりこれは、私どもの鑑定特長の一つ「スペシャルポイント」である。スペシャルポイントとは、一般に気づきにくい箇所での特徴をいう。偽造などの作為筆跡の場合、本人であろうと他人であろうと、「これが書き手の癖だ」と気づいた箇所は模倣することはできるが、気づかない箇所の模倣はできない。

つまり、そのような箇所には、書き手本来の筆跡個性がそのまま露呈していると考えられる。それが相違していれば別人の筆跡、一致していれば同一人の筆跡の可能性が高いということになるわけだ。このケースでは、偽造をした甥のほうが、開空間を広く書くという筆跡個性を持っていて、それが、無意識のうちに露呈したといえる。

(4) 筆跡鑑定人の方や筆跡鑑定を志す方は是非筆跡心理学を学んでほしい

今回、初めてこのような形で広く筆跡心理学を紹介した。現在、筆跡鑑定人の方、あるいはこれから筆跡鑑定人を目指そうという方で興味のある方には、是非、学んで頂きたいと思う。どのような形であれ、ご連絡を頂ければ喜んで対応させて頂くつもりである。

元警察官鑑定人をだいぶ批判したが、別に私は元警察官鑑定人に個人的に恨みがあるわけではない。警察官であっても意欲のある方、あるいはもっと若い方でご興味のある方も多くいらっしゃるであろう。私としては、そのような、同じ道を目指す方々と共同研究などができたら、これに勝る喜びはない。日本筆跡心理学協会のホームページ（http://www.kcon-nemoto.com）には、その他のニュース、連絡先などを掲載しているのでご覧いただければ幸いである。

第2章　筆跡鑑定の本質と問題点、そして夢

1 伝統的筆跡鑑定と今日的筆跡鑑定

(1) 伝統的筆跡鑑定についての批判

はじめに、日本における筆跡鑑定界の概要と問題点を指摘しておきたい。

筆跡鑑定は、裁判で使われるものだから、まずは、法曹界、それも裁判所が筆跡鑑定をどのように見ているのかが大切だ。

これについては、昭和三〇年代に起こったハガキによる脅迫事件に対して、筆跡鑑定は認められるとした最高裁の判断が示され、以来、これが一つの基準になっている。これは、ある脅迫事件に関して、有罪となった被告の弁護士が「四人の鑑定人による伝統的筆跡鑑定方法は、勘と経験を頼りにした客観性・科学性のないもので証拠としての価値がない」と主張して上告したものである。

これに対する最高裁の判断はつぎの通りであった。

「いわゆる伝統的筆跡鑑定方法は、多分に鑑定人の勘と経験に頼るところがあり、ことの性質上、その証明力には自ら限界があるとしても、そのことから直ちに、この鑑定方法が非科学的で、不合理であるということはできないのであって、筆跡鑑定におけるこれまでの経験の集積と、その経験によって裏付けられた判断は、鑑定人の単なる主張にすぎないもの、といえないことは勿論である。したがって、事実審裁判所の自由心証によって、これを罪証に供すると否とは、その専権に属することがらであるといわなければならない(後略)」

最高裁昭和四一年二月二一日第二小法廷決定
昭和四〇年（あ）第二三八号脅迫被告事件

これは、筆跡鑑定は、認められるという点ではありがたいのだが、「いわゆる伝統的筆跡鑑定方法は、多分に鑑定人の勘と経験に頼るところがあり、ことの性質上、その証明力には自ら限界があるとしても……」というくだりが、以後、司法関係者の、筆跡鑑定の基本認識を作り上げた一因なのではないだろうかということである。一部に、これを拡大解釈しているような法曹関係者がいることは残念である。

この最高裁の判断について、検事の藤原藤一氏のつぎのような解説が法曹専門誌『ジュリスト』に掲載された。

「伝統的筆跡鑑定法は客観性・科学性がないという主張は、主に統計的な視点が欠けているからというものである。伝統的筆跡鑑定法は勘と経験を頼りにしているといわれますが、それは、科学的分析によって、十分に理論化されていないため数値などの客観的表現を用いて論証できないにとどまり、筆跡個性の特定、比較、判定基準の各プロセスは実質的には相当に合理性を備えていると考えられる」

この藤原藤一氏の解説は、鑑定人の私としてもよくポイントを捉えていると思う。確かに筆跡鑑定は、

「勘と経験」が土台の一つであることは否めない。また、数値化したデータとしてはなかなか証明できないが、だからといって裏付けのないものではない。

⑵ 伝統的筆跡鑑定を超える「今日的筆跡鑑定」はあるのか

「伝統的筆跡鑑定」という用語があるので、対峙するものとして「今日的筆跡鑑定」なるものはあるのだろうか。案に相違して、対峙する言葉も方法もないのである。

警察系の筆跡鑑定の頂点にあるとされる科学警察研究所の、元文書室長も務めた吉田公一氏の著書『筆跡・印章鑑定の実務』（東京法令出版）は、初版は平成一六年に刊行されたものだが、氏も同書のなかで何回となく伝統的筆跡鑑定法を批判し、新しい方式に脱皮することの重要性を述べている。しかし、具体的にどうすれば良いのかについてはほとんど触れていない。

推測するに、氏は別に秘密にしているわけではなく、どのようにするのが新しい今日的筆跡鑑定であるのかを明快に指し示すことができなかったものと思われる。それは、そのような説明ができるだけの方法が開発されていないためであろう。

それが証拠に、伝統的筆跡鑑定からの脱皮をいわれて五〇年近くも経った今日まで、私の知る限り、警察系の鑑定人からも、伝統的筆跡鑑定ではない新しい鑑定書が提出されたのを見たことはない。わが国の警察は、閉鎖的なところがあり、新しい有利な方法などが民間に流出するのを嫌がるところがある。だから秘密ということもないではない。

しかし、勝ち負けを真剣に争う裁判の場においては、相手を凌駕するような鑑定方法があったら、何十年もの間秘密にはできない。必ず鑑定書として出てくるはずである。しかし、そのような新機軸の鑑定書は一切見たことがない。これは、そのような、確立された方法はないということを示している。「伝統的鑑定方法」とは「やや狭義に筆跡特徴を比較すること」、「指摘される特徴は鑑定人の主観に任されていることが多い」、「異同の判断は勘と経験が中心であり、数値的に説明されることはほとんどないこと」等の鑑定態度を言っている。しかし、これは、今日の筆跡鑑定でも、多くはほとんど差異はなく、この限りでは伝統的筆跡鑑定と改めていうほどのことはない。

今日的筆跡鑑定があるとすれば、資料の取り扱いに公平を期すとか、部分的な改良はあるかも知れないが、それは、特に伝統的筆跡鑑定から脱皮したといえるほどのものではない。今日的筆跡鑑定法があるとすれば、現状はつぎのような、部分的な改良に止まっているようだ。

①個々の文字だけではなく、資料全体の性格や特徴を調査していること。
②取り上げた文字や特徴は、取り上げた理由について論理的整合性を持つこと。
③その筆跡特徴が稀少なのかありふれたものなのかの判断の妥当性が論証されていること。
④以上の全プロセスを総合的・科学的に考察して結論されていること。

しかし、以上述べたことは、ある意味で、筆跡鑑定上当たり前のことであり、私は、常に可能な範囲で実行している。要は、公平で科学的な鑑定態度で取り組んでいるか否かに過ぎない。伝統的といわれる時代の鑑定人といえども、人によっては、このような鑑定態度を重視していた鑑定人は少なくない。

このように考えると、多くの鑑定人が「伝統的鑑定方法」を軽んずるような言い方をしていることがナンセンスである。それどころか、後に述べる「類似分析」など、鑑定水準から見れば明らかに後退というようなものもないわけではない。むしろ、主観的かも知れないが、伝統的鑑定方法が持っていた高い水準の鑑定が理解されにくくなっている点など、今日の鑑定界の問題も少なくない。

(3) どのような人間が筆跡鑑定をやっているのか

日本には、「筆跡鑑定人」あるいは「鑑定士」という公的な資格はない。その意味で、誰でも鑑定人を名乗ることが出来るが、これは、広く門戸を開けているという意味では好ましいことである。しかし、当然のことながら鑑定人が玉石混交で、中には、能力不足の人や人格的に首を傾げたくなるような人も混じってしまうという弊害がある。

そこから一部の鑑定人には、公的な資格制度を作るべきだとの意見がある。私は、資格制度そのものには賛成だが、ただ、それで問題の本質が解決するとは思われない。

何故なら、たとえば、現状の裁判における鑑定の問題は、元警察官鑑定人の偏重から生じていると考えているからだ。元警察官というのは、元々、科学警察研究所（略称・科警研）と科学捜査研究所（略称・科捜研）の職員が、退職後、筆跡鑑定人を自営している人たちだ。日本では、この立場の鑑定人が退職後、裁判所の鑑定人リストに掲載され、一種、独占的ともいえる形で優遇される。裁判所主導で鑑定を行う場合、鑑定人はこの掲載者から選ばれるからだ。

私のように民間人で裁判所リストに載り、細々でも鑑定依頼が来るのは、ごくレアなケースである。

裁判所にいわせると、警察官は元公務員なので信頼できるとのことだと聞いているが定かではない。それでは、鑑定人リストに載らない多くの鑑定人は、どのようにして仕事を確保しているのであろうか。心配には及ばない。鑑定書として作られる大多数は、裁判所の関与する前に、鑑定を必要とする当事者から、あるいは、代理人を務める弁護士さんから直接、依頼を受けるからだ。

裁判所主導のケースに戻るが、鑑定人の身元チェックが本質的な要件だろうか。鑑定人は鑑定書が勝負である。鑑定書一つ見れば、鑑定人の能力・識見は一目瞭然である。その鑑定書から鑑定人を選別することは、少し工夫をすればさほど難しいことだとは思われない。

しかし、僅かでも民間人を起用しているやり方は、なかなか賢明な策とはいえる。一つは、それにより、元警察官鑑定人に市場を独占させているという批判を和らげることができる。もう一つは、やはり、元警察官鑑定人だけでは限界のある社会の幅広い知見を活用できるからである。

鑑定人の公的制度を考えたとき、最大の問題は、どのようにして、民間の自由競争原理を導入できるかということである。後に述べるほとんどの元警察官鑑定人の不勉強は、身分を半独占的に保障され、定年後の小遣い稼ぎのような、ぬるま湯につかっている体制からくるものだと思われる。ぬるま湯にはボウフラが湧く構図である。

どのような組織でも、組織である以上、権力闘争が起こったり、不公平化してしまう危険は防ぎきれない。それを防ぐのが競争原理である。筆跡鑑定は、人の権利に係わる社会的影響力の大きなものだから、よほどしっかりした体制を維持しないと、資格制度が逆にマイナスに働いてしまう恐れすら懸念されるのである。そのようなことにならないよう、競争原理が正しく機能するような組織づくりと運営が求められる。

フランスやイタリーでは、一定の筆跡心理学をマスターした者（グラフォロジスト）にしか、司法の鑑定は認めていない。この資格制度は、民間の教育団体と行政が協力した形で作られているようだ。アメリカは、国家警察系鑑定人と一般のグラフォロジスト系鑑定人が共存している。日本は、アメリカの制度にすこし類似しているが、国家警察系に対抗する第二の勢力が育っていないことが弱みである。

改めて、わが国の筆跡鑑定人を大別すれば、これまで述べてきた「元警察官鑑定人」の他に、「大学の先生や書を専門にしている研究人」、「その他の鑑定人」の三パターンに分けることができるだろう。

ちなみに、私は、書の研究機関で十年以上の研究を行い、その後一五年程度は、自ら組織を主宰して、鑑定に関する研究開発を行っているので、研究人型鑑定人に分類されるのが妥当だろうと理解している。また、私の主宰する日本筆跡心理学協会で養成講座を受講し鑑定人になった方々も、最低でも五年程度は、専門的に学習しているので研究人型鑑定人に加えてよいだろうと思う。

最後に残った「その他鑑定人」であるが、この方々は、色々な前職からの転身組であり、バラエティ豊かである。最も多いのは、調査業からの転身組で、元々、筆跡鑑定に接する機会がある人たちなので、いくつかの鑑定書を見ていて、これなら自分にもできると考えて始めるらしい。これらの方々にも優れた方はいるだろうが、多くは能力に疑問のある方が多い。

(4) 元警察官鑑定人グループに対抗できる第二グループは作れないのか

警察系鑑定人の特徴といえば、組織で一定の教育を受けているので、鑑定書のまとめ方などは一応整っている。問題は、鑑定の中身が古臭く、「旧態依然」であったり、「掘り下げの無い表面的なもの」が多かったりすることだ。つまり技術水準が低い。それだけに誤った鑑定も少なく、鑑定人としての肝心の「機能」が伴っていないことが最大の問題である。先に、ほとんどの元警察官鑑定人は「不勉強」だといったのはこのことである。

研究人型鑑定人の多くは、警察系鑑定人の持たない「書」や「筆跡」に係わる造詣が深く、それだけに、警察系鑑定人では対応の困難な、奥の深い分野の鑑定に対応できる人がいる。私は、日本には、このグループの能力を生かす鑑定環境が絶対に必要で、できることなら、これらの人々で警察系鑑定人に対抗する第二グループを形成し、良い意味の競争を促進すべきだと思う。

しかし、これは、言うは易く行うは難しい問題である。私が「一般社団法人・日本筆跡鑑定人協会」を創設した目的の一つは、入会を希望する鑑定人を検定して受け入れ、そのかわり「一般社団法人筆跡鑑定人協会・認定鑑定人」として認定する制度を作りたいと考えたのである。これによって、一定の鑑定能力者を確保し、それを社会に提示することによって、良心的な鑑定人には、能力・身分を保障し、一方、鑑定を必要とする顧客は、安心して依頼できる鑑定人を見つけることが容易になる。

しかし、この研究に着手してわかったことは、一定レベルの人格・識見・能力を持った鑑定人の管理が容易ではないことである。入会時に一定の試験で合否をきめること、登録後、罰則規定などをふくめ鑑定人の身分管理制度を作ることは、日本弁護士連合会などの前例もあり不可能ではない。難しいのは資金作りである。事務局をふくめ、規約づくりや運営体制を担ってもらう費用が生み出せないことである。

なんといっても、筆跡鑑定のマーケットが小さいので、いくら私がトップ級の売り上げがあったとしても、私の収入をつぎ込んで手弁当でできるようなものではない。

会員制度というのも、業態から考えてありえない。これは、結局は、誰か資金を出してくれる人を探して「財団化」するより方策は無いと考えるに至っている。

ということで、一般社団法人・日本筆跡鑑定人協会の目的の一つである「信頼できる鑑定人を組織化する」という目的は、現在はペンディングである。ただし、これは、外部の鑑定人を巻き込んでの部分であり、私どもで養成した、いわば身内の鑑定人に対しては現在も実施している。

⑸ 元警察官鑑定人に見られない「倫理性」

これまでに断片的に触れてきたが、ここで、元警察官鑑定人の問題について、整理してみよう。私の経験から、彼らには技術水準が低いというほかにつぎの問題がある。

私が最大の問題だと考えるのは、元警察官鑑定人の多くは「倫理性」が極めて低いか無いという問題だ。鑑定人とは、白黒の判断を下す職業である。自身の能力と責任においてイエス・ノーの判断を求められる重い社会的責任のある専門職である。

学者などの研究者には、一般人よりも数段厳しい倫理観が求められる。たとえば、研究者には、「正義性」、「社会性」、「誠実性」が強く求められ、特に正直であるという誠実性は大きなテーマであるといえる。そこから、一般社会では許容されている「コピー・アンド・ペースト（コピペ）」等も、研究者がそれを行ったら一発で信用は吹き飛んでしまうだろう。

あるいは、医師であるなら「ヒポクラティスの誓い」にさかのぼるまでもなく、生命に対する厳しい倫理が求められている。

要は、社会的責任が重ければ、それに応じて重い倫理が求められるのは人の世の原理原則である。鑑定人も、責任の重い専門職として、それなりの倫理観が求められると思う。この中心は、少なくとも「正義性」と「誠実性」であるだろう。

しかし、多くの元警察官鑑定人の鑑定書を読む限り、この「正義性」と「誠実性」が感じられないケースがほとんどである。これが彼らの最大の問題だと思う。

この原因を考えて見るとき、彼らには、「社会的責任のある専門職」という概念がないように思う。あるのは、犯罪を暴く警察の役割の悪しき側面、「騙してでも犯人を挙げる」というようなずる賢さの側面が強いと感じるのだ。

何故、そこまで言えるのかと疑問の向きもあるだろう。それは簡単だ。彼らの作る鑑定書を丁寧に読めば、そこにある虚偽性は見え見えだからだ。

鑑定書は同業者を騙すことはできない。特に読み手の方が、鑑定技量的に上位にあれば、「あっ、ここにウソがある」、「あっ、これはウソを超えた詭弁だ」というようなことは手に取るように分かるからである。

私の知る限り、警察における筆跡鑑定は、真実を探るために行うということは少ないようだ。そうではなく、容疑者として逮捕した人間が容易に白状しない、そのような場面で容疑を固めるために利用するというのが圧倒的に多い様子である。有名な狭山事件や、神戸連続児童殺傷事件・「酒鬼薔薇聖斗」

事件などをみても、明らかにこのパターンである。

どうも元警察官の鑑定人には、このような体質が骨の髄まで浸み込んでいるようだ。もちろん全ての元警察官の鑑定人にいえることではないだろうが、このようなタイプが圧倒的に多い。私のように、筆跡鑑定人は、科学的な技術者として、真実を解明する社会的使命があると考える鑑定人はめったにいない様子である。

そのためか、私から見れば、彼らの作る鑑定書には誤りが多く、しかもその誤りは、純粋に技術的なものではないと感じさせられることが少なくない。このようなことも、裁判結果の誤審につながっていると思っている。

もちろん、元警察官以外の鑑定人にも、このような疑問のある鑑定人はいないわけではない。しかし、元警察官は司法の世界では一種の独占市場を与えられるなど、特に重用されているので、もう少し責任のある行動を期待したいし、社会的立場から見て問題だと強く感じるのである。

全国の裁判所には登録されている筆跡鑑定人がいるが、それらは基本的に元警察官であり、私のように一般人で登録されているのは極めて少数のようだ。「ようだ」というのは、このようなリストは外部には公開されず、一種の内規のように扱われているらしいからだ。

そして、元警察官が優遇されている理由としては「元公務員なので身元が信頼できる」と言われるが、真相は定かではない。

このように裁判所リストに載っている鑑定人は、裁判官主導で鑑定をする場合、ほぼ独占的に受注するという形である。いわば、彼らの独占市場になっている。人は、このように優遇されていると努力しないもので、元警察官は、現職の時代はともあれ、退職後の鑑定人自営においては、新しい技量を身に付けようと努力するような人はほとんどいないようだ。

私が、精々二五年程度のキャリアで、彼らよりは先に進むことができ、このように批判ができるまでになったのは、結局、筆跡心理学の素養と同時に、自由競争の中で研究努力を重ねたからにすぎない。

⑹ たちの悪い鑑定人がありもしない犯罪を作り出す

倫理性のない元警察官鑑定人の問題を取り上げてきた。しかし、読者は、そんな鑑定人ばかりではなかろうと半信半疑かも知れない。私の一方的な見解ではないのか、と考える方もいるかも知れない。そこで、ありもしない犯罪をつくりだした二人の鑑定人の具体事例をお話ししよう。

北海道のある中堅企業において、社長に対する中傷文を取引先数社送りつけるという事件があった。犯人とされたのが、労働組合幹部の四〇歳代の男性である。それを鑑定したのが、札幌にある鑑定会社で、鑑定人は科捜研ＯＢの鑑定人だった。しかし、この鑑定書は、相当に雑駁なもので、鑑定を依頼した会社も心配になったのだろう、東京の別の鑑定人に再度依頼をした。この鑑定人も、科捜研のＯＢである。しかし、その鑑定人も結論は同じく、その男性を犯人とするものであった。

ここで、救いがあったのは、会社は慎重に三番目の鑑定人として私に相談してきたことである。私は、三〇分で、二人の鑑定書は誤りだと分かった。そこで、丁寧な鑑定書を作成し、会社も了解し、冤罪づくりは免れることが出来たのであった。

この事件には、二つの教訓がある。一つは、鑑定人のキャリアである。経歴書に、科捜研で三〇年の実績などと書いてあると、多くの人は、相当なベテランなのだろうと思ってしまうだろう。しかし、私が実際に鑑定書を点検してみると、さほど難しくもない内容なのに誤っていることがすぐに分かった。しかも、鑑定内容の容易さから見て、その誤りは技術的なものではなく、意図的なものであることが濃厚だった。

何故、二人の元警察官鑑定人は、虚偽の鑑定書を作ったのか。理由は簡単だ。それは、犯人に仕立てあげないと収入にならないからである。正直に「この人は犯人ではありません」と言えば、鑑定書作成の依頼は受けなかったであろう。元警察官鑑定人に限らない。ウソの鑑定書の大半は、このような事情で作られている。

もう一つの問題は、鑑定した二人は、ともに元警察官鑑定人だということである。このような場合、彼らは仲間意識が強く、一人が黒といったものは、もう一人は白と思ってもそうはしない傾向があるということだ。真偽のほどは明らかではないが、私に限らず、民間出身の鑑定人で同じことをいう鑑定人は少なくない。

従って、仮に裁判所主導で、裁判所リストから鑑定人を選んで鑑定をし、それが納得できないからと言って、もう一度同じ方式で、別の鑑定人を使って鑑定をしても、残念ながら正しい判定は出ないようである。今までに、そのような状況で困った弁護士さんから何件か依頼を受けている。

このように、警察系鑑定人には、社会正義という倫理観よりも、仲間内を尊重するという旧弊な価値観に囚われている鑑定人が少なくない。警察という閉じられた世界で長年一緒に仕事をしてきた仲間意

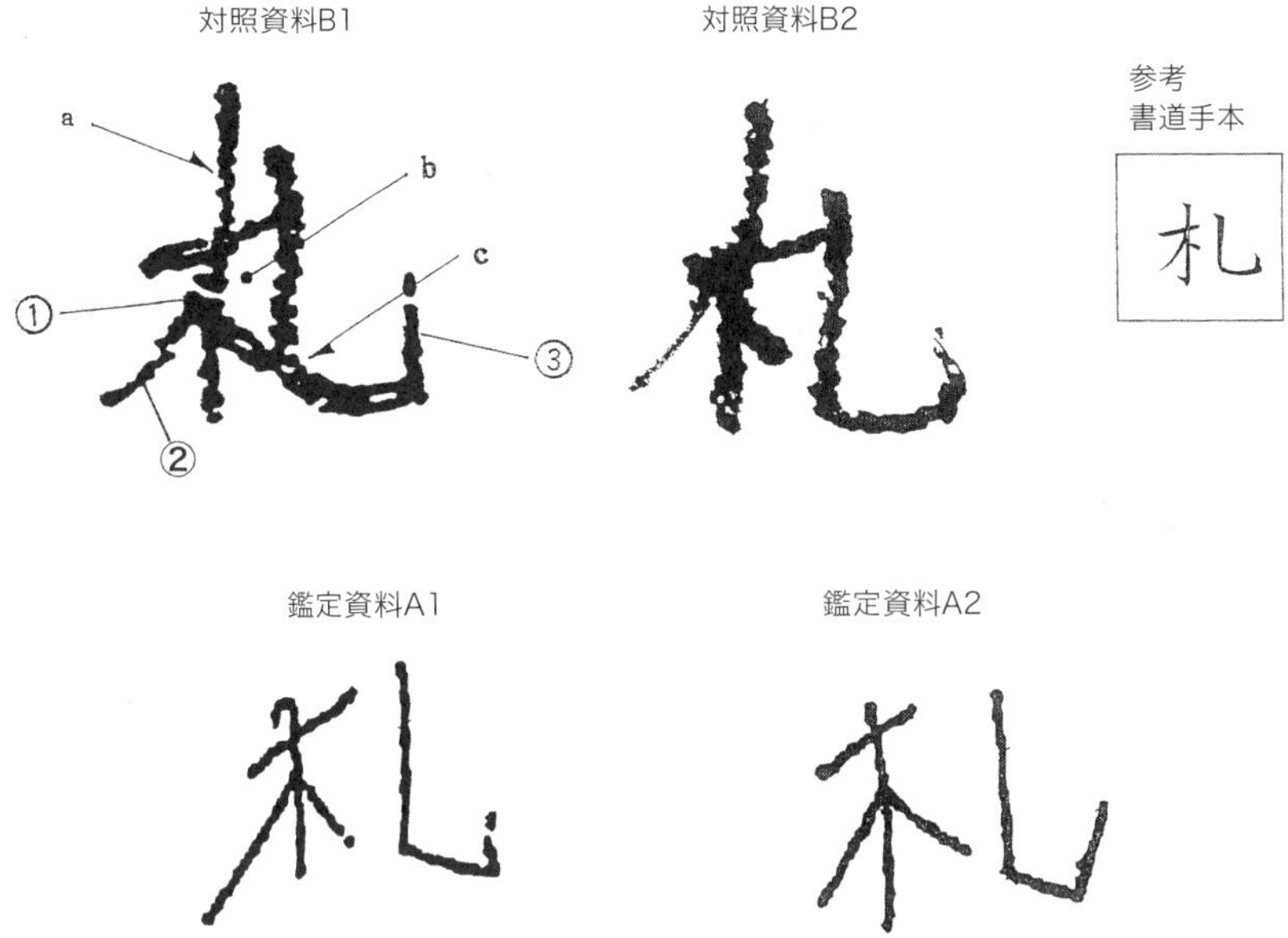

図6

識のしからしめるものなのか。

弁護士の場合も、たとえば元同級生などであっても、原告・被告に分かれて対峙することがあるだろう。この場合、弁護士さんのように数が多く、プロ意識が高い方々は割り切ってやることが可能だろうが、鑑定人の世界は狭い。そのような、倫理観よりも身内や仲間の利益を優先させる国民性があるので、私は鑑定人が安易にグループ化することには懐疑的である。

(7) 具体的な誤った鑑定

このときの鑑定文字、札幌の「札」字で説明しよう。資料B1、B2は疑われた男性の筆跡である。この筆跡は、三五歳頃に書いた履歴書から取り出した。そして、資料A1、A2が、誹謗文書、即ち、封筒に書かれていた筆跡である。

元警察官鑑定人鑑定人は、二人とも「札」文字では、指摘した特徴が一致していた。①～③で示したものだ。まず①、「木へん」の左右の払いが少し低い位置から始筆すること、②は、「木へん」の左払いが標準よりも長めに書かれていること、これは書道手本と比べるとわかりやすい。③は、強いハネ、この三点が資料A・Bで類似するので、「同筆の可能性が高い」とし、八文字ほど調べた結論は「同筆」であるとしていた。

なるほど、主張した三点は、一応、類似箇所とは言える。しかし、②は、左側の資料には言えるが、右側はさほどでもない。指摘した三点共にかなり多くの人が書く特徴であり、ごくありふれたもので同筆要素ではあるが強いものではない。

対する私の鑑定だが、「a」の指摘は、「木へん縦画の、横画から上への突出長さ」である。対照資料は、この突出が極めて長く書かれている。これだけ長い突出は、多くは見ない「稀少」な特徴だが、資料Aはむしろ短めでまるで相違している。これだけの強い特徴を科捜研OBの二人の鑑定人はどうしたのだろうか。

「無視」である。考えられないことだ。これでは「初めに結論ありき」の鑑定で、結論に合致しない箇所は無視したことは明白である。しかし、このような荒唐無稽な鑑定は、決して珍しいことではない。このような荒唐無稽な鑑定を裁判長が認めてしまうことがあるから、私は、裁判長は、はたして鑑定書をちゃんと読んでいるのかどうか疑問を持たざるを得ないのである。

ともあれ、この突出の長さの違いは強い特徴であり、異同の強さを重みづければAランクの強い特徴といえる。

つぎの「b」の指摘も強い特徴だ。「木へん」と「つくり」の間の隙間の大きさである。疑われた男性の資料Bはこの隙間が普通よりも狭い。これは書道手本と比べるとわかる。一方、中傷文書の文字は逆に普通より広く書かれている。

この特徴は、文字を拡大し指摘されて初めて気づくことが多く、元の豆粒程度の大きさの文字から、このような微細な特徴を発見することは普通考えられない。人は、「これは書き手の癖だ」と気づいた箇所には、作為を働かすことはできるが、気づかない箇所にはそれは不可能で、本来持っている筆跡個性がそのまま露呈している可能性が高い。その特徴が相違しているのだから、資料A・Bは異筆の可能性が極めて高いといえるのである。

一般に、中傷文書は、多少なりとも「韜晦《とうかい》」の意図がある。しかし、資料Aのそれぞれ二文字を見ると、あまり相違はなく、作為があるようには感じられない。

この「へん」と「つくり」の間の隙間の広狭は、資料A・Bそれぞれ二文字ずつあるが、どちらも安定した特徴で調整をしたとは見えず自然である。つまり、作為のない自然筆跡であると信じられる。それが、資料A・Bで、二文字ずつはっきりと二分されていることから見て同一人の筆跡ではあり得ない。

これも私がいうスペシャルポイントである。この特徴の違いは、両資料に作為のないことを含めて、やはりAランク級の違いと言える。

最後に「c」では指摘したのは、「折れ部の形状」である。資料Bは、折れ部が角張らずに、小さな丸みを帯びている。資料Aは、角張って折れている。これも、二文字ずつはっきりと二分されていて、それぞれの筆跡個性と考えられる。このような「画線の性格」も、普通は気づかず、結果、作為による調整なども考えにくいところである。この違いからも同筆とは考えられない。

このように、「札幌市」とある住所の「札」字一字だけでも、はっきりと異筆と断定できるものを、二人の元警察官鑑定人は同筆だと強弁しているわけである。ここまで明白な誤りは、鑑定能力のレベルの問題ではない。一応なりとも鑑定人を名乗っている人間に、このような初歩的な技術的ミスは考えられない。なにゆえの誤りなのか。いうまでもない。金で鑑定人の魂を売った姿である。

実は、これには後日談がある。私は、科捜研ＯＢの二つの鑑定があまりに偏っているので、会社の責任者に「鑑定を依頼するときに、彼が犯人だと強く主張されたのですか」と聞いてみた。多くの鑑定人は、依頼者の要請に応えようとするからだ。

答えは、「いやあ、そうでもないのです。彼は会社の方針に反対することが多いので、一応調べてくれと依頼したのです。犯人だと断定されてわれわれは半信半疑でした。しかし、鑑定人が間違いないというので、危うく信じてしまうところでした」というもの。

危険なことだ。警察での鑑定実績三〇年などといえば、誰もが、人物も技術も信じてしまうだろう。そのようなプロが二人そろって黒だといえば、素人は信じざるを得ない。

あなたは、これほどの荒唐無稽な鑑定を聞いて、それは極端な例であろうと感じられたかも知れない。そうともいえないのである。この程度のでたらめな鑑定は、元警察官鑑定人では珍しいことではない。私は今までに何件も同様の事件に携わっている。

私のところへ持ち込まれる元警察官鑑定人の鑑定は、依頼人として納得できないから持ち込まれる訳で、この手のウソがあまりに多いのである。私は元警察官鑑定人を個人的に憎んでいるわけではない。しかし、このようなウソを数多くみると、「彼らは倫理感がなく信頼できない」と強く感じるようになってしまっている。

2　類似分析の限界を示した「一澤帆布遺言書事件」

(1) 科学的で明快であろうとした科捜研の「類似分析」の誤り

筆跡鑑定は、「筆者識別力には限界がある」といわれる。しかし、私からいわせれば、それは、鑑定人の能力不足であったり、読み手が、鑑定の複雑さを十分に理解できなかったりすることからくる誤解のように思われる。真に掘り下げた鑑定であれば、十分、信頼に堪えるものだと考えている。

ただ、筆跡鑑定とは、本質的に複雑系に属するものであり、指紋やＤＮＡのようにデータで明快に分別できるものとは違う。しかし、筆跡鑑定を求める司法からすれば、指紋やＤＮＡのような明快な方法論と結論が欲しい。そこに矛盾があるようだ。

私が思うに、「分かりやすい鑑定」を求める司法の要求が筆跡鑑定を歪めている原因の一つだと思う。その歪みが、「識別力には限界がある」とか、「伝統的鑑定方法は科学的ではない」等という受け止め方を惹き起こしているのではないだろうか。

科捜研は、そのような裁判所の要求に何とか応えられないかと、「類似分析」という方法を考案した。そして、それは長く利用されてきた。しかし、この方式はつぎのような限界があり、現在では信頼できるとは言えなくなっている。しかし、警察ＯＢの鑑定人のなかには、相変わらずこの方式による鑑定書を裁判所に提出して現場を混乱させている。

類似分析には、つぎのような問題がある。

①字形を表面的に「類似」「相違」と分別するだけでは、偽造や韜晦《とうかい》文字等の、作為のある筆跡にはまったく無力である。

②筆跡鑑定は字形だけではない。その奥に「運筆」や「タッチ」という、一言では説明しにくい要素があるが、類似分析はそこには踏み込まないので、浅い表面的な鑑定に止まり、難しい鑑定には対応していない。

類似分析では、第一に、文字の「字画」の一定の部分を取り出すことから始める。分かりやすく「大」という簡単な文字を使って具体的に説明しよう。

最初に「横画」を対象にする。横一本の字画線を、たとえば「右肩上がりの程度」、「直線か曲線か」、あるいは「全体バランスから見た長さ」というような特徴を観察し、鑑定文字と対照文字を比較して類似しているのか相違しているのかと判断していくことになる。

このように分解すれば、二つの文字を比較して異同を判定することは難しくはない。つぎに左払いはどうか、右払いはどうかと、それぞれ同様に類似・相違を判定していき、類似・相違の多い方に軍配をあげる手法である。

この限りでは、明快で誤りの入る余地はない。しかし、全体で、三画で構成されている「大」の字はともかく、「藤」とか「蔵」のような画数の多い文字になると、全ての字画を取り上げることは困難なので、四～六箇所程度を取り上げるということになる。

このとき、まず、どの字画を取り上げたのかが論争になる。反対の立場から見ると、鑑定人の結論に有利な字画のみを取りあげているように見えることがあるからだ。

これは、事実、そのとおり偏りがあることもあるし、仮にそうではなくとも、人間は「自分の信じたい方向に信じてしまう」という心理的バイアスがあるので、なかなか避けられないことである。

私は、信念としてどちらかに加担するような鑑定はやらないが、それでも同様の反論を受けてしまうことがある。

鑑定とは、「どの文字を取り上げるか」や「どの箇所を指摘するのか」は、鑑定人に委ねられているし、さらに、その取り上げた箇所が、はたして「類似」なのか「相違」なのかも、鑑定人の胸先三寸だ。だから、誰からみても公平だと見てもらえる保証はないのである。

ある鑑定人は、このような指摘箇所の紛糾を避けようとしてか、すべての字画を取り上げるという方がいる。しかし、そうなると、たとえば「藤」字だと、一八画あるから、その全てについて、類似・相違・判断不能などを記載していくことになり、これまた煩雑極まりないものになってしまう。筆者識別上何が重点なのかが分かりにくくなり、結果として読み手を混乱させる分かりにくい鑑定書になっていた。

つまり、鑑定とは、常にこのようなリスクがある複雑なものであり、また、異同については、鑑定人の感覚に任されている。そこから、見ようによっては、恣意が絶対に入らないとはいえないものでもある。まずは、筆跡鑑定のこの事実を理解しなければならない。このような面から考えると、筆跡鑑定人は、技術は当然として、それ以前に、しっかりした倫理観を持った信頼される人物でなくてはならないことが分かる。

(2) 時代の変化についていけない元警察官の鑑定人

さて、類似分析は分かりやすさと公平性を志向して考え出された。それは、科警研にとっては、全国の文書鑑定に携わる警官を導いて、筆跡鑑定ができるようにしなければならないという命題からも妥当なものであっただろう。

それら警察官が「書」について教養を身に付けている保証はない。しかし、警察の役目上、筆跡鑑定が必要ならやらざるを得ない。やる以上は、間違えるわけにはいかないとなれば、急ごしらえでも一定の技量は身に付けさせなければならない。

そのとき、特に専門的な技量がなくとも一定レベルの鑑定をできるという面からは、良い方法であったのだろう。私が科警研の責任者であったら、多分、同じように考えるかも知れない。

民事の世界は、「丸文字の流行があったり」、「インターネットの進展があったり」と、変遷きわまりないものである。このような現実に対応していくためには、過去に二〇年、三〇年やってきたという実績だけで対応しきれるものではない。比較的、保守的な筆跡鑑定の世界といえども、新しい時流に対応する積極性が求められるからだ。

そう考えると、この問題の根幹は、科警研が指導した類似分析にあるのではなくて、二〇年とか三〇年とか鑑定に携わってきて、退職後、筆跡鑑定人を自営するという筆跡鑑定人の仕組みに問題があるというべきだろう。他の業務はともかく、筆跡鑑定のように、ルーチンワークだけでは対応できない分野には、退職後のボーナス仕事のような仕組みでは問題が生ずるのである。

また、一般に、一定の職業に二〇年とか三〇年携わっていれば、人は彼らを専門家と理解する。しかし、統計でみると、警察の行う筆跡鑑定はさほど多いものではないようだ。また、鑑定人として自分なりの技術を追及することには限界があるだろう。現役時代の科警研の鑑定人としても、実際は、教わった方法をただ実行するだけだから、さほどの技術を掘り下げる機会があるとも思えない。

そういう方々が、定年後、筆跡鑑定人を自営しているのだから、よほど、意識して知識の更新を心がけなければ、本当の鑑定能力は充分とはいえないだろう。しかしそう意識している方はめったにいないようだ。

私も、鑑定を始めたころは、彼らを、相当な技術者ではないかと考えていた時期もあった。しかし、三年、四年と鑑定を行い、彼らの鑑定書と対峙することが多くなると、ほとんどは見るほどのこともない程度だということが分かってきた。

私は、このような警察ＯＢの鑑定書は、少なくとも三〇人程度は読んでいるが、これは、力があるなと感じる人は一、二名しかいない。結局、長い目でみれば、私が主戦場とする民事鑑定では、それら実力のある一、二名に集中しているようである。

人の命に係わるような刑事事件は、民事とはまた違った難しさがあるのだろうが、実際には、係争の中身や筆跡鑑定のバラエティは、民事事件の方がはるかに幅広く奥の深いものである。民事で難しい筆跡鑑定といえば、大部分、偽造や韜晦《とうかい》筆跡である。それも、金融界などの専門家（?）によるものも少なくない。

とても、作為筆跡には手も足も出ない類似分析の出る幕は無いのである。しかし、わが国の裁判所では、彼ら元警察官鑑定人を筆跡鑑定のよりどころにしている。ここに、誤審につながる原因の一つがある。これも大きな問題である。

(3) 筆跡鑑定に対する正しい対応の仕方

ともかく、類似分析は、今述べた以外にも、技術的に多くの問題点がある。

その第一は、筆跡鑑定の本質にかかわる問題である。人の筆跡とは書き手の個性が表出したものだから同じ人は二人はいないように、書き手が違えば必ずや筆跡には違いがある。しかし、類似分析で扱う「字画」というものは、文字のごく一部でしかない。人間を部分に分解して、それを全部集めても人間にはならないように、文字も部分をいくら集めても、それは文字が表現している書き手の個性を表しているとはいえないのである。

筆跡には、字画の形態の他にも、筆の動かし方である「運筆」、運筆の一環の「字画線の性質」、あるいは、上手い下手に関わる「筆致」や「タッチ」など、筆跡個性からみればさらに重要な要素がある。

類似分析は、簡明であろうと志向した結果、筆跡鑑定上は、そのような、もっと上位の要素を切り捨ててしまい、結果として簡単な筆跡鑑定しかできなくなってしまった。簡明になったかも知れないが、筆跡鑑定から見れば後退というべきである。

登山で言えば、六合目までしか登らないので、道を間違えることは少なくなったかも知れないが、七合目から頂上への難しい箇所には挑戦しないのである。伝統的筆跡鑑定法より水準が低くなっていることもあるというのは、このようなことを言っている。

さらに、前述のように、類似分析は偽造や韜晦《とうかい》などの作為筆跡に対しては全く無力だ。偽造は、手本とする筆跡を模倣しているのだから、類似していて当然で、類似分析では対応できない。韜晦《とうかい》筆跡は、自分の筆跡とは違うように書いているのだから、その本人の筆跡と比較をすればほとんどが「相違」になってしまい、これまた、類似分析では対応できないのである。

このあたりの解決策の一つは、裁判所をはじめ関係者が、筆跡鑑定は類似分析のような初歩的なものでは役に立たたず、複雑で難しいものであることを直視し理解することである。そして、筆跡鑑定は複雑で難しいから避けるというのではなくて、前向きに理解努力をすることである。

もちろん、その前に鑑定人が鑑定水準を高め、それを分かりやすい鑑定書にまとめるという努力が必要なのは言うまでもない。そして、そのような競争を促進する環境整備としては、裁判所は、現在の元警察官鑑定人偏重を止め、研究型鑑定人の採用を積極的に進めて頂くことが最も重要である。事案によっては、コンペ形式で最初から複数の鑑定人に依頼し、それを審査するという方法は如何なものだろうか。

⑷ 類似分析の限界が露呈した「一澤帆布遺言書事件」

類似分析の問題は、有名な一澤帆布遺言書事件が実態を証明している。この事件は、近年の筆跡鑑定界の大事件といえる。この事件は、二〇〇一年、京都の有名なバックメーカー「一澤帆布工業」の四代目社長・信夫氏が亡くなったことで始まった。信夫氏は二通の遺言書を残して亡くなった形になり、その遺言書を巡って長男・信太郎と三男・信三郎が争った事件である。

最初の遺言書には、家督を三男・信三郎に譲るという内容になっていた。三男は、勤めていた新聞社を辞め、職人としての修業をして、赤字経営の頃から父親を助けて働いてきた。彼が後を継いで社長をやることは、一緒に働いていた職人達の目にも自明のことだった。

しかし、当時銀行マンであった長男・信太郎から二通目の遺言書が提示され、それには家督を長男に譲るとなっていた。これが争いの原因で、一回目の裁判は長男が提訴した。

一回目の裁判は、長男・信太郎が勝ち、最高裁まで進み、二〇〇四年、長男が勝訴し一澤帆布の工場兼店舗は長男が経営することになった。その時、経営権を振りかざした長男に対し、叔父の一澤恒三郎は「信太郎、恥を知れ！あの世で兄貴が泣いとるぞ」と一喝したそうだ。実態として、この遺言書の偽物性を見抜いていたのだろう。

二回目の裁判は、同じ役員であった信三郎の妻が提訴した。二〇〇八年一一月に大阪高裁で逆転判決となり三男・信三郎が勝ち、これも最高裁まで進み確定した。この二つの裁判の鑑定人は、長男側は、科捜研ＯＢの三人の鑑定人、三男側は、当時、神戸大学院の魚住教授や医者など門外漢が三人だった。そこから、プロが素人に負けたと話題になったものであった。

⑸ 警察系鑑定は何故敗れたのか

魚住教授はつぎのように語っている。「これまで裁判で提出されてきた筆跡鑑定は、依頼者の側に立って裁判を有利に導くために鑑定を行ってきたというのが実情です。しかし、裁判で証拠として採用される以上、科学的かつ、客観性が必要なのです。今回の大阪高裁の判決はそのことを認める判決でした」（雑誌『JW』No・5）

この魚住教授の意見は、私も常々主張していることである。私は、科捜研ＯＢの鑑定は技術的にも技術レベルが低いだけでなく、鑑定人としてのスタンスに疑問があると考えているが、どうして、これら警察系の鑑定人のレベルの低い筆跡鑑定がまかり通っているだろうか。これについては、魚住氏は同誌の中でつぎのように語る。

「警察の行う筆跡鑑定は、証拠固めのために用いていています。今回の高裁判決でも、科捜研ＯＢの鑑定は、類似文字を目的のために集めたにすぎない、とはっきり断定しています。そういう意味で、我田引水のような筆跡鑑定は通じなかったということでしょう。」

⑹ 雑誌『JW』No・5の特集

余談だが、この雑誌は正式名は「THE JUDICIAL WORLD」というもので「司法の世界を身近に」というコンセプトで作られ不定期に出されている。この魚住教授のインタビューと合わせて、私のインタビューが特集のまとめに掲載された。私の基本的なスタンスなので、以下、私のコメントを掲載する。

「依頼者の側だけに立った鑑定書では、後々困ったことが出てきます。裁判には相手がいます。鑑定書を信じて闘い、裁判の後半になって相手から不利な事実が示されたら弁護士は狼狽してしまうでしょう。最初から不利な事実を知って対応すれば、まずまずの条件で和解できることもあります。」

ここで述べていることは、私の基本的なスタンスである。弁護士は、職務上、常に有利な立場というわけにはいかない。依頼人が不利な立場であったとしても、依頼人の権利保護に努力しなければならない。そのとき、依頼人に有利な鑑定書を求めるのではなく、正しい鑑定書によって的確な方針を立てることが大切で、私は常にその方向でのご協力を考えている。

さて、大阪高裁では、具体的に、どのような点で警察ＯＢ鑑定書を否定したのだろうか。主なポイントは三点ある。

まず「下」という文字。警察ＯＢは、父親の文字は第三点画が第二画から離れていると主張した。魚住教授側は、離れるものもあるが付いているのもほぼ同数あると反論し、判決は魚住教授側の意見を採用し、警察ＯＢ鑑定人は、不利な文字を恣意的に取り上げていないと指摘した。

つぎは、四男「喜久郎」の「喜」の文字である。二通の遺言書には、二通りの字形があった。「喜」字の上部が「士」となるものと「土」となるものである。魚住教授側は、「一般に『士』と書く人が多いが、書道の素養のある方の中には全体のバランスからあえて『土』と書く人がいて、父親はそのタイプである」と主張した。裁判所はこの主張も支持し、警察ＯＢの鑑定書でこの文字を取り上げていないのは恣意的に排除したものと言及した。

裁判官が、このようなデリケートな主張を受け止めたのは珍しい。普通はもっと雑駁だ。私も、この種の微妙な主張をすることはあるがよく無視され、そのたびに「裁判官の鑑定書理解は荒っぽいものだな」と慨嘆させられた。

しかし、このケースでは受け止め理解している。やはり、理解力がないのではなくて、普通は、裁判の進め方が乱暴なのだろう。一澤帆布の場合は、マスコミ報道などによって、事件に国民の目が向いていると自覚したから、丁寧な審理が行われたものと思っている。

3　司法の革新が求められている

(1) 大阪高等裁判所の正しい判決文

最後に「一澤帆布」の「布」の文字である。これも遺言書で二通りの異なる書き方がされていて、前の遺言書では、筆順が「ノ」から始まり2画で「一」を書いている。後の遺言書では、最初に「一」を書き、つぎに「ノ」を書いていて相違している。正しい筆順は「ノ」から始まるものだ。

これも、教養人であった父親が、自分の社名の筆順を間違って書くはずがないと述べた魚住教授側の主張が認められた。もっともこれは主張するまでもなく、一澤帆布の社名の記述は数多くあるだろうからそこから証明することもできただろう。

警察の鑑定は、たとえば、現在も解決していない「狭山事件」の筆跡鑑定などから見ても、極めて乱暴な、とても科学的などとは言えないものである。また、私が現職の科捜研鑑定人と対峙した経験からも、多くは雑な鑑定であることは判っている。刑事事件では、魚住教授もいうように、筆跡鑑定は、真実を知るためというより容疑を固めるために用いられている。そのような、警察としての体質が元警察官鑑定人に受け継がれ民事事件にもマイナスをもたらしていると思っている。

大阪高裁の判決文では、この類似分析による警察OB三人の鑑定について、つぎのように厳しく指摘した。

①文書が偽造されたものである場合、似せて作成するため、共通点や類似点が多く存在したからといって直ちに真筆と認めることはできない。
②類似の文字や類似状態と主張している、その基準が必ずしも明確でない。
③文字の選択が恣意的で公平性がない。

この判決要旨は、常々、私の主張しているところである。何より、「類似分析は作為筆跡に役立たない」という本質的な限界がある。しかし、一澤帆布遺言書事件ではそれだけではなく、判決要旨で指摘したように、自分たちに都合のいい文字だけを取り上げるなど、運用面でもいい加減な扱いがなされている。

科学を装った類似分析の実態は、ある特徴を指摘するにしても、その文字の選択や特徴指摘が科学的ではない。所詮、「勘と経験」といわれる伝統的鑑定方法と変わりはないわけで、むしろ、科学的態度を装うだけ罪が重いというべきである。

⑵ 近代的な運営に革新しなければ、司法の信頼は取り戻せない

このような、多くの問題を抱えながらも、司法の場ではいまだに警察系鑑定人を重用している。これについては、魚住教授のつぎの意見に私も賛同している。「鑑定人は玉石混交だから、司法の場ではどうしても警察官や、そのOBを信頼する傾向にある。いわば警察の『独占市場』になっていてそこに問題がある。科学捜査とは名ばかりで、経験と勘に頼ったもの。科学なら客観的・論理的な方法にすべきだろう。筆跡鑑定の分野だけが非科学的。そうしたい勢力が多い構造が問題。」

……ということで、このような前近代的な構造に、大阪高裁の「一澤帆布遺言書事件判決」は、一つの風穴を開けてくれた。私は、日本の司法が、これにならって近代的・合理的なものに脱皮しなければ司法の信頼は取り戻せないと考えている。司法の近代化・合理化は裁判所だけの問題ではない。弁護士の先生方にもぜひご理解頂きたいと思っている。

民事事件では、遺言書でも、契約書でも、或いは保険金の受取人変更でも、本人の筆跡を模倣していて係争になることがほとんどだ。その場合、偽造者は、注意深く手本を模倣しているのだから、比較した筆跡の大部分は「類似」となってしまう。私も、このようなケースで、警察系鑑定人と何度となく対峙した。このように偽造のケースでは、警察系の鑑定人は、必ずしも類似分析ではなくとも、表面的な鑑定が多いので、本人筆跡としていることが多い。

そのあたりの偽造を説明して丁寧な鑑定書を作るのだが、肝心の裁判官に否定されることも何回かあった。このようなとき、判決文に決まって書かれるのは「筆跡鑑定は筆者識別力には限界がある」と

の文言である。私は、私の作った鑑定書を何人もの部外者に読んでもらったが、誰一人否定されることはなかった。

むしろ、「根本さんの鑑定書は分かりやすく実に明々白々ですよ」との評がほとんどである。我田引水に聞こえるかも知れないが、事実、その位、信念の持てる鑑定書を作っている。それが、否定されるのだから、裁判には、筆跡鑑定を曖昧な地位に止めておきたいという、別種の力が働いているのではないかと疑問すら持たざるを得ないのである。

(3) この程度の鑑定がわからない裁判官

鑑定にかかわる裁判官の能力についてだいぶ疑問を呈してきた。似たような経験をして同じように感じている弁護士さんは少なくないだろうが、少なくとも記録として疑問を呈しているものは見たことがない。

私には、裁判を主導する裁判官と、一方の代理人を務める弁護士さんとの微妙な力関係は分からないが、やはり、弁護士さんは一生の仕事として取り組んでいるだけに、あまり無理はできないのかも知れない。しかし、鑑定人としての私は少し違う。私はプロの鑑定人として自信をもって判断した明々白々たる鑑定書が否定されるのだから、内心、平静ではいられない。

鑑定書を作るとき、一番気になるのが、担当裁判官の鑑定書を判断する力量である。あるいは、鑑定についての基本的な考え方、スタンスである。どうか、力があり、正しい鑑定書を見抜ける能力と、そして鑑定を尊重してくれるスタンスの持ち主であって欲しいと祈りたい心境である。

そこで、抽象論はさておいて、裁判官は、どの程度の鑑定を判断する能力があるのか、実例を一つ示したい。つぎに示す図は、ある地方裁判所において、遺産分割協議書への署名筆跡の異同が争われた筆跡である。あなたはこれを見て同一人の筆跡、それとも別人筆跡のどちらと判断するだろうか。

被告サイドの弁護士さんは、ぜひ鑑定をしたいと申し出たのだが、裁判官からそこまでの必要は無いと強く反対され、泣く泣く止めてしまった筆跡である。結果、被告の敗訴であった。

鑑定資料A　対照資料B

図7

裁判官は、それまでの審理状況の中で確証を得ていたのかも知れない。しかし、そうはいっても、この署名を、原告は同一人だといい、被告は別人だとして争っている。中心材料なのだから、まったく署名を見ないわけでもないだろう。少なくとも一応は見て、同一人の筆跡だからやるまでもないと判断したものと思う。

つまり、この判断力が、この担当裁判官の鑑定に係る能力を示している。個人差はあるだろうが、私の経験からも、裁判官の平均的な鑑定能力としてこの程度かなと思われるので、一つの参考事例として検討してみよう。

確かに一見すれば雰囲気としてよく似ている。柔らかいタッチで少しルーズな運筆などが類似している。他にも「灬（れっか）」の部分や、「力」字の部分などを見れば同一人の筆跡と見ても不思議とは言えない。しかし、「昭」字の部分と「田」字の部分に着目すれば同一人の筆跡とは言い難い。さらに対照資料の「昭」字と「灬」部の間の隙間は大きく開いて鑑定資料とはかなり違いがある。しかし、裁判官は、この隙間の大小などは個人内変動による変化だと考えたのかも知れない。

しかし、筆跡個性は、脳に蓄えたイメージの反映だから、このような箇所が個人内変動で変化したというのは考えにくいのである。たとえば個人内変動で変化しやすい「字画線の長さ」は、一本の独立した線である。このような形は、長い短いの違いくらいしかなく、イメージが形成しにくいと思われる。このようにイメージが形成しにくいものは、脳にイメージが無いのだから容易に変化してしまう。

しかし、複数の字画が組み合った形、たとえば、簡単な字形で「十」という文字でいえば、縦横のバランス、ほぼ中央部で交差すること、人により、この交差が直角の人、少し歪む人……というようにイメージがしやすい。だから、このような箇所に表れる特徴はイメージが形成され筆跡個性になりやすいといえる。

同様に、「照」字でいえば、「昭」と「灬」で構成される隙間の大きさというものは、イメージしやすく、つまり、筆跡個性になりやすいといえる。もちろん、その筆跡個性にも個人内変動は付きまとうから、絶対に個人内変動はあり得ないというと正確ではないが、比較すれば、個人内変動で生じるよりは、筆跡個性によって生じると受け止めた方が合理的であり、「昭」と「灬」で構成される隙間の大きさは筆跡個性の確率が高いといえる。

以上を含めてこの「照男」の文字には、つぎのように、控えめに見ても①〜③の三点の大きな違いがある。

まず、丸囲みした、①の「日」文字と、③の「田」文字の字形は、資料A・Bで大きく異なっている。しかも、対照資料の、「日」と「田」に見られる強い右肩上がりと転折部の尖り具合の類似性を見

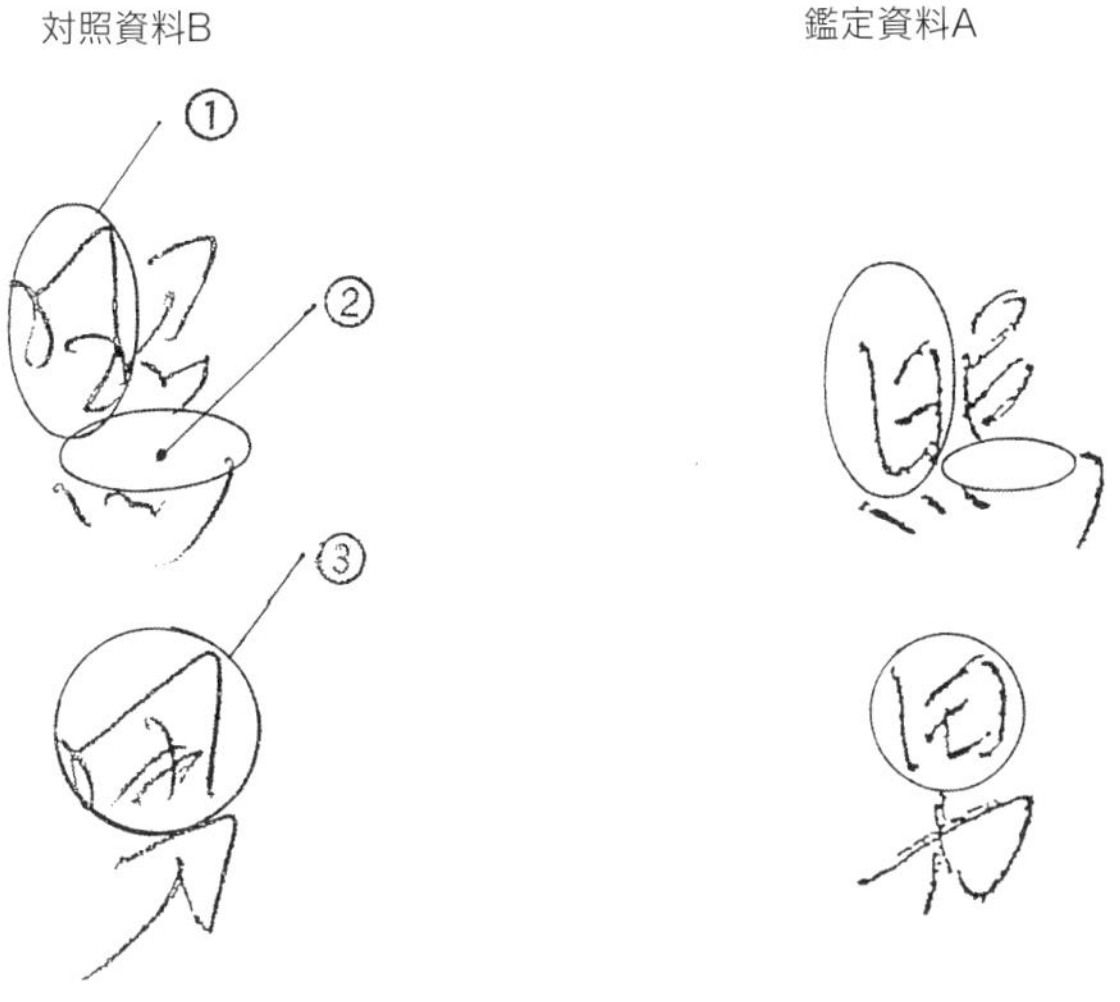

図8

れば、これは個人内変動で生じたものではなく、筆跡個性としての特徴だと理解できるものと思う。鑑定資料は、同じ部分が丸みを帯び、これも「日」と「田」で安定していることから、これも安定した筆跡個性だということがわかる。

　また、②の隙間の大小は、先にのべたように同一人の個人内変動などではなく、やはり別人の筆跡個性ゆえの違いだとご理解いただけるであろう。このように理解していくと、この2文字だけでも、この資料A・Bは別人の筆跡の可能性が高いと判断すべきであろう。

　しかし、これまで何度か述べてきたように、この程度の鑑定が理解されないことがさほど珍しくは無いのである。もう一度、図7をご確認

頂きたい。この程度の雰囲気の似ている文字は、別人の筆跡でも、同一人の筆跡と誤解されてしまうのは珍しいことではないということである。しかし、この理解レベルはアマチュアである。裁判官といえども似たようなレベルだと考えないわけにはいかない。鑑定人として、真剣に取り組んでいる鑑定書の行方にナーバスにならざるを得ないことはご理解いただけるだろう。

(4) 当事者の依頼人の目は鋭いが、裁判官は何故理解できないのか

依頼人は、私の鑑定書を十分に読みこなし信頼している。自分のことだから、まさに「眼光紙背に徹する」熱意で読んでいるからである。その信頼していた鑑定書が裁判官によって否定されるのだから平静ではいられない。

「裁判官はこんな簡単なものが分からないのか」と激怒し、ついには「裁判とは何となさけないものだ」と悲憤慷慨し、ついには裁判制度について否定的な境地にいたる。

私がこのような小論を書いている動機の一つは、筆跡鑑定の社会的な信頼性を高めて、裁判官に誤りのない判定をしてもらいたいということである。それが、依頼人に応える道であり、国民が裁判制度を信頼することにつながる大切な問題だと思うからだ。

ただ、私は、裁判官が、素人の依頼人に分かる鑑定書が分からないはずはないと思っている。難しい司法試験を優秀な成績でパスした人たちである。率直に言えば、事実は、鑑定書をまともに読んでいないのではないかと思っている。そこまでは言えなくとも忙しくてきめの粗い審理の結果だろうと考えている。

(5) 民事裁判といえども金の問題だけでなく人の尊厳にかかわる事件もある

さて、筆跡鑑定における制度や運用の問題はさておき、筆跡鑑定には、類似分析以外にも純技術的に難しい問題がある。一つは、表面的な字形の異同による判断は、読み手にとって分かり易いのだが、どうしても筆者識別に関して限界があり、高度な偽造筆跡などを解明しようとすると、最後は、書風や筆致というようなレベルに進まざるをえなくなることである。

書風や筆跡の上手さ、あるいは筆致ということになると、書に対する幅広い教養も求められるし、感覚的な側面からの説明もしないわけにはいかない。あまり書に馴染んでいない人にそれを分かりやすく説明することは非常に難しいことだ。仮に説明をしても、今日の民事裁判では、裁判官がそこまで付き合ってくれることは期待薄なのである。

書風や筆致というような、難しいテーマを、何とかデータ的に「数値的」に解決できないかと模索している鑑定人もいるようである。確かに、書風や筆致という次元のものを数値で表すことができれば分かりやすくなり、解決の一つの糸口にはなるであろう。私は期待はしているが、実現性に関しては悲観的である。

このように、考えを推し進めていくと、筆跡鑑定にかかわる裁判の問題は、本質的に、裁判が消極的で審理が荒っぽいということに行きつかざるをえない。難しい鑑定も時間をかけてしっかり検証し、裁判の審理を丁寧に行うことにより解決することが、現実的には最良の解決策だと思う。

民事裁判を裁判所側から見れば、そもそも係争事件は「私的な紛争」である……できれば起こって欲しくないが、起こってしまった以上、国として止むを得ず仲裁に入るということである。

したがって、できるだけ効率的に紛争が解決すればよいのであって、どちらが正しいのかと真実を追究することとは無関係なのだ。民事裁判は、元来このような立場である。したがって、精緻な筆跡鑑定書を提出しても、荒っぽい審理の影響もあり、丁寧に読んでくれるという保証はない。

しかし、民事事件といえども、欲に絡んだ事件ばかりではない。金などどうでもいい、自分は間違ったことはしていないことを証明したいという、人間としての尊厳にかかわるような事件もある。そのような依頼者から鑑定の依頼を受けると、鑑定人の私としては、何とか力になりたいと熱が入る。面白いことに、このような、目的が金ではない純粋な依頼人は何故か社会的弱者が多い。

4 筆跡鑑定の基本原理

(1) 筆跡鑑定には、「科学的な鑑定方法」も「データ」もほぼないといえる

つぎに鑑定の重要なポイントとして、鑑定には、「この手順で行うのが科学的な手法である」という公式的なものはない。また、鑑定にそのまま利用できるようなデータベースもない。本質的には、すべては鑑定人の良識や能力に委ねられている。裁判所からの鑑定指示には、「これとこれは満たしてくれ」との必要項目の指示はあるが、そのための方法は指示されてはいない。それは、そのような、科学的・公式的な方法がないので指示のしようがないのである。

誤解のないように補足すれば、広義的には、「科学とは、体系化された知識や経験」とされる。この

レベルで言えば、筆跡鑑定には「体系化された知識や経験」は一定程度はあるので、まったく科学的でないとまでは言えない。

例えば筆跡鑑定では、「筆跡個性の存在」、「筆跡個性の恒常性」、「筆跡個性の稀少性」などの「定説」がある。これらは、おおむね、鑑定に係る基礎理論として、多くの鑑定人が認め鑑定書に取り入れられているからこの限りでは科学的ということもできる。

しかし、科学的ということを少し厳格に解釈すれば、①仮説があること、②その仮説に基づいて実験等により第三者に再現されること、③その結果は仮説と合致すること……という三項目を満たすことが必要になる。

この側面から見れば、鑑定の中心的テーマである「筆跡特徴」一つを取っても、「体系化された知識や経験」というようなものは何もないのである。

たとえば、簡単な「大」の文字で説明すれば、一つの判断ポイントの例として、「第一横画の上に突出する縦画の長さの程度」（頭部突出）というものがある。この長さが平均より長いのか、短いのか、あるいは平均的なのかということは大切な筆跡特徴というべきである。

しかし、現在の鑑定理論には、この長さに言及したものは何もない。「左右の払いの長さ」なども同じこと。

だから、鑑定人は、ある長さの突出に対して、それぞれが勝手に「長い」とか「短い」とか判断している。これでは鑑定結果が混乱するのは当然である。このように、筆跡鑑定上、特徴として判定すべき肝心の部分についての「体系化された知識や経験の集積」はないのだから、表題のように「科学的な鑑定は〝ほぼ〟ない」と言わざるを得ないのが現実なのである。

(2) 何より鑑定の世界にはデータベースがない

ちなみに、私どもの筆跡心理学には基準がある。「頭部突出」が「文字全体高さの三分の一超」の場合は「長いタイプ」、「二分の一超〜三分の一以内」は普通、「二分の一以下」は、短いタイプと分類している。本来は、全ての文字についてこのような理論や経験が整備されて、はじめて、科学的といえるものだろう。

また、筆跡鑑定では、字画構成についてのデータもない。たとえば、「口」という文字は、真四角ではなく横に広い。しかし、縦と横の比率についてのデータ一つ存在しない。これでは、「資料Aの『口』の字は扁平である」といいたくとも、その主張には裏付けはないので、一方的な捉え方であるという批判を免れることはできない。

この種のデータについて、元警察官鑑定人には、ある程度持っているようにいう人もいるが、仮にあっても、それは、たまたまの事件にかかわるごく限られたデータであろう。どのような鑑定にも対応できるようなデータベースはないのである。

何故、データベースが無いのかといえば、整備しようとすれば、まず、現実としては考えられないような膨大なものになりかねないからである。これを、ごく簡単な「大」の文字で説明しよう。

図をご覧頂きたい。この「大」の文字について、少なくとも字画と字画構成の面からだけでも特徴をデータ化しようとすれば、図の①〜⑪で分かるように、一一箇所程度は取り上げることになる。

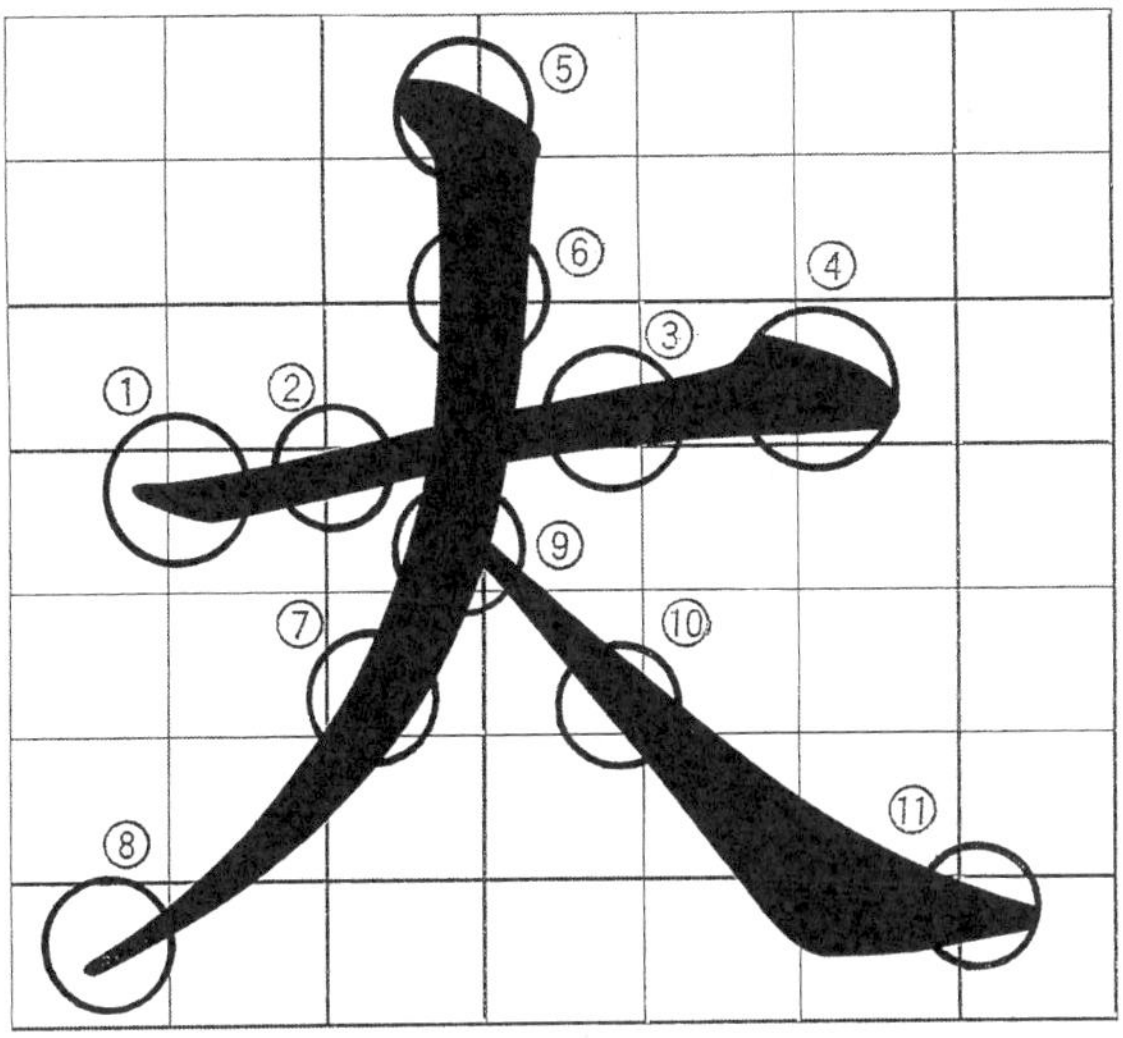

図9

たとえば①は、第一画の「始筆部の形態」。ここは、「グイと打ち込みがあるのか」、「その強さの程度は」、「打ち込みはなく平板に始筆するのか」、「下方から始筆するのか」など四種類程度には分類する必要がある。このように、一番号当たり三～四種程度には分類する必要があるだろうから、この簡単な文字でも四〇～五〇の特徴をデータ化する必要があるわけだ。少し複雑な文字では一〇〇や二〇〇の特徴はデータ化することが必要になるだろう。

それを、データベースにするためには、少なくとも二百人～三百人程度の筆跡を収録し、タイプ別に整理し、統計数値化する必要があるわけだ。

つぎは、漢字の数である。常用漢字は二千語弱だが、地名や人名を無視できない鑑定にかかわるためには、人名漢字で四万二千語あるものを無視はできない。また、たとえば「広辞苑」には二四万語が収録されていることを考えれば、完成したデータベースは、広辞苑程度の説明がつくとして、少なくとも広辞苑数十冊程度にはなるのではないだろうか。この膨大なデータを誰が編纂するのか、そのコストを誰が負担できるのか私には見当もつかない。

(3) 筆跡における定説は、ケーススタディの積み重ねしかない

データベースがないのだから、最近、たまに見かけるコンピュータ鑑定も、本当の意味ではコンピュータを生かした鑑定とはいえない。私は、「大きな誤りは防げるかも知れない」という程度のものだと受け止めている。日本より、数十年程度先行していると言われる米国でも、コンピュータ鑑定は、今後五〇年かけても実用化は困難だろうといわれているようだ。

筆跡鑑定とは、このように、一面、特殊な世界であり、鑑定の的確性と社会コストの兼ね合いから判断して、もっとも有効で妥当な方法は、結局、鑑定人の経験則と良識でしかないようである。

つまり、技術的な面からも、筆跡鑑定とは、全ての事案がケースバイケースであり、これを横断的に結びつける科学的な方法論もデータもない世界なのだということである。関係者は、まずはこの事実を理解することが必要である。

このように公式・定理的な方法論とデータ化のない世界で、判断の的確性・正確性を高めるにはどうしたらよいだろうか。

それは、多数の鑑定人の参加によるケーススタディの積み重ねしかないようだ。あるいは、鑑定結果を評価する「評価委員会」のごとき公的な組織で鑑定結果を公平に評価するということだろう。このよ

うにして一つひとつの鑑定について、合意を積み重ねるしか鑑定の信頼を高める方法は無いのである。

しかし、残念ながら、わが国にはそのような組織はない。

このような実情は、筆跡心理学における「性格診断」の信頼性の面でもほぼ同様である。たとえば、国家資格になっているフランス・グラフォロジーの信頼性の根幹は、基礎的な理論を土台に、長年かけた膨大なケーススタディによって獲得されたものといえる。

ここでフランス・グラフォロジーは、どのような学習を行っているか、部下にあてたナポレオンの手紙の解説を示そう。

フランス・グラフォロジーの1例

フランスの筆跡心理学（グラフォロジー）は、日本に比べると、やや大づかみに心理を捉える傾向があるようです。つぎは、ナポレオン一世の書簡について診断している一例です。

王座のナポレオン

アルプス越えのナポレオン

「大きな字。精神病とまでは言わないが、かなりの異常性が見られる。今まで私が見てきた中で、最も興奮して荒れた書体である。暴力的で急いでいる。これは皇帝としての習慣的な苛立ち、常に辛抱している状態を表している。その苛立ちが羽を踊らしており、不調和で読みにくさの原因と思われる。文字はつながり、大きさも均等でなく、そこからは、並々ならぬナポレオンの行動力と才気が読み取れる」

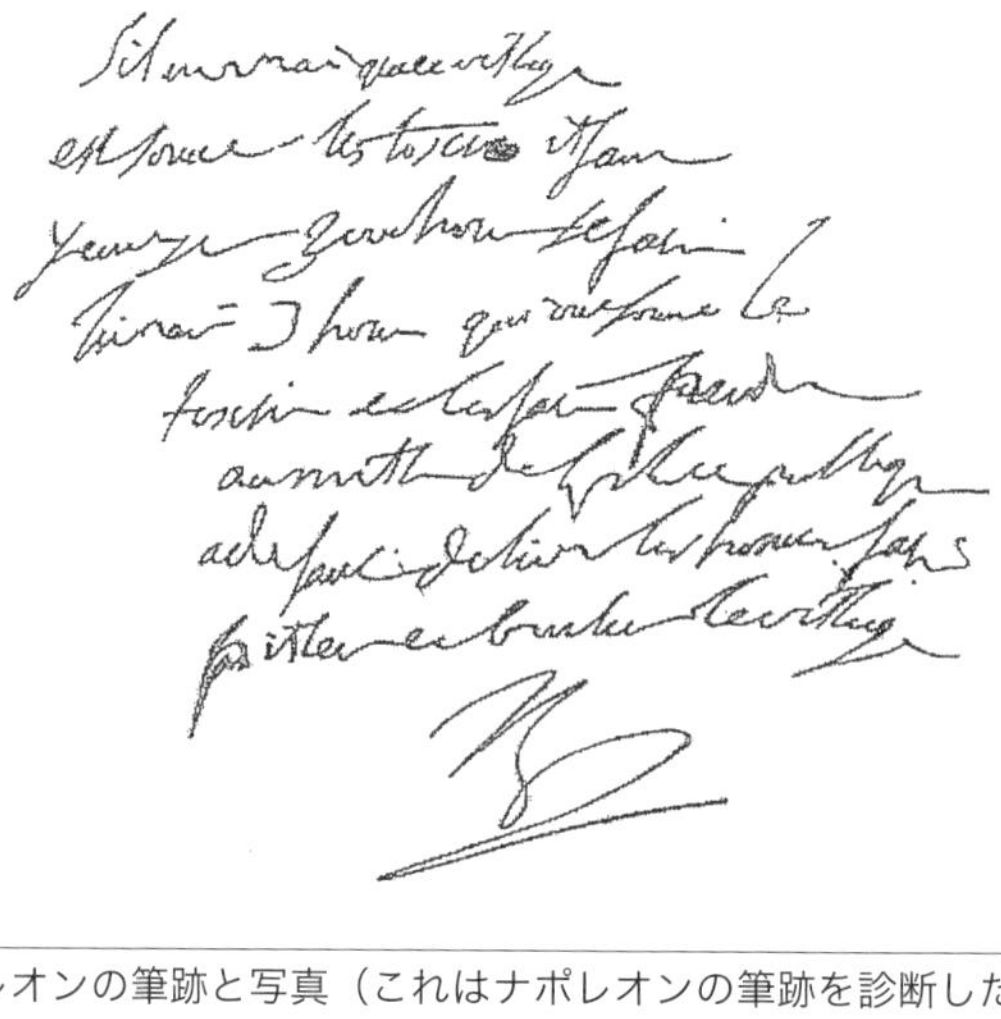

図10：ナポレオンの筆跡と写真（これはナポレオンの筆跡を診断したフランスの例です）

つぎは、フランスのグラフォロジーの教科書に載っている解説文である。「大きな文字。精神病とまではいわないが、かなりの異常性が見られる。今まで私が見てきた中で最も興奮し、荒れた書体である。暴力的で急いでいる。これは、皇帝としての習慣的な苛立ち、つねに辛抱している状態を表している。その苛立ちが羽根ペンを躍らしており、不調和で読みにくさの原因と思われる。文字は繋がり、大きさも均等でなく、そこからは、並々ならぬナポレオンの行動力と才気が読み取れる。」（ABC de la Graphology）

このような文章を読むと、人によっては、「よくここまでいえるものだ。その根拠は何なのか」と思われる方がいるかも知れないが、これが、前述のように、フランスのグラフォロジーが長年研究してきた成果の一つなのである。フランス・グラフォロジーの学校では、大きなスクリーンに、著名、無名の方々の手紙などを拡大映写し、それを教師と生徒がディスカッションしながら、読み解く学習を繰り返し行っている。そのような学習を相当な長期間をかけて行い、筆跡と性格の理解の整合性を高めていくのである。

このような、層の厚い、突っ込んだ数多くの学習が、フランス・グラフォロジーの国家資格を支えている。このような積み重ねが信頼となり、結果として、グラフォロジーの上級資格がないと司法の筆跡鑑定はできないというところまで、法制化されたわけである。

筆跡という、データ化しにくい人間的な問題を扱うには、このように、多くの人が、数多くのケーススタディによって一つひとつ合意を形成していくほか方法はないようだ。

私は、日本における筆跡心理学は、データの裏付けが薄弱であることから筆跡鑑定に応用することをためらっていたが、これは、筆跡心理学だけの問題ではなく、筆跡鑑定を含めて筆跡にかかわる全体的な問題なのだということが分かった。

筆跡にかかわる「体系化された知識や経験の集積の薄弱さ」は、「筆跡鑑定」であろうと「性格診断」であろうと共通の課題なのだということが分かった。今後は、これをどのようにして解決していくのかを追及してゆくつもりである。本当は、筆跡心理学と司法鑑定が相互乗り入れをして研究を深めていくことが王道だと考えるが、現実には道はるかの感がある。

(4) 書法・書道などの知見を鑑定に分かりやすく説明することの大切さ

この項の最初に述べたように、筆跡は複雑系の分野なので、より精度の高い鑑定を求めるためには、今まで中心的に取り上げられてきた「字画」や「字画構成」の角度からアプローチするだけではなく、「運筆」や「線質」、「筆致」という一段掘り下げた面からの分析が必要になる。

何度か述べたように、「運筆」とは「筆の動き・動かし方」である。これらは、書き手の「手の使い方」ともいえる。手の動かし方にも個性は表れる。それは、書き手の性格や気質、書字技量、心身の状態などが、一つの字画よりもさらに微妙に表れ、筆跡鑑定上からは貴重な情報をもたらしている。

「線質」は、運筆の一形態だが、たとえば「真っ直ぐな線」一つとっても、「真っ直ぐな力強い線」とか「まっすぐな伸びやかな線」というように、同じ直線でも、実際は千差万別といえるような多様性があるものだ。さらに「筆致」、「タッチ」となると、書き手の書字技量はもとより、書き手の教養レベル、美的センスなどが表現され、線質以上に個性が表れる。

他の鑑定人のことは分からないが、私は、鑑定書に書き込むことはしなくとも、このような要素も踏まえて筆者識別をしている。このような側面は、警察系の鑑定人にはあまり見ることはないが、書家や国文系の学者の鑑定などではときに見ることがある。

このような側面からも、司法の筆跡鑑定が警察系の独占市場になることは、絶対に防がなくてはならないと痛感させられる。分かりやすい鑑定書というニーズは分かるが、そればかり求めると、より高度な精度の高い鑑定は不可能になる。

裁判所は鑑定を依頼するに当たって、幅広く多様な人選を心がけて頂きたいと思う。そして、裁判官には、分かりやすさばかり求めるのではなく、難しい、分かりにくい鑑定も理解しようとする意欲的な努力を望みたいのである。

同時に、鑑定人としての私は、このような微妙・精妙な筆跡個性を、どのように説明すれば、分かりやすく、且つ、誤りなく伝達することができるのか、今後の課題であると考えている。

⑸ 筆跡鑑定の基本原理

今までのところ、筆跡鑑定が成立する原理として「筆跡個性」、「恒常性」、「稀少性」の三つが挙げられてきた。

「筆跡個性」とは、筆跡に表れた書き手の個性のこと。人の個性は、外観、しぐさ、話し方など様々な面に表れるが、それが筆跡に表れたものが筆跡個性ということになる。一つの癖でもあるわけで「筆癖」とも言われる。

筆跡には必ず書き手の個性が表れるから、これを別な人間と比較すれば別人ということがわかるわけである。厳密にいえば、人は一人ひとり個性を有して独立しているので、別人が真にその人間の筆跡を書くことはできない。

恒常性とは、その筆跡個性が、いつ書いても、ほぼ同じパターンで現れることを指している。とは言っても、人の筆跡は印鑑ではないので、いつでも全く同じ形に書けるわけではなく、必ず、多少の変化がある。しかし、本来筆跡個性を持っているのでおおむね一定のパターンを示すことになるわけである。

「筆跡の稀少性」とは、その特徴が、多くの人に見られるありふれた特徴ではなく、独特の強い特徴を持った筆跡個性をいう。二〇人以上に一人程度の珍しい特徴を「稀少筆跡個性」、十人程度に一人程度の特徴を「やや稀少筆跡個性」としている。また、誤字や独特の筆順の人を稀に見るが、これも稀少筆跡個性の一つであり、鑑定上は異同判定の強い要素になる。

これら、筆跡における「筆跡個性」、「恒常性」、「稀少性」が筆跡鑑定を成り立たせている要素ということは誤りではない。しかし、鑑定人としては、この事実を知っていれば十分だとはいえない。特に、何故、「何回書いてもほぼ同じ筆跡が表れるのか」ということについては、警察ではまったく説明されていないようだ。科学的であろうとするなら、これは基本的なことだからしっかり理解していることが必要だ。

筆跡の恒常性こそは、筆跡鑑定を成り立たせている最も重要な根幹である。何故、恒常性があるのか分からなくとも筆跡鑑定は可能だが、偽造筆跡を見分ける難しい鑑定の際などには、どうしても理解が

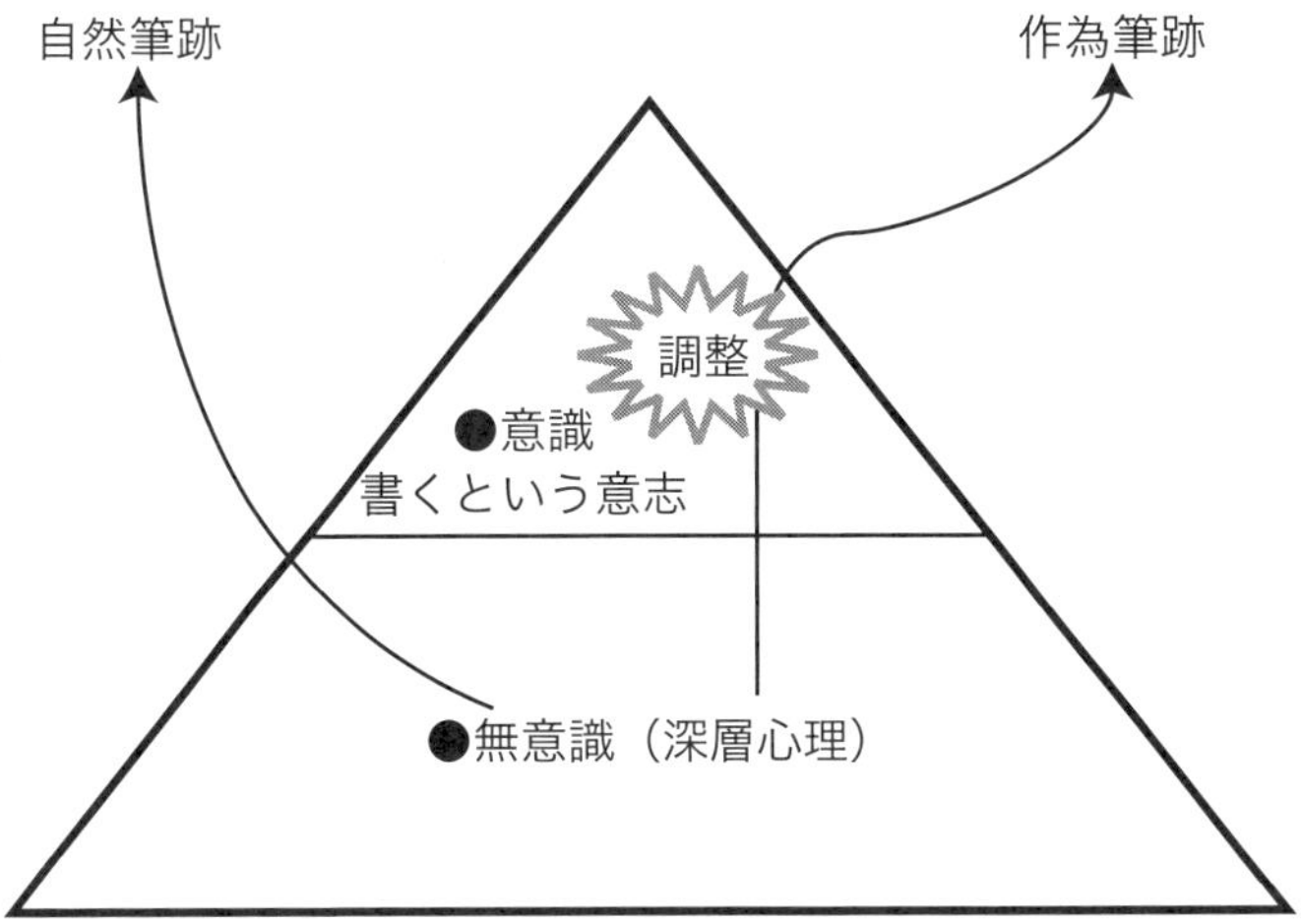

図11：自然筆跡と作為筆跡

浅くなることは否めない。

普通に書かれた筆跡、それを「自然筆跡」という。その場合、字の形は深層心理（無意識）の行動管理機能により管理されている。たとえば「東京」と書こうとすることは意識で管理されているが、具体的な文字として書き記されるときには、意識でコントロールされているのではなく、深層心理に委ねられているということである。その結果、何回書いてもほぼ同じ字形が表れる。

しかし、その文字が、別人による偽造だったり、あるいは、自分の筆跡を隠そうとしたりする「韜晦《とうかい》筆跡」のように作為のある場合はそうではない。作為筆跡の場合は、書くべき文字が深層心理から浮かび上がってきて、紙に記そうとしたまさにその瞬間に、意識で調整を加えるということになる訳だ。

そのあたりを図に示せばつぎのようになる。

このように、自然筆跡は、無意識の行動管理機能により管理されているので、何回書いてもほぼ類似した筆跡になるが、作為筆跡は、無意識から浮かんできた字形が紙に記される瞬間的な時間に、意識で調整を加えることになる。すると、どうしても筆跡個性が安定せずに不自然な乱れが出やすくなる。鑑定人としては、その筆跡個性の乱れを観察し作為筆跡を見抜くことになる。

鑑定人は、このようなプロセスを正しく理解していないと、作為筆跡を見抜く能力に差異が出るし、後に述べる「個人内変動」を正しく解釈するうえでも盲点になる。

⑹ 偽造を見抜く鑑定人と偽造の名手ではどちらが勝つのか

書道の一つに「臨書」というものがある。古典などを見てそっくりに写し取ることである。これは、世の中に歓迎されるか否かを別にすると、技術的には偽造と同じことだといえる。

この訓練を積んだ人のなかには、本物と区別がつかないと豪語する人がいることでも分かるように、非常に高い能力の人がいる。もし、このような方が偽造をしたとしたら真偽の判別は容易ではない。実は、筆跡鑑定人として、真に実力が試されるのは、そのような難しい鑑定なのである。

私は、NHKの『ためしてガッテン』という番組で、臨書の達人と対決したことがある。ディレクターが「根本さんは、どんな巧妙な偽造でも見破れますか」と聞くので、今まではすべて見破っていますから大丈夫でしょうと答えたところ、「某大学の先生で臨書の達人がいましてね、今までに一度も見破られたことがないと豪語している人がいるのですが、テレビで対決していただけませんか」とのことである。「なるほど、鉾と盾のような話で面白いですね」と承諾した。

この時は、まず、普通のアマチュアの方三人に「筆跡は心を映す鏡、誰が書いたか当ててごらん」という同じ文言のものを二枚ずつ書いて頂いた。そして、合計六枚の文書の一枚を抜き出して、その大学の先生に臨書して頂き、それを私が当てるという方法で行った。もちろん、この場面には私は参加していない。結果は、三〇分ほどかかったが、幸い的中し面目をほどこした。

それはさておき、このような臨書の達人がいるということは、一般の筆跡鑑定でも、巧妙な書き手がいるということである。事実、今まで書いた鑑定書の内、おおよそ四〇程度は、「極めて」と、いっていいほど巧妙なものであった。

筆跡鑑定人として率直に言えば、自然筆跡で書かれた筆跡鑑定は、さほど難しいものとはいえない。むしろ、難しいのは、その鑑定結果をどのように説明すれば、第三者たる裁判官や関係者に理解していただけるのか、むしろ、その説明の仕方や説得力にある。

(7) 筆跡鑑定を難しくしている「個人内変動」

作為筆跡の場合は、真実解明の段階から難しさがあり、結果の説明はさらに難しくなる。何故なら、筆跡鑑定を成立させている要件として、最も重要なのは「筆跡個性の恒常性」であると説明してきたが、これに係わる重要なもう一つの要件に「個人内変動」というものがあるからだ。個人内変動とは、同一人が同じ文字を書いたときに生じる変化のことである。

人の筆跡は、印鑑ではないので一定のパターンがあるとはいっても、書くつどに小さな変化はあり、それが個人内変動である。しかも、この変化は人により強弱があり、非常に安定した人と、不安定な人

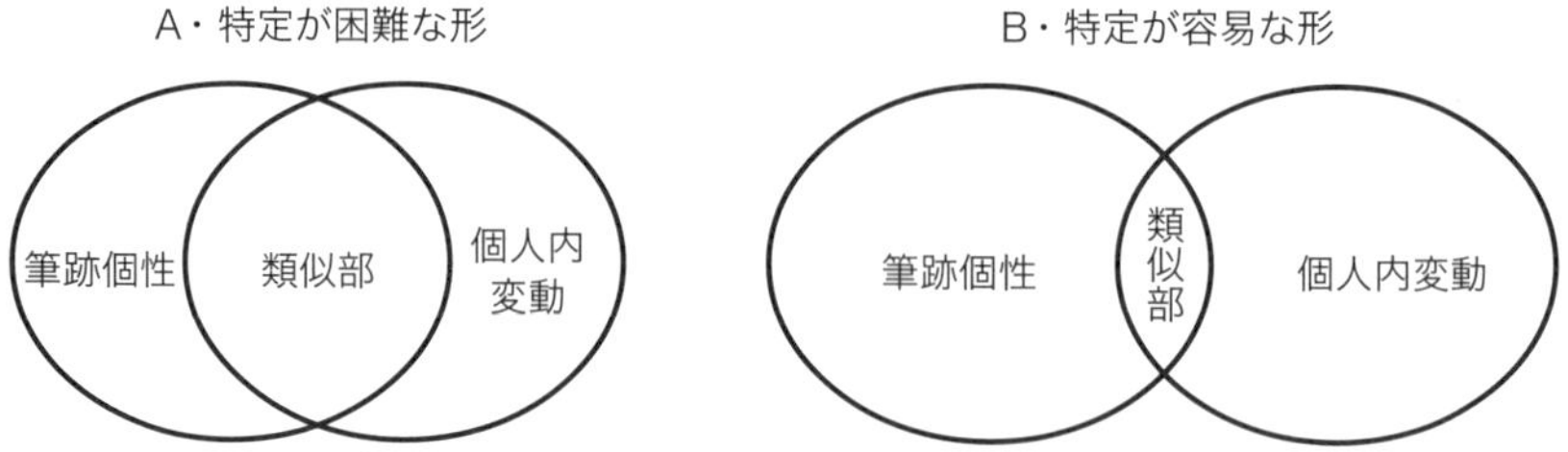

図12

がいる。

一般に、文字をよく書き慣れている人、たとえば事務や書記のような方は安定している。このような方は、鑑定的には楽だが、日頃、文字を書き慣れていない人などは個人内変動が激しくなる。

この変化があるがゆえに、「他人が偽造した文字」と、「本人が書いてはいるが変化した文字」の区別が困難になるわけである。

図にしてみればつぎのような形になる。

つまり、Aのように、筆跡個性としての特徴が個人内変動によって類似部が大きくなると、「この特徴は筆跡個性である」と言いたくても、「個人内変動による類似ではないのか」と見られることになり、筆跡個性を証明するのは容易ではない。

反対に、Bのように類似部が小さいと、筆跡個性としての特徴が際立つことになり、証明は容易になる。

鑑定の現場では、A鑑定人は、「同一人の個人内変動」といい、B鑑定人は、「別人なるがゆえの変化」といって論争になる。鑑定における論争は大部分がこの争いである。

このようなとき、筆跡個性は、深層心理から自動的に生じてくるものだということと、その結果、どのような変化が生じやすく、どのような変化が生じにくいのかが分かっていないと判断ができないわけである。先に「筆跡が深層心理から半ば自動的に生まれるもの」だと知っていないと、どうしても理解が浅いものになると述べたのはこのようなことである。

そこで個人内変動はどのような状況で生まれるのかであるが、個人内変動を生む主な要因は、つぎのようなものがある。

①書字条件……筆記具や紙の違い、記載スペースの問題、落ち着ける環境かそうでないか等。
②精神状態……気分が良い、不安であるなどの精神状態。
③体調や年齢……若くて柔軟である、高齢で関節や筋肉が硬くなる、注意力が衰える等。

筆跡はこのような影響を受けて変化する。少し類型化して整理するとつぎのようになる。「大」という文字をつかって説明しよう。

図の左上の字形が、ある書き手の基本的な字形だとする。特徴としては、横画が「皿」型に湾曲することと、その他は比較的標準的な字形とした。このように、横画を皿型に書く人はよく見かけるものである。右側の四字は個人内変動の例。分かりやすくするため、パターン化している。

一番上の文字は、「縦に細長くなった」字形。このような変化は、書きこむスペースの横方向が窮屈なときによく見られる変化である。二番目は、字形が縦方向は潰れ、横に広がったケース。記入スペースが縦に窮屈な場合、このような変化が出やすい。記入するスペースが狭い場合、文字そのものを小さ

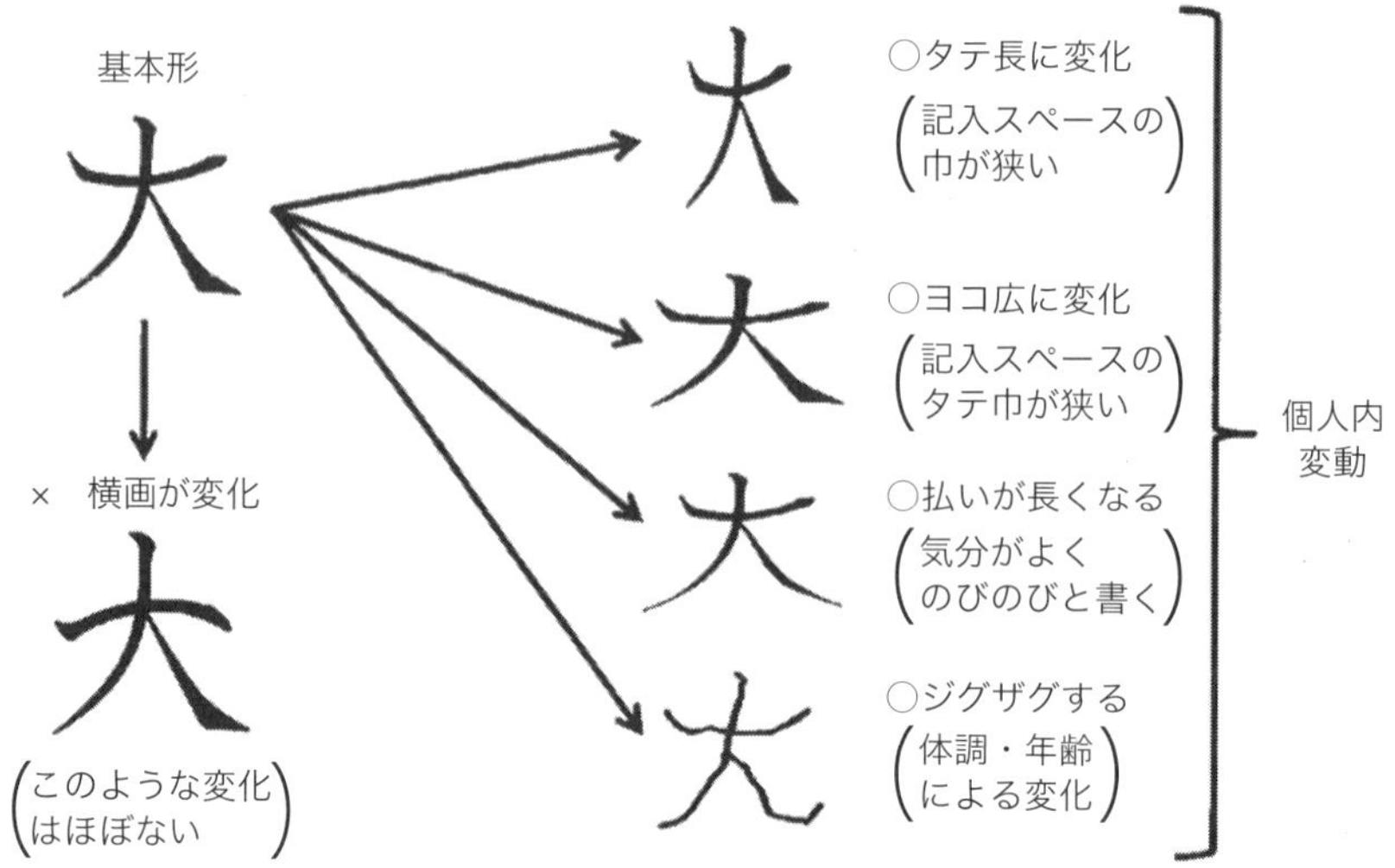

図13：筆跡における「個人内変動」と「書き手の違い」

く書く人もいるが、多くは、このようにスペースに余裕がある方向は普段の大きさに書き、スペースのない方向は圧縮された形になる。

三番目は、両払いが長く延伸された形である。気分の良い時などには、払いをこのように伸び伸びと伸ばす人が多い。逆に、落ち込んでいたり不安であったりすると払いは短くなる傾向がある。

一番下は、震えが出たり渋滞を伴うギクシャクした字形になるケースである。このようなケースは、体調が悪かったり、高齢のために手がスムーズに動かなかったりする場合に起こることが多い。これは一例であり、この他にも、震えが出たり、字形が歪んだりすることも少なくない。

以上は一例だが、個人内変動とは、おおむねこのような変化をいう。一方、左下の字形は、横画が「皿」型の湾曲から「ドーム」型の湾曲へと変化している。これは、個人内変動ではなく、書き手が別人のケースに多い。つまり、「筆跡個性」としての違いである。

これが、何故、別人の可能性が高いと言えるのかといえば、「皿」型から「ドーム」型に変化させるためには、手の使い方として逆にひねらなければならないからである。これは運筆の違いである。

実際に書いてみれば分かるが、このような変化は、個人内変動で生ずることはほぼあり得ないので、別人の筆跡による違いの可能性が高いということになる。


筆跡個性と個人内変動の違いを言葉でいえばつぎのようになる。

①筆跡個性……他人と異なる書き手固有の特徴であり、おおむね、一定のパターンとして表れる。
②個人内変動…何ら脈絡のない単なる乱れとして表れる。バラツキとも言える。

筆跡鑑定における急所は、鑑定人が、このような個人内変動と書き手の別による変化を峻別できる能力を持っているかいないかにかかるのだが、寡聞にして、このような観点について論議されているのを見たことがない。鑑定人が、このような見識を持っていないことが理由だと思われる。

個人内変動の出やすい箇所と出にくい箇所という分け方で説明すればつぎのようになる。

●個人内変動の出やすい箇所
①字画線や払いの長さ……伸び伸びした気分や萎縮しているなどの気分の変化を受けやすい。伸び伸

びした気分の時は、字画線をゆったりと長めに伸ばし、反対に、不安があったり落ち込んだりしているときなどは、字画線を短く書くことが多くなる。したがって、字画線や払いの長さは、鑑定ではあまり重視できない。

●個人内変動の出にくい箇所

①筆順……たとえば、「田」字では、「冂」と書いた後に、内部の字画として「土」と書くが、この「土」部分の筆順が、「縦・横・横」という順番で書く人と「横・縦・横」の順番で書く人がいる。どちらにせよ、この文字に限らず、成人が一定の筆順で書く割合九〇％以上で二通りの書き方をする人はめったにおらず安定している。

②字画構成……字画構成とは、二画以上の字画が接したり、交差するなどの組み合う部分をいう。たとえば「大、十、木」字などの簡単な文字で言えば、「横画の上に突出する縦画の長さ」なども字画構成の一つである。この場合、その「横画の上に突出する縦画の長さ」というものは、比較的一定で安定しているものである。先に、字画線や払い等の長さは変化しやすいと言ったがそれとは異なるものである。

また、「木」文字なら、横画も左右の払いの長さも変化しやすいのだが、たとえば「縦画のどの位置から払いが始筆するのか」……これは、横画のすぐ下から書き始めるのが本来の形であるが、かなり下の方から書き始める人が少なくない。このような位置も、比較的安定しているものである。

③第一画の入筆角度……たとえば「サンズイ」の第一画、「ナベブタやウ冠」の第一画の筆の入筆角度である。このような、「書き始め」に関わる部分も、比較的安定している。高齢になり筆跡が乱れても、このような書き始めの角度などは、大きく変化することは少ないものである。

④運筆……たとえば、「私」や「秋」等の第一画を普通「ノ」と書くが、これを逆に左から右下に向けて運筆（逆運筆）したり、横画として書く人がいる。このような、運筆も、習慣化しているので、安定性は高いといえる。ただし、「私」は標準で書き、「和」は逆運筆に書く人などもいるので油断はできない。あるいは、「口」の文字などの右上の角……「転折部」というが、このような部分を角型に書くのか丸く書くのかなどの違い等の運筆も比較的安定している。

⑤字画線に表れる線質……縦画にせよ、横画にせよ、自然に表れる曲りやうねりなど。このような運筆の微妙な癖には、個性が表れやすく比較的安定している。また、別人が模倣しにくいものである。

⑥文字の上手い・下手、筆致などには、微妙な筆跡個性が表れ模倣がしにくい。特に下手な人が上手な人の筆跡は模倣できない。どう努力をしても急に上手に書けるものではないからである。

●個人内変動が出たり出なかったりする箇所

①ハネ……多くの人は書くか書かないか二分されるが、両方書く人が少数いる。

②転折部の角・丸……たとえば「口、日、東」字などでの右上の転折部も、多くの人は角型か丸型に二分されるが、両方書く人が少数いる。

筆跡個性に表れる安定度や変化は、おおむね以上のようなことが多い。しかし、極めて巧妙な偽造者は、この程度のことは先刻承知の人がいるので油断はならない。多くの鑑定人は、このような筆跡個性を掘り下げた追及はしない。字形の部分的な形を表面的に検査することが多いが、表面的な字形だけでは異同の判別は浅いものになる。

5 私が実践している鑑定方法

(1) 私の鑑定の特長

現在の筆跡鑑定の問題点などを色々批判してきた。そこで、つぎに、私の実行している鑑定手法を少し説明しよう。革新的というほどの方法ではないが、警察系とは異なり小幅な改善を積み重ねている。企業秘密にしておきたいものもあるが、斯《し》界の発展にいくばくかでも役立てば幸いである。私の筆跡鑑定の特長はつぎのようなものである。

①「図説一覧方式」

警察系鑑定書のまとめ方のほとんどは、前半に文字特徴の異同を書き並べ、巻末に資料をポンとつけるというパターンである。これは、通常の論文形式だから、特に批判の対象にはならない。

しかし、実際にこのパターンの鑑定書を読んだ方は知っているが、非常に理解しにくいものである。最初に鑑定内容を書き並べ、巻末に資料をポンとつけるという方式は、たとえば、説明文で「第一三画は充分な長さに延伸され」などという文章を読み、巻末の資料で点検するということになる。「一、二、三、四…これが一三画か、…なるほど長いな」などと確かめつつ読み進めるわけだが、多くの指摘箇所を確認していくうちに、どの文字が対象だったのか、何画を調べているのか等、頭が混乱してきて投げ出したくなることも珍しくない。

私は、いかにもお役所仕事だなと思う。もしこれが、民間の仕事で、お客様に買ってもらわなければ成り立たない「百科事典」ならどうだろうか。当然、説明文と図を並べて、文を読みながら図を見られるようにするはずである。これなら数倍読みやすく理解しやすくなる。要するに読み手に対するサービス心の問題である。

私どもの方法は、この百科事典と同じく、図と説明文を一箇所に並べる方式である。この方式は、一定の頁に収めるための工夫が必要で、当然、レイアウトの手数はかかる。しかし、忙しい裁判官に見落としなく読んでもらいたいと考えれば、この程度の努力は惜しんではいられない。

②「書道手本の利用」

つぎに手書き文字の一つの手本として鑑定書に「書道手本」を掲載している。いうまでもなく、活字は手書き文字とは異なる。国では手書き文字に近い書体として「教科書体」を指定しているが、教科書体が必ずしも手書き文字に類似しているとはいえない。

たとえば「改」という文字の「己」の部分は、教科書体ではハネが書かれないが、実際にはハネを書く人が多く、ハネを書かない人は少数派である。これを鑑定書で、「鑑定文字はハネを書く少数派である」と説明すれば誤りになる。

また、「口」という文字が真四角に近い形になっているとする。これが、鑑定文字だけだと、別に何の変哲もない形ということで放置されるだろう。しかし、書道手本があれば、「口」という文字の縦横の比は一対一・四程度であることから、「真四角傾向の『口』字」という特徴が指摘できることになる。鑑定とは文字を比較して異同を調べることである。比較する以上は、標準となる文字があれば特徴をより明確に把握することが出来る。この方式のメリットはこれから色々具体例で示していきたい。私にとっては、小さな工夫であるが、これらによる鑑定の精度アップは大きいものがある。

このように、書道手本を使うという小さな工夫で、漠然と見ていては分からない筆跡の特徴が見えてきて、筆者識別に役立てることができる。どのように役立ったのか、ある事件を例に具体的に説明しよう。

事件は、嫌がらせの手紙を送られた女性が精神的に障害を受け、刑事事件になったものである。その封筒の宛名に図の「吉」の文字があった。Aが書き手不明の鑑定文字、Bは書き手と思われる三〇歳代の女性の筆跡である。

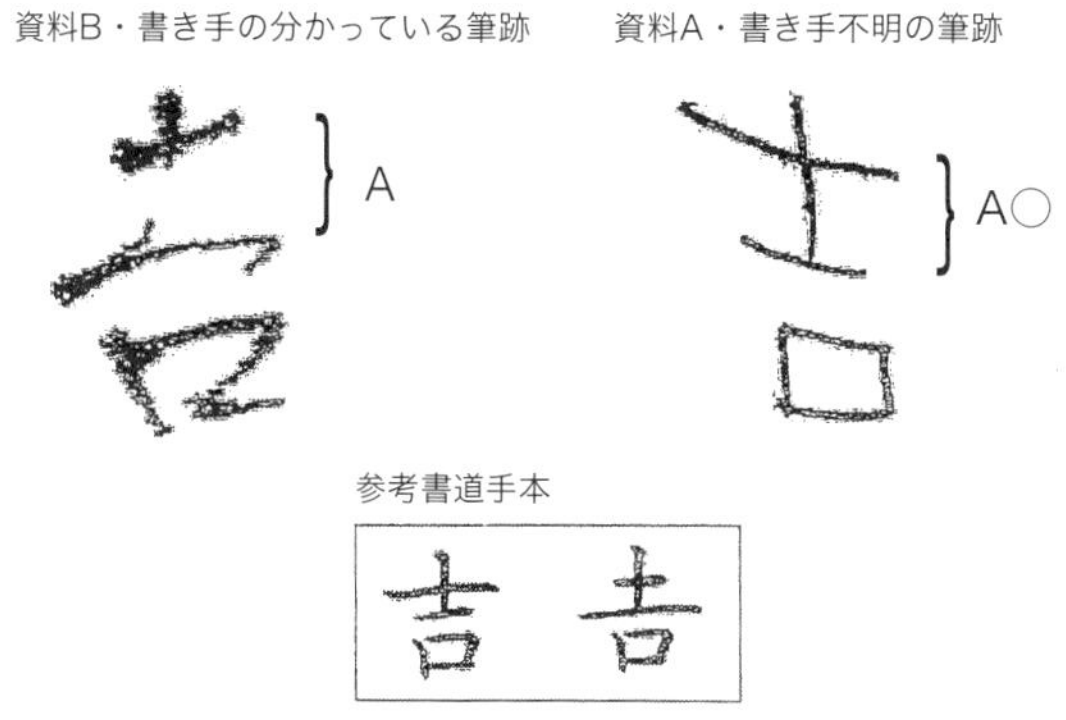

図14

「吉」の字は、上部を「士」と書く人と「土」と書く人がいる。「土」と書くのは少数派である。科捜研の現職の鑑定人の鑑定は、片方は「士」、片方は「土」なので別人の筆跡としていた。

しかし、Aの文字は自分の筆跡を隠そうとする「韜晦筆跡《とうかいひっせき》」である。怪文書には多いことである。この状況から推理すれば、本来「土」と書いている人が、自分の筆跡を隠そうとして書くとき、当然「土」とは書かないであろう。

「土」と書くのは、二〇人に一人程度の少数派だ。犯人と疑われているのは三〇歳代の女性である。男性社会と異なり女性社会では、このやや珍しい書き方が、今までに学校や職場で話題になったことは想像に難くない。

つまり、犯人と疑われている女性は、自分の珍しい癖を強く意識していることは間違いないだろうと思われる。そう考えると、韜晦《とうかい》筆跡で書いていることからしても、ほぼ間違いなく正しい「士」と書くことは間違いないだろう。

しかし、筆跡鑑定としては、推測でいうわけにはいかない。あくまで、筆跡面から、その偽造を証明しなければならない。そこで、書道手本の登場だ。このA・B二文字を書道手本と比べて頂きたい。どこか標準的ではない箇所があるのがおわかりだろうか。

「土」の字の二本の横画の隙間……A記号の部分が書道手本よりも広いことに気づかれたのではないだろうか。この多くは見ない特徴が資料A・Bの両方に共通している。これは、同一人の筆跡の可能性を示している。

このように、ただ、資料を漠然と見ているだけでは気づきにくい「字画線の隙間が広い」という特徴が、書道手本と比較することによって発見できた。

もちろん、これだけでA・Bを同一人の筆跡であると決めつけたわけではないが、判断の強い決め手になった。これも、書道手本が無ければ見落としていた公算が大きい。小さな工夫であるが、このように、実際の鑑定では大きな成果に繋がっている。

③スペシャルポイント鑑定

前項のような横画の字画間の広さなどは、一般に気づく人はほとんどいないものである。本人であろうと、他人であろうと、「これが書き手の癖だ」と分かった箇所には作為を施すことはできるが、気づかない箇所には作為を施すことはできない。この「吉」字のA・B二文字に共通して表れた字画間の広さというものに気づく人はほとんどいない。それが一致することは同筆を示唆している。逆に相違していれば異筆を示唆するものとなる訳である。

この怪文書の書き手も、自分のこのような癖には気づいていないだろう。そこから、本来の筆跡個性でそのまま書いてしまった。それで偽造が発覚してしまった。

このような、筆者識別の鍵になり、且つ、一般に気づきにくいポイントを、私どもではスペシャルポイントと称し、一文字あたり、一つ程度は鑑定に組み込むようにしている。このようなポイントを組み込むことによって、A・B二文字が単に類似している、あるいは相違しているというレベルを超えて、「この書き方はAさんにしか書けない、Bさんには書き得ない特徴である」というレベルまで追い込んだ強い鑑定になる訳である。

⑵ 新しい鑑定書プラン1「三側面鑑定」

私どもの現状における工夫は以上の通りだが、さらに検討している方法もあるので、少しご説明していきたい。大学名誉教授で、鑑定に係る本を出版している某氏は、つぎのようにいう。

「鑑定人は、どうしても同筆・異筆どちらかの結論に結びつく筆跡特徴を指摘することになりやすく、公平さを欠いているとして争いになることが多い。それを防ぐためには、鑑定書を三部に分けて、第一部では、「鑑定資料」の筆跡特徴を分析説明する、第二部では、「対照資料」の筆跡特徴を分析説明する。このように両資料の特徴をよく説明したうえで、第三部で両資料を並べて異同を分析してはどうか、これなら、偏りがなく、公平な鑑定になるのではないか」。

なるほど、確かにこのような手続きを踏めば、どちらかに傾斜した鑑定、あるいはそう見える鑑定は減るかも知れない。ただ、考えなければならないことがある。一つは、この方式に限ったことではないが、鑑定書作成の費用である。国の費用で行う刑事事件はともかく、民事事件は当事者が鑑定費用も負担している。良い方法だからといって、むやみにお金をかけることができるわけではない。

係争の当事者としては、裁判に勝利して得られるであろう金額と、係争に必要な費用のバランスがある。怒り狂って金などいくらかかってもかまわないという人もいるかも知れないが、普通は、収支計算をして係争に臨んでいるだろう。そういう面も考えなければならない。

また、実をいえば、私は、この教授のいわれることは、既に、実質的には実行している。つまり、教授のいう第一、第二部の鑑定書を独立させて作成はしていないが、鑑定に先立つ事前調査の段階で実行しているということである。

鑑定の作業プロセスから見れば、鑑定書作成の着手前に、鑑定資料、対照資料の両方に目を通し、取り上げるべき文字の選定や両資料の強み・弱みは、ある程度の感触を得てスタートするものである。もちろん、この段階で白黒をつけるということではない。両資料にどのような特徴があり、どのあたりは見落としてはならない、というようなことの把握である。

そして、本来の鑑定書の中では、それらを踏まえて分析している。つまり、教授の言われる、第一部、第二部の準備鑑定は、鑑定人としては、鑑定書作成に入る前に実質的には終了しているのだ。これは、ある程度の数の鑑定書作成を行った鑑定人ならば、程度の差こそあり実施しているものと思われる。そうでなければ、効率的・効果的な鑑定書の作成は難しい。

しかし、教授の提案は、費用面を除けば悪い考えでない。確かに、鑑定人は、特に意図はなくても、鑑定書の中で、筆者識別上ぜひ指摘したいという強い特徴に傾注してしまう傾向がある。その結果、公平ではないような印象を与えがちになる。これを防ぐという意味で、予め、両資料の特徴をよく説明しておくことは、公平さを訴求する上では、かなり効果のあることだと思われる。

そこで、私は、鑑定書を三部作にはしないが、一冊の鑑定書の中で、第一部で鑑定資料、第二部で対照資料の文字特徴の説明を行い、まとめの第三部で本来の鑑定を行うという形式で行ってみようかと考えている。この方法なら、鑑定書を三冊作るのに比べある程度費用も抑えられ、「公平な鑑定書」との評価にプラスするのではないかと思われる。これを、三つの側面から鑑定を行うという意味で「三側面鑑定」と仮称している。

⑶ 新しい鑑定書プラン2「重みづけ類似分析」

つぎは、良いところはあるものの、限界性のある「類似分析」の強化版である。類似分析の良いところは読み手にとっての分かりやすさだ。欠点は、偽造などの作為筆跡に無力であること、判断が浅く表面的なことである。作為筆跡に無力であることは、そのような鑑定には使わなければ問題はない。判定の浅さをカバーすることができれば、生かしようがありそうだ。

類似分析の「判断の浅さ」というのは、「類似」「相違」と単純に二分するだけであって、類似なり相違なりの「重み」が示されないことにある。これは、能力の低い鑑定人に間違いない鑑定をさせるという意味のよさはある。それが、全国の警察で一律に行われた理由だろう。

しかし、指摘する筆跡特徴は、全て一律の重みではない。重視すべき特徴もあれば、それほどではない特徴もある。その重みを判断に取り込まなければ、鑑定としては半分程度の掘り下げしかしていないことになる。そこで、うまい「重みづけ」の方策を考えれば良いだろう。

そこで分かりやすい重みづけの方法を考えてみた。つぎのような方法である。

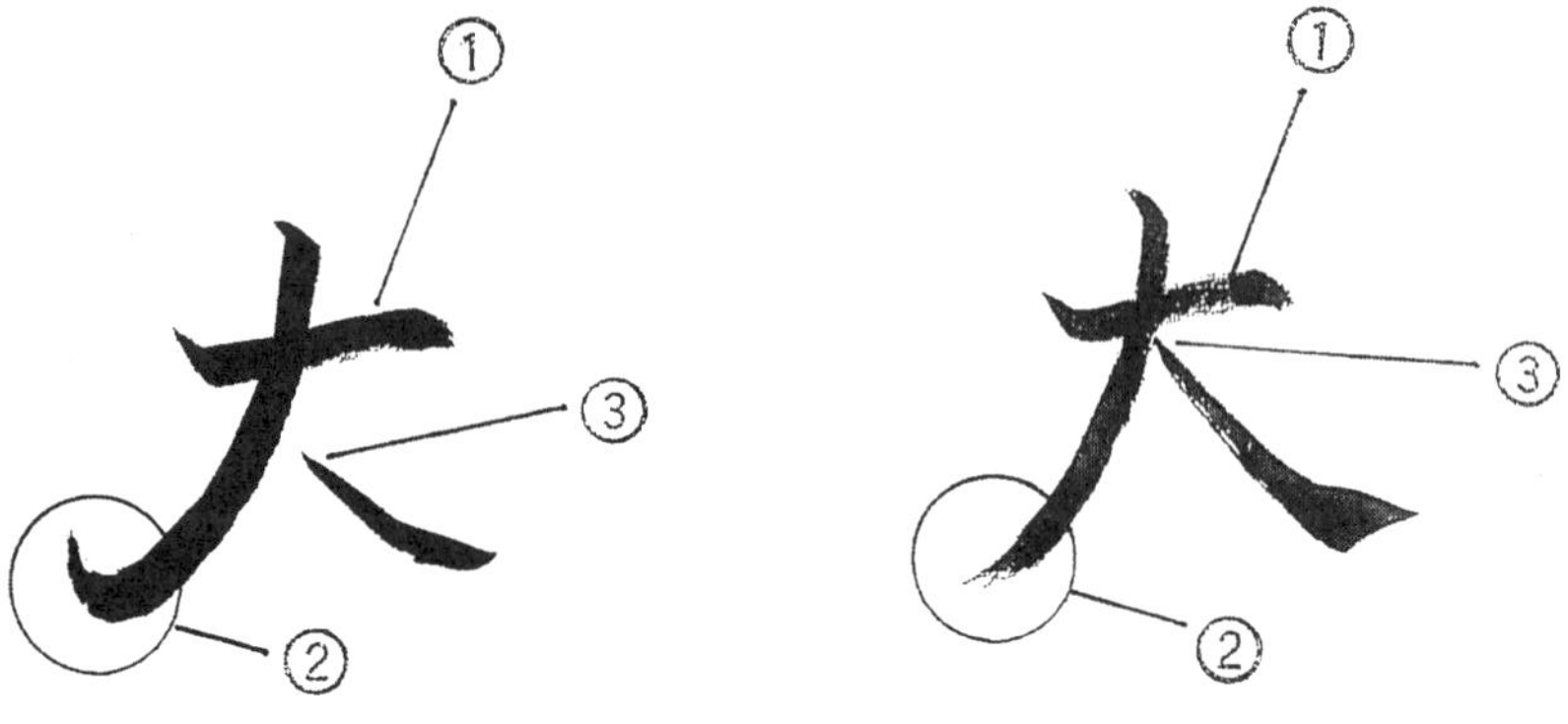

図15：重みづけ鑑定用

①最初に、普通に筆跡特徴の類似、相違を指摘する。これは、今までの方法と変わらない。

②つぎに、その指摘した特徴の説明の後に、重みを「☆」あるいは「★」マークで記載する。同筆要素は「☆」、異筆要素は「★」と使い分ける。軽い重みのものは「☆」一つ星、普通の重みのものは「☆☆」と二つ星、重い重みは「☆☆☆」と三つ星にする。

③以上の重みづけを、「大」の文字で示せばつぎのようになる。図と併せて読んで頂きたい。

ア、「第一横画が短めであり類似している」（①記号）☆。

イ、「左払いが、極めて長く書かれ、終筆部を釣り針状に折り返す特徴が相違している」（②記号）★★★

ウ、「右払いの始筆位置が相違している」（③記号）★★

④この「大」文字の異同の総括としてはつぎのように整理される。星の数を合計すると「★4、白星一となる。この場合、

異筆要素が強いと判断される。

いかがだろうか。この場合、重みづけの根拠は必ずしも説明しないが、一般に分かりにくいケースは、適宜補足説明を行う。なお、参考まで、このケースでの重みづけの根拠はつぎのようになる。

①で指摘した「大」字第一横画が普通より短めなこと。これは、重みとして軽いと評価される。理由は、このような字画線の長さは、書くときの調子で変化しやすいものであり、個人内変動も出やすく、異同判断の根拠としては強いものではない。しかし、はっきりと類似しているので「☆」一つとした。

②で指摘したことは、片方は、左払いが相当に長く伸ばされ、且つ、終筆部を丸く「釣り針」のようなユニークな形に書いていているというものだ。これは、多くは見ない個性的な形態だ。この程度の特徴は、「重みのある特徴」ということになる。そこで「★★★」三つとなる。

③で指摘したのは、第三画・右払いの始筆位置の問題。この始筆位置は、普通は、第一画と二画の交差するあたりから始筆するものだが、このケースでは下の方から始筆していた。一応、指摘すべき特徴だ。しかし、このような書き方は、おおよそ三～四人に一人は書くので、特に重くも軽くもなく普通程度の特徴というべきだ。そこで、これは「★★」二つと「普通程度の特徴」とした。

このように整理していけば、比較的混乱はなく分かりやすいのではないだろうか。そして、まとめの「鑑定の総合考察と結論」の項で、検討してきたそれぞれの文字の合計得点を計算し、特に重要なポイントについてまとめの考察をして最終結論を示せば、読み手にとっては、おおむね納得できる鑑定書になるのではないかと思われる。

この方式で、一番意見が分かれるのは、指摘箇所の「重みづけ」ではないかと思われるが、民事裁判の結論は、結局「常識の延長」だ。常識の根拠は「経験則」であり、経験則とは、「経験から判断してこの辺りだろう」ということだから、普通の社会経験をしてきた人が公平にみれば、大きな齟齬はない筈である。

この方式は、現在の鑑定方法と大きな違いもなく、初めてお読み頂いてもさほど混乱することはないと思われるので、近いうちに実行してみようと考えている。やはり、何事も実際に即して実行してみないと、その細かなメリット・デメリットは摑めない。

以上のように、筆跡鑑定は、まだまだ改良の余地がある。ただ、警察系の鑑定人の多くは、定年後の余暇仕事として鑑定人をしているためか、新しい方法などに挑戦している方はほとんどいない。やはり、このような面は、民間の鑑定人が意欲的に取り組んでいかなければ、発展は期待できないのだろう。

(4) 左手で書いた筆跡の鑑定

ここで難しい鑑定の例として、左手で書いた筆跡を右手で書いた筆跡と比較するという鑑定について説明したい。このケースは神奈川地方裁判所・横浜支部で行なった鑑定である。

60歳代の男性が脳梗塞になり右半身不随になってしまった。やむなく、病院のベッドで、左手で遺言書を書いたのだが、その直後に亡くなってしまった。

その遺言書を認めない兄弟がいて係争になった。なにしろ、文字を書いたことのない左手で書いているので、表面的には本人の筆跡とはまるで違って見える。普通に見れば、別人の筆跡にしか見えないわけだ。

筆跡鑑定では、同じ人間の書いた筆跡を別人の筆跡と間違えるケースが多い。大抵の鑑定人も、裁判官も、表面的に見れば明らかに違うものを同一人の筆跡と見ることが難しいからだ。別人であることを証明するには、一箇所でも明らかに相違するところを指摘すればいい。

しかし、同一人の筆跡であることを証明するには、表面的には相違している筆跡の裏にある「同一人なるが故の共通性」（筆跡個性）を発見し、それを証明しなければならない。これは、鑑定人にとっても中々に厄介なことであり、これをしっかりできる鑑定人は多くはいない。そこから、同一人の書いた筆跡でも別人とする誤りが多くなる。逆は少ないのだ。

ところで、何故、左手で書いた筆跡と右手で書いた筆跡を比較できるのだろうか。これを理解するには、人が何かを書こうとして紙に記されるメカニズムを理解する必要がある。

人が文字を書くということは、具体的には手を使って書くことになる。だからといって手が勝手に動いて文字を書いているわけではない。文字を書くのは本質的には「脳」が書いている。

文字を書こうとすると、それは脳に伝えられ、脳に蓄えた文字のイメージが想起され、それを、手を道具として紙に記すというプロセスになる。この一連の活動は無意識のうちに行われている。

右手だろうが左手だろうが、あるいは、両手を失って、足にペンを括り付けて書こうと、このプロセスには変わりはない。文字の形は深層心理に定着した文字のイメージが無意識のうちに表現されるものだから、右手だろうと左手だろうと、脳に蓄えている文字のイメージが同じである以上、表出してくる字形は同じである。違うのは、訓練した右手と訓練されていない左手との違いでしかない。

群馬県に、星野富弘さんという作家がいる。美しい花の絵に詩を添えた作品で有名だ。星野さんは、体育の先生をしていたときに鉄棒から落下し、首から下が全身マヒになってしまった。今は、口に筆を咥えて絵を描いているのだが、大学時代の友達が、絵に添えられた文章を見て、学生時代に手で書いていた筆跡にそっくりだというのだそうだ。これも、同じ原理である。

このようなことは、筆跡心理学の研究分野であり、ドイツの学者が一五〇年以上前に解明している。私も、テレビ局でこの特集を指導したことがある。

したがって、これを鑑定するには、左手で書いた筆跡から、未熟練ゆえの乱れを取り除いて、本来持っている筆跡個性を抽出すれば良いわけだ。しかし、これは言うは易いが行おうとすると容易ではない。

そこで、左手で書くと、どのような乱れが出やすいのか、まずは、それを関係者に理解してもらう必要がある。そこで、鑑定書の前半でつぎの図を示してその特徴を説明した。

左手は図のように支点が左になるから、縦線は比較的書きやすいが、横線は、右手ならば引く形になるのでスムーズに書けるが、左手だと押す形になり書きにくい。また、円でいえば、右に湾曲した形「）」は書きやすいが、逆に左に湾曲した形「（」は、手を縮めるように使わなければならないので非常

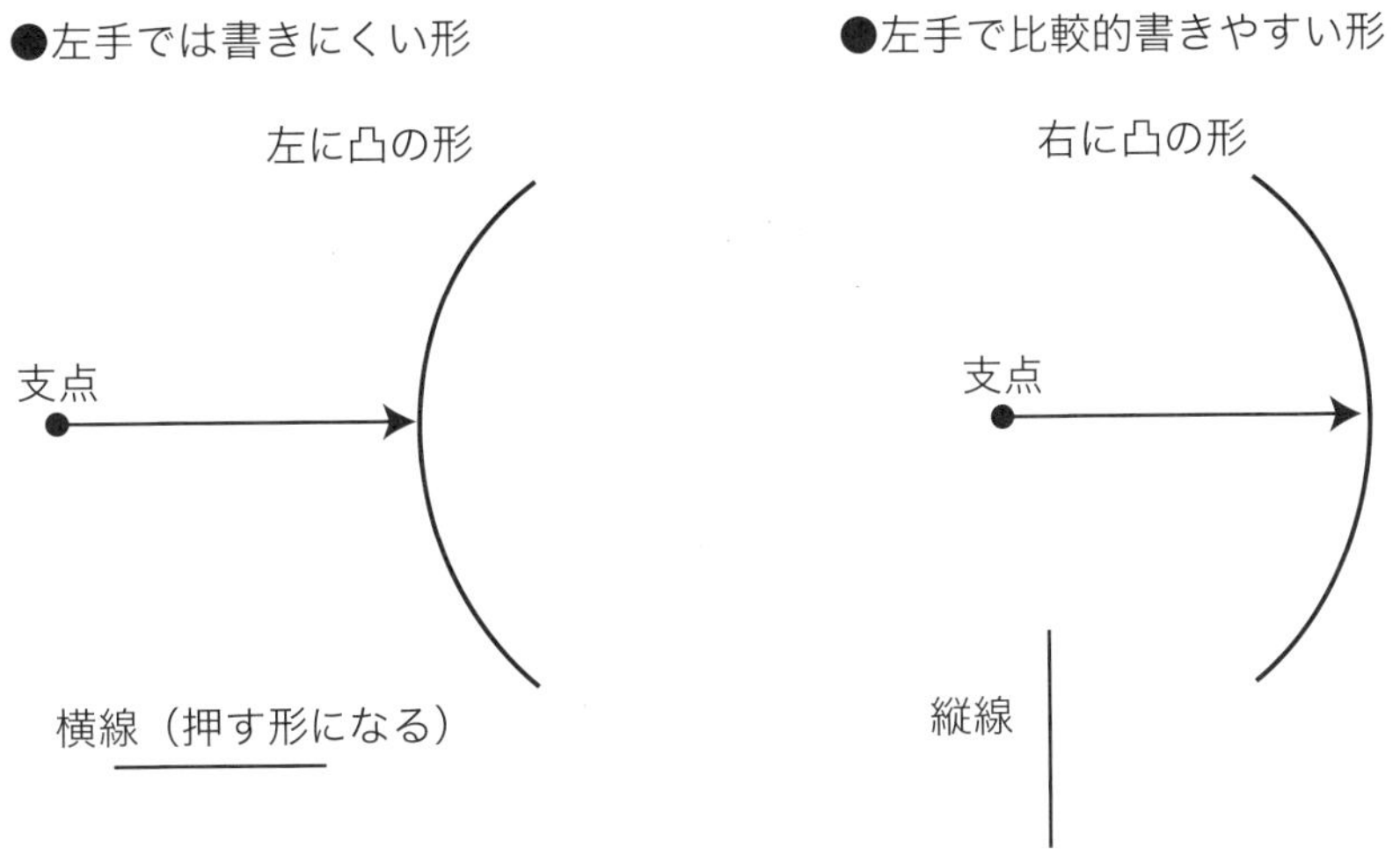

図16：左手の筆跡傾向

に書きにくいのである。

だから、右手で書いたのか、左手で書いたのか分からない文字も、このような面から観察するとおおむね分かるものである。鑑定書の前半で、このような説明をして、その上で実際の鑑定に進んだ。

この遺言書のケースでは、奥さんの名前に「美」という文字があり、遺言書のなかに三回ほど書かれていた。この「美」文字の第一画と二画の角度……「V」字型の部分、この角度に特徴があった。

標準的にはこの角度は九〇度程度だが、遺言書を書いたご主人は、この角度が四五度程度と非常に狭い。また、「義」という文字も見つかったが、この文字でも、第一画と二画の角度は同じ程度に狭いものだった。この形が遺言書の鑑定文字と、本人の右手の筆跡と両方に共通している。これなら安定した筆跡個性といえる。

二つの文字で同じ特徴が見つかったので、これは、間違いなくこの人の筆跡個性だと確認できた。この特徴だけで、本人と特定したわけではないが、同筆の決め手になった。

裁判の結果は、裁判長は、和解にしたが、限りなく勝訴に近い和解となった。このケースは、相手が先に異筆という鑑定書を出していて、やや押し込まれていただけに当事者と弁護士さんに非常に喜んで頂いた。

若い弁護士さんであったが、つぎのように語っている。「私は、今まで筆跡鑑定には懐疑的でしたが、根本さんの鑑定書を見て考えが変わりました。非常に科学的な鑑定でした」。この弁護士さんは、私の鑑定を高く買ってくれて、主宰しているグループの勉強会に講師として呼んでくれた。

⑸ 嫌がらせや誹謗中傷文書に多い「左手」筆跡

最近は、嫌がらせや誹謗中傷などの怪文書が少なくない。このようなケースでは、書き手を悟られないように左手の筆跡が多い。

よく、しっかりした「自然筆跡」で書かれた怪文書について、この人の筆跡ではないかと問い合わせがあるが、残念ながら外れることが多い。これは、怪文書を出す立場で考えてみれば分かる。誰かを貶めようと怪文書を出すということは、それを行う人間にも大きなリスクがある。万一、差出人が発覚してしまったら大変だ。

そのような人間が、普段の自然筆跡で書くということは考えにくい。間違っても相手には発覚しないという状況でなければ書けないだろう。つまり、怪文書は、受取人には決してバレない立場の人間が書いているということになる。場合によっては、誰かに代筆させるだろう。

数年前に、「中田カウス脅迫事件」というのがあった。中田カウスのところに、「警告書」という表題で「お前を必ずカタワにして舞台に立てぬようにしてやる」などと10行ほど書かれた脅迫文が届いたことがあり、テレビで恰好の話題になった。

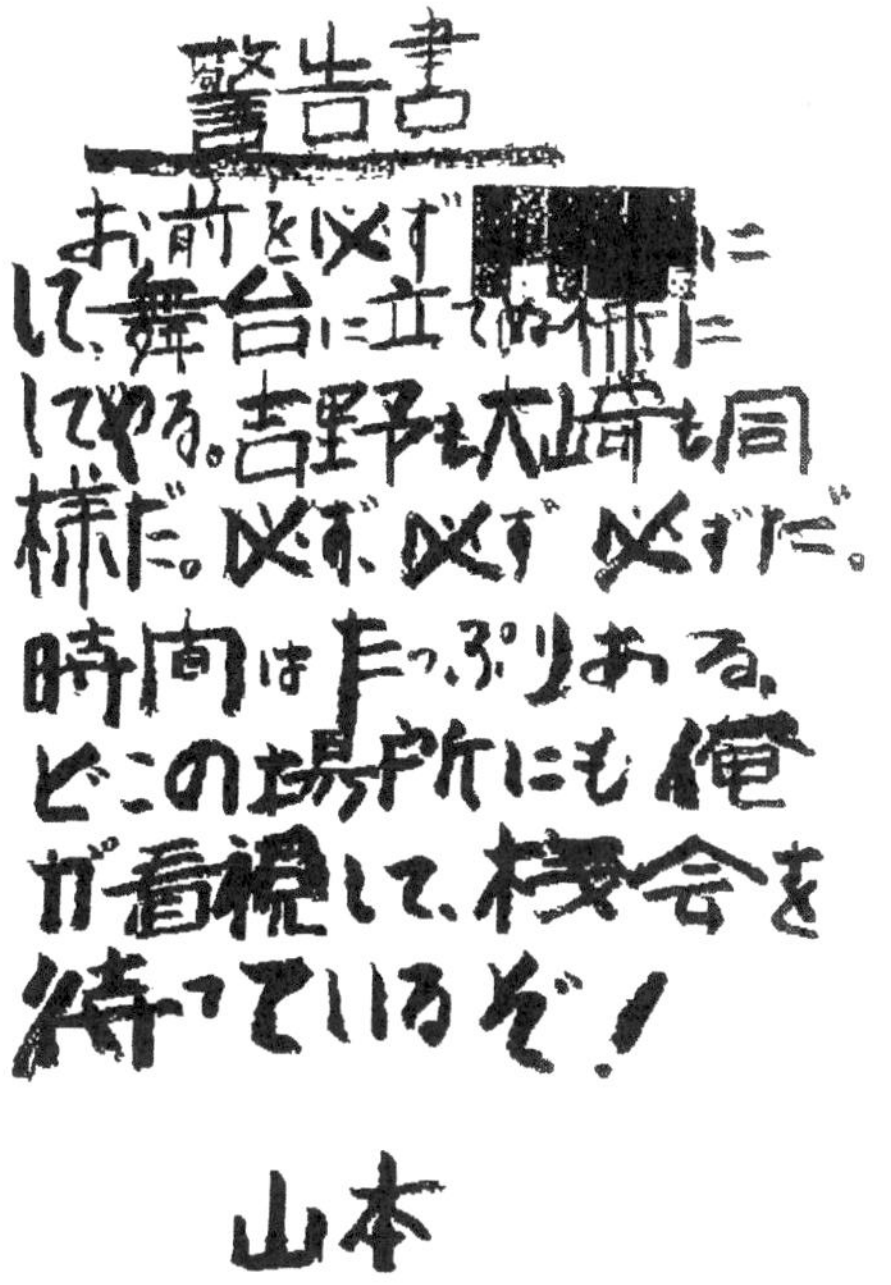
警告書
お前を必ず[redacted]に
して、舞台に立てぬ様に
してやる。吉野も大崎も同
様だ。必ず、必ず 必ずだ。
時間はたっぷりある。
どこの場所にも俺
が看視して、機会を
待っているぞ!
山本

図17

このとき、その脅迫状の送り手として、お仲間の前田五郎の名が挙がった。大阪の鑑定人が前田五郎の筆跡と認め、大阪南警察署も乗り出したと報道された。中田カウスの奥さんが、「五郎さんの字に似てるわ」といったことがきっかけだった。

私はテレビに呼ばれてつぎのように話した。「これは前田五郎の筆跡ではないでしょう。大阪の鑑定人がそんなことを言っているのはおかしいですね」

あなたは、私の話の根拠がどこにあ

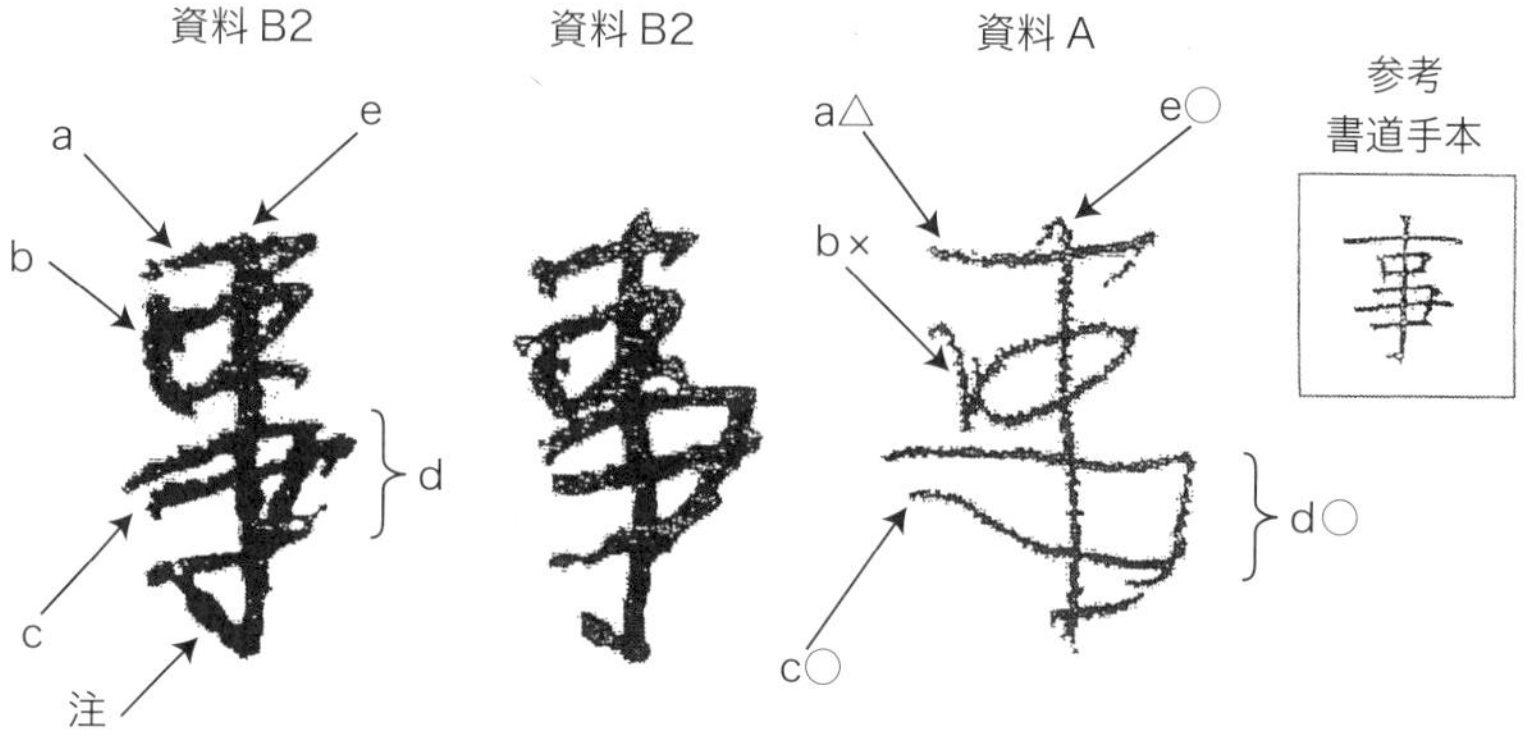

図18

るのかお分かりですか。

「脅迫状には、同じ文字がいくつもありますが、どれも特徴が安定していて、作為の感じられない自然筆跡です。例えば「必」や「に」の文字を見て下さい。全て安定した「自然筆跡」で、作為があるとは見えません。筆跡を知られた親しい仲間が、このように簡単に発覚してしまう自然筆跡の脅迫状を出すことは考えられませんね」

怪文書における鑑定の実際をご紹介しよう。つぎの「事」という文字をご覧頂きたい。資料Aが左手で書かれた鑑定資料。資料B2の二文字は、書いたと疑われている人間の筆跡である。如何だろうか、AとBの文字は一見すればかなり違って見える。しかし、全体的な印象は何となく似ているように感じられるのではないだろうか。

鑑定資料Aは、縦画はそれほどでもないが、横画が乱れている。これは左手で書いているためである。ここでは、鑑定のポイントとして、a~eの五点を指摘した。まず「a」だが、資料Bの二文字は、この第一画が極めて短く書かれている。資料Aは少し長くなり相違するように見えるが、下に書かれている「口」字の横幅と比べれば、標準よりは短いことが分かる。これは書道手本と比べるとわかりやすく、資料Bと類似傾向といえる。

つぎは「b」。「口」字の第一画が、資料Bは二字ともに、この縦画が僅かに左に膨らむ運筆である。このように外に膨らむ形を書道では「向勢」と呼び、内側に湾曲する形は「背勢」と呼び、筆跡個性として別のものといえる。資料Aは、逆に右に湾曲する運筆だ。したがって、ここだけを見れば「背勢」の形で相違している。

しかし、左手で書くと、左手では左に支点があるので、どうしてもAの形になりやすい。だから、この違いが、筆跡個性としての違いとまではいえない。このあたりの判断が難しいところで、大抵の鑑定人は、このような掘り下げた解釈はしない。

つぎに「c」は、「ヨ」字部の中央の横画が、第1画の始筆部より内側から始筆していることだ。これは書道手本のように、中央の横画が左に突出するのが普通である。これは共通した独特の筆跡個性といえる。

「d」で指摘した特徴は、同筆の強い証拠である。「ヨ」字部が、文字全体のバランスから見て縦に厚みがあることである。これも書道手本と比べると明確で、強い同筆性を示している。

この部分は、資料Aは左手の筆跡だから、縦線は書きやすく長くなったのだろうと考えることもできるが、資料Bの二資料の厚みがあることが重要だ。これは、右手で書いているが、それが明らかに厚みがある。

したがって、この特徴は、書き手の本来の筆跡個性といえる。この一致は強い同筆要素だが、この特徴も書道手本が無ければ発見しにくいものである。書道手本の活用は簡単な手法だが、なかなか効果的である。

最後に「e」。これは、横画の上に縦画が突出するが、それが極めて短いという特徴だ。このように、二画が関係する特徴は、個人内変動ではあまり変化しにくく、筆跡個性としての可能性が高い。この突出も多少の程度差はあるが、「極めて短い」ということで全資料によく一致している。

以上、かなり細かな箇所を指摘した。まとめると、この文字では、「a、b」二点の相違要素と、「c、d、e」三点の同筆要素があった。これを単純な「類似分析」で見るならば、異同の数が近いので、引き分けとする可能性がある。しかし、筆跡特徴には、強い特徴と軽い特徴がある。

これを重みづけして判断するならば、この文字における異同の結論は、「同筆の可能性が高い」というのが妥当である。重みづけをしないで単純に異同の数で決めてしまうのが類似分析だ。これは、今回のような、左手・右手の複雑な要素の絡む筆跡鑑定からみればあまりに雑駁な鑑定だ。何度か、類似分析は表面的だと説明してきた。これもその一例である。

類似分析は、文字を分割して、その部分だけを単純に比較するという方法だ。しかし、文字というのは、書き手の個性が文字全体の運筆やバランスを形成している。この面からの観察や、個人内変動の出やすい箇所と出にくい箇所からの判断が極めて重要だ。

個人内変動の面から見るならば、「a」で指摘した「横画の長さ」などは、変動の最も出やすい部分である。資料Aは不慣れな左手で書いたために余計に出やすいといえる。しかも、文字全体のバランスから見れば、資料Bと同様「短い傾向」とも言える。これは、異筆要素と見るよりは同筆要素と見る方が正しいのだが、このように解釈する人は多くない。このようなことが、筆跡鑑定のレベルを下げている理由の一つと言える。

つぎに、明らかに相違している「b」の湾曲の問題。これは僅かであるが、資料Bは左に凸になり、資料Aは右に凸になって逆の形を示している。これも、普通に判断すれば異筆要素としてしまうだろう。しかし、説明したように、左支点で資料Bの形には運筆しにくいものである。この左手の筆跡という要素と、誤字を書いているわけではないという二要素を踏まえて考察すれば、この相違点もはっきりと異筆要素とはいえず、せいぜい「判断不能」が妥当なところだろう。

警察系の鑑定で使われる類似分析は、刑事事件で、多数の容疑者の中から、犯人の筆跡と類似する人物をピックアップするというような場面では意義もあるだろうが、冤罪など決してあってはならない、筆跡鑑定としては安易すぎるのである。

裁判官が、そのような鑑定書を見慣れた結果、人間性にまで言及せざるを得ない奥行きのある筆跡鑑定を「読んでも分からない」と無視しているとすれば、非常に残念なことである。

⑹ 左手なるが故の運筆を理解しないと正しい鑑定にはならない

このように、左手・右手の鑑定は、その異同をどのように考えれば良いのか、その判断が微妙である。ここで難しい鑑定のもう一例を説明しよう。図は、別件だが、これも怪文書事件である。ある大手企業の代表者に対して「社長の判断ミスと横暴は許せない。即刻退陣せよ」などとの手紙が会社に届いたも

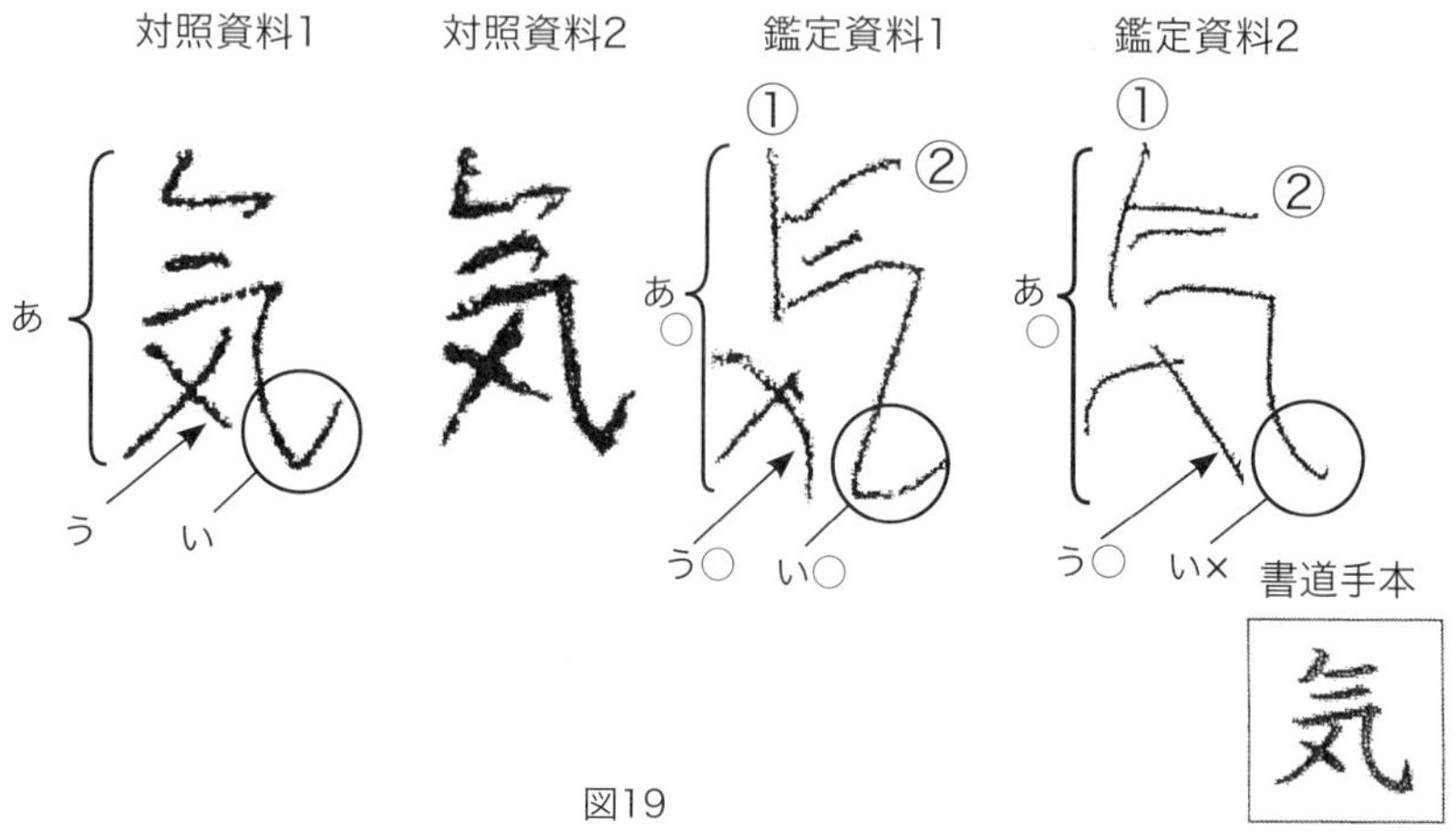

図19

のである。

「気」の文字が鑑定資料・対照資料それぞれに二字ずつある。これについて、警察系鑑定人の某氏は、別人の筆跡としていた。特に①と②の部分が相違するというのだ。まず、①については、対照資料は短く書かれているが、鑑定資料は極めて長く書かれて相違している。次に、②は対照資料は第一画から連続運筆されるが、鑑定資料は別々に書かれ相違しているというのである。

確かに、表面的にみればこの指摘は誤りではない。しかし、左手での運筆の特徴を理解している人から見れば、ナンセンスな指摘だということがお分かりではないだろうか。

まず、①については、左手で書けば鑑定資料のように長く延伸してしまうのは無理はなく、むしろ自然であるともいうことができ、そこから、これを異筆要素と見るのは不適当と判断すべきといえる。

②については、やはり左手で書いた場合、対照資料のように「レ」字状に連続運筆するのはきわめて困難である。やはり、鑑定資料のように二筆に分けて書くのが当然だと

いえる。

このように、左手で運筆する場合の書きにくさ、書きやすさを考慮しない筆跡鑑定は上っ面だけのものになってしまう。私は、これでは素人と変わりが無いと思うが、現実にはこの程度の鑑定人が多いのである。

私は「あ、い、う」の三点を指摘した。まず、「あ」で指摘したのは、対照文字も鑑定文字も、文字全体が「縦長傾向」で共通していることである。つまり、この書き手は、文字全体をやや「縦長」に書く筆跡個性の様子である。右手で書いた対照資料二文字も標準よりは縦長である。これは微妙な程度なので書道手本と比べるとわかりやすい。つまり、この書き手には「気」字は標準よりも縦に長い形として脳にイメージされているということである。

念のため、実寸を測定してみると、横幅が広めに見える対照資料一は、縦を一〇〇として横は約七〇である。鑑定資料は、一は六四、二は七三だ。それが書道手本では九六である。つまり、対照資料も鑑定資料も標準よりは二五％程度縦に長いことが明らかだ。

このような特徴は、一般的に気づきにくく、文字を拡大し指摘されて初めて気づく人が多い。気づかない箇所を作為で調整することは不可能である。

つぎに、指摘したのは「い」のハネの形態だ。対照資料の二つは、「強めのハネ」である。この強いハネは、鑑定資料一は類似しているが二は相違している。これも、この形は左手では書きにくいことを考えると、一資料であれ類似していることは同筆の可能性があると考えてもよいだろう。この場合、二字中の一字は相違するから、無視する、あるいは相違すると解釈しては、左手で書いた筆跡という実態に配慮しない乱暴な鑑定であり真実には迫れない。

最後の「う」だが、この画が標準よりも長いという特徴が全資料で類似している。鑑定資料は左手だからどうしても長くなってしまうが、対照資料も長めであるというのは、鑑定・対照の両資料が同じ筆跡個性から生じている可能性が高い。対照資料は、さほど長くはないように見えるが、書道手本と比べるとやはり長いことは明白だ。

以上のように、このような左手筆跡の鑑定は、右手で書かれた普通の鑑定に比べて、数段難しくなる。大事なことは、左手で書いた場合の運筆特徴を踏まえて判断しないと、表面的・形式的な鑑定になってしまうわけである。

また、このように書道手本を援用することによって、何も基準がないよりも数段精密な鑑定が可能になるわけだ。プロとしての精密な鑑定を目指すのなら、この程度の工夫はしてもらいたいと思う。しかし、今までにこのように突っ込んだ鑑定を見たことはない。

6 鑑定に効果的な資料

(1) 対照資料の重要さ

鑑定では、事件のもとになった鑑定資料……それは遺言書、契約書、あるいは養子縁組届といろいろあるが、これは、鑑定人としては選択の余地はない。しかし、対照資料は、鑑定に最も効果的な資料を選ぶことができる。

この場合、「鑑定に効果的な資料」というのは、「鑑定結果からみて有利な資料」という意味ではない、あくまで、真実解明の目的に照らして効果的な資料との意味である。この資料の重要性をあまり理解していない人が少なくないので少し説明したい。

私の経験から、ある鑑定人……仮にCさんとするが、この方は中々の実力者であり、依頼人の希望に合わせた鑑定などはしない方で、私も常々能力を認めている方だが、外人のサインの鑑定でミスをしたことがあった。そのCさんが原告側で、予めCさんの鑑定書が出来ていて、私は後から被告側で対抗する鑑定書を作ったという流れである。

Cさんは、三枚の対照資料を使って「別人」としていた。ところが、私の方には、もっと鮮明な対照資料が一〇枚もあり、それを緻密に調べると、書き手の個人内変動の様子が克明に見えてきた。結論から言えば、Cさんの使った三枚の対照資料は乱れが大きく、鑑定資料と比較すると確かに別人の筆跡のように見えてしまうのである。「ああ、この資料では、私も別人としてしまう可能性があるな」と思われた。能力の高く誠実な仕事をするCさんでも、資料によっては間違った鑑定をしてしまうのである。

このように、鑑定人にとっては、資料が全てである。状況的にどれほどの有利な事情があっても、それは筆跡鑑定に関係することではない。鑑定人は、あくまで資料の上で白黒をつけなければならない。このケースでは、Cさん側の依頼者には、それ以上の対照資料はないのだから対応のしようがない。Cさんは不運だったということになる。

しかし、そうではなく、探せばもっと良い資料があったのに、その手間を惜しんだばかりに十分な鑑定書にならなかったケースはときにあり、幸い、それで負けたわけではないがひやひやさせられることはある。鑑定の依頼人は、出来る限り多くの対照資料を提示して欲しいものだ。鑑定人は、その豊富な資料から、最も効果的な資料を選んで強い鑑定書を作りたいと思っている。

しかし、中には、都合の良い資料だけを示して、鑑定人に自分に有利な鑑定書を書かせようとする悪質な人もまれにいる。私も過去に、二人ほどそのような信頼できない依頼者がいて鑑定をお断りしたことがある。

(2) よい対照資料とは

そのような特殊なケースは別にして、一般的に望ましい「対照資料」の性格がある。まず、第一に、対照資料は、何時書いたものか、誰に提出したものか等が明確なものが望ましい。係争には相手がいる。その相手から「本人の筆跡とは認められない」などと言われては問題だ。第一にそのようなことを言われない資料であることが必要になる。その意味でパスポートや銀行との契約書など出所のしっかりしたものが望ましい。

第二には、事件が起こる少し前の資料がベストである。事件後の資料は、その事件を受けて筆跡を調整したのではないか等と言われかねないからである。

第三には、日記や手帳なども利用しやすい。日付があり、多くの文字があるので遺言書などの場合、同じ文字が探しやすいからである。ただ、数百ページもある日記などをポンと提出されるよりは、該当する文字のあるところに付箋などを貼って提示して頂けるとありがたい。

もちろん、鑑定人に探してもらうことは構わないのだが、鑑定人はプロとしてそれなりに時給が安くはない。文字探しなどに時間を取られると、結果として鑑定費用に跳ね返ってくるからだ。

その他、できれば資料の性格があまりかけ離れていないものが望ましい。たとえば鑑定資料が契約書で、きっちりした楷書であるのに対して、チラシの裏の乱雑なメモという組み合わせは好ましくない。できるだけ、楷書には楷書、崩した行書には行書という組み合わせが望ましいのである。

鑑定は、同じ文字を比較するのが原則だが、同じ文字が無ければ鑑定が絶対できないというものでもない。たとえば、「木へん」、「サンズイ」、「しんにょう」など、部分が同じ字体で調べることが出来る。したがって、対照する良い文字がないからといって諦めることはない。手元の資料は多少多くても鑑定人にみせて検討してもらうことが大切である。

⑶ ひらがな、カタカナ、アルファベットや数字の鑑定

筆跡鑑定は、漢字を中心に行う事が多いため、ひらがな、カタカナ、アルファベットや数字ではどうかという質問がある。結論から言えばすべて大丈夫である。警察系の鑑定人の中には、カタカナ、アルファベット、アラビア数字はやらないという人もいるので、このような質問が生じるのであろう。

たしかに、カタカナやアルファベット、あるいはアラビア数字などは、筆跡特徴が少ないことから、他人でも類似する文字が多くなる傾向があり漢字より不利なことは間違いない。しかし、このような文字であっても緻密にみれば書き手なりの筆跡個性はあり、鑑定は充分に可能なのである。

このような文字はできないという鑑定人は、警察系鑑定人に多いが、要は職業意識の低い公務員タイ

プの考え方をしているにすぎない。ただ、筆跡個性があまり多くは無いので、一文字、二文字で鑑定するのは難しいときもある。できるだけ数多くの文字を使って鑑定をすることが大切になる。

(4) 筆跡の採取の方法

ところで、遺言書などで本人が亡くなっている場合は無理だが、鑑定すべき文字を書いた本人が存命中ということがある。そして、本人はいるのだけれど、適当な本人筆跡がないということがある。

このような場合、やむを得ず、公開の場で筆跡の採取を行う必要が生じることがある。公開の場と言ったが、普通の民事事件であれば、代理人の弁護士さんの立ち合いで行えば、おおむね問題は無いだろう。

この場合の方法は、罫線のない紙とペンを用意し、同じ文字を三~四回書いてもらうという方法で行う。この際、一回目は普通の速度で書いてもらい、二回目と三回目は素早く書き、四回目はゆっくり書くというように変化をつけて書いてもらう。何故かといえば、模倣なり韜晦《とうかい》なり、筆跡に作為を凝らそうとすれば、一般にゆっくり書くことになるからである。素早く書くことで、そのような作為は施しにくくなるからだ。

また、この時、書くべき文字を、別人が手本のように予め書いておいて、その手本を見ながら書くというのは好ましくない。書き手が、その筆跡個性の影響を受ける可能性があるからだ。したがって、手本は書いておかず、言葉で説明して書いてもらうようにした方が良い。

そして、採取した用紙に、日付、採取場所、本人署名、立会人署名を記録しておけば万全だ。

5 筆跡個性の年代による変化

遺言書でよくあることだが、遺言書を書いたのが八〇歳代として、「対照筆跡が、六〇歳ごろのものしかないが大丈夫か、」などと聞かれることがある。人の筆跡個性は年代とともに多少の変化をするものだからである

しかし、筆跡は、個人差はあるが、おおむね三〇歳代には固定化して、その後、大病する、書道を本格的に習うといったことでもないかぎり、本質的には変化しないものである。だから、結論から言えば、八〇歳代の筆跡と四〇〜五〇歳代の筆跡を比較することは大抵は問題ない。

筆跡個性とは、ちょうど、人の顔立ちのようなもので、青年期の顔を知っている人は、高齢になっても分かるように、筆跡も、よく見ればその筆跡個性は共通する部分が多いものである。

人の筆跡個性の変化を概観すれば、小・中学生のころは、文字を正しく覚える時期で、その筆跡個性や特徴も、親や学校の先生の影響を強く受けて、真似て書こうとするものである。それでも、小学生と中学生では、その筆跡個性にも微妙な違いがある。

中学二年生の女子児童の学校でのテストについて、母親から相談を受けことがあった。娘の名前の書き方が変化している、それも上手になっているのなら分かるが、下手な方向に変わっている、誰かにイタズラされて名前を書かれているのではないかという訴えだ。

このケースは、娘さんがイジメにあっているので、母親はナーバスになっていた。そこで、緻密な鑑定をした。確かに、その子の名前は、小学六年生の頃のほうが整っていて、中学生の筆跡は、少し癖が

あり、その一部は、親しい友達の筆跡傾向に類似していた。しかし、多角的に多くの文字を調べていくと、やはり本人の筆跡であるという結論になった。

結局、このケースは母親の杞憂だったので母親につぎのように説明した。小学生のころは、自分の名前を、先生や母親の手本通り忠実に丁寧に書いていた。しかし、中学生ともなると、少し自由が欲しくなり、やや乱暴に素早く書くように変化してきたようだ。

また、周囲を見渡す視野も拡大して、友達の書き方が格好いいと思って真似をしてみることも覚えたようだ。その結果、一見すると、小学生のときよりも乱暴に下手になったようにも見え、それを母親は、別人の筆跡ではないかと誤解したようである。これは、広い意味で筆跡個性の芽生えの一つともいえるものだ。この時は、このような説明をしたが何とか納得して頂けた。

このような、小・中学生の鑑定で注意すべきは、成人の筆跡個性に比べておおむね安定度が低いことである。鑑定に当たっては、特徴のある筆跡個性があっても、そのまま一〇〇%信じて行うのではなく、八〇%程度に割り引いて扱うことが必要である。

⑹ 五〇代、六〇代と筆跡個性は個性がより強くなる

中学、高校と進むにつれて、自我の目覚めとともに筆跡にも個性が目立ってくる。そして、社会人になり、三〇歳代になるころにはおおむね筆跡個性が確立し固定化すると考えられる。しかし、これには個人差があり、やはり文字を多く書いた方ほど固定化も早いようだ。

ある企業でちょっとした事件があり、四五歳の職員の筆跡を入社時の作文と照合したことがある。こ

の方は、二〇年以上前の大卒の入社時と筆跡個性がほとんど変わらなくて、なるほど、学生時代に、相当勉強して筆跡個性が早くから固定化したらしいと感じたものであった。

しかし、三〇歳代で筆跡個性が固定化するといっても、その後も、多くの人は、五〇歳代、六〇歳代と徐々にその筆跡個性は洗練され力強さも増していくものである。ハネの強い人はより強くなり、大胆な崩し字の人は、より大胆にダイナミックに崩す等の傾向が見られる。

しかし、八〇歳代ともなると、日常行動にも徐々に衰えが出てくることと同様に、今度は、書字にも徐々に力強さは影をひそめ、字形の崩れや乱れが表れてくるものである。

このように、筆跡個性は成人後もある程度の変化はするものの、それは、それまでの傾向の延長線上のものであって、筆跡個性としてまるで違うものになる訳ではない。したがって、年代のズレがあっても鑑定はおおむね可能なのである。

(7) 鑑定に必要なロジックとは

類似分析の項で述べた「自分の筆跡を隠蔽した韜晦《とうかい》筆跡は、単純な類似分析では真実の解明にはならない」というのはごく当たり前の事実であり、ロジックというほどのものではない。しかし、筆跡鑑定でも、ときにはロジックや推理が必要になることがある。

たとえば、ある筆跡に、説明のつかないおかしな筆跡があるとする。その場合、その根拠について、推理を含めたロジックにより説明する必要があることがある。つまり「このように考えると矛盾が無理なく整合する」というような事柄である。

しかし、元警察官鑑定人の鑑定書では、そのような推理やロジックに言及したものを見たことが無い。鑑定人は、事実を述べるだけで、その原因や因果関係の解明は自分の仕事ではないと考えているのだろうか。事件そのものの内容は、当然、筆跡鑑定人の守備範囲ではないが、筆跡にかかわる矛盾点をどのように解釈するのかなどは、専門家としての説明責任があるはずである。思うに、そのような解説を述べるには能力不足なのであろう。

ところで、鑑定上どの程度の一致を見れば同一人と断定してよいのかなども重要事項だが、これに言及している意見も聞いたことがない。そもそも、民事事件において、裁判官が判決を下すのは七〇%程度の心証を摑んだ状態だとの意見を聞いたことがあるが、いわば、その鑑定人版である。

筆跡鑑定では、どの程度の確証が得られたら白なり黒なり断定してよいのかということである。私は、つぎのように考えている。

ある文字に、五人に一人程度が書くであろうと思われる特徴があったとすれば、それは「0・2」の確率ということになる。この確率の特徴が五個あったとすれば、「0・2×0・2×0・2×0・2×0・2＝0・00032」……つまり、その文字を書く人間は一万人に三・二人となる。普通の民事事件ならば、この程度の検証ができれば、同一人と断定してよいのではないかと考えている。

ただし、このような数値は、元になる「五人に一人」が推定だから、鑑定書には「経験則からみてこの程度」というような書き方をすることになる。

しかし、実際の鑑定では、調べる文字は一〇文字程度はあるし、そのそれぞれの文字で、一〇〇〇人に一人程度の確率の特定はできていることが多いので、実際に白黒断定する場合は、どんなに低く見ても一万人に一人程度には絞り込んで断定をしていることになる。これは、相当に確率の高い鑑定といってよいのではないかと考えている。

また、別のロジックが必要になる別の場面もある。たとえば、偽造が疑われる高齢な方の乱れた遺言書を鑑定しているときに、若い時の本人筆跡は強いハネを書いているのに、遺言書にはハネが書かれていない。誰が見ても、一見して分かる違いがあることがある。

この場合も、警察系の鑑定は、「相違しているので異筆」と簡単に判断している。しかし、別人が偽造するときに、そのように、「誰が見ても気が付く目立つ箇所を違う字形に書く」であろうか。私は、ハネの有無は年齢からくる個人内変動の可能性があり、むしろ、本人だからそんな目立つ違いも平気で書いた可能性が高いと判断する。

もちろん、これは推定であり、その他のいくつかの一致点と照合しての判断になるが、いずれにせよ、警察系鑑定人の鑑定書で、左手筆跡の解明は勿論のこと、このような掘り下げや理解を深めようとの試みなど見た事がない。現役時代に身に付けた技術で、引退後の仕事に対応しているのだから、更なる技術向上を期待するのが無理なのかも知れない。

しかし、公証人や書記のように、一定のスキルがあれば、安定して仕事ができる分野と、筆跡鑑定は少し異なるように思う。世の中の変化を受け紛争内容や作為筆跡も複雑になっている。いつまでも、旧態依然とした鑑定では不十分だと思うが、多くの元警察官鑑定人は、何ら疑問を感じずに鑑定しているのであろうか。

7 サインの鑑定について

(1) 欧米人のサインの鑑定

さて、左手・右手の鑑定のついでに、欧米人のサインの鑑定について少し説明したい。サインは、欧米人に限らないが、私は、今までに、米国人、英国人、フランス人、イラン人、ロシア人を鑑定しているので、主に欧米人のサインについて話を進めよう。

欧米人におけるサインは、日本人の「署名」とは本質的に異なる。日本人の署名とは、少なくとも他人に読めるものであることが必要で、例えば婚姻届にせよ、養子縁組届にせよ、欧米人のサインのように、走り書きで署名をしたら「きちんと読めるように書いてください」といわれてしまう。

欧米人のサインは、つぎのような特徴を持っている。

①正しいスペルであることや読める必要はなく、本人であることを証明できればよい。読めない方が偽造されなくて良いとする人もいる。

②しかし、「誠実な感じ」「聡明な感じ」等の印象は大切なので、名門の子弟などは、子供のころから良いサインを工夫することもある。エリートはしっかりしたサインを持ち、そうではない人は雑なことが多い。

③銀行などの金融機関では、既に登録しているサインと比べて、窓口の若い女性でも、一分以内程度でサインの真贋を判断する。彼らは、サインを一つの絵のように全体を把握することに慣れているようである。

(2) 生命保険会社でサイン鑑定の研修を行う

日本も、徐々に印鑑離れが進み、サインで本人確認をすることが始まりつつある。そうなると、契約関係の事務員やチェッカーには筆跡鑑定の基礎的な素養が必要になる。事実、私は、まさにそのようなニーズを受けて、米資系生命保険会社4社に対して筆跡鑑定の基礎講座をいままでに述べ四〇回程度は実施している。現在のところ、このような業務を行っているのは私一人の様子である。

受講者は、二〇歳代から五〇歳代の女性チェッカーが中心で、男性の管理職も一部含まれる。一教室で二〇〜四〇人程度が受講し、毎年、一社当たり二〇〇〜三〇〇人程度は受講するようだ。

この学習は意外なほど効果的で、最初は全く何の知識もなかった彼女たちだが、実習つきの二時間程度の講座が終わるころには、筆跡の見るべきポイントなどもかなり理解し自信をつけてくる。

もっとも彼女たちの任務は、ディスプレイ上に左右に映し出した同じ名前の文字……たとえば「山田太郎」の二つの文字を見比べて同一人のものかどうかを判断するということだ。鑑定書を書くわけではないのでそれほど難しいわけではない。

だから、基本的には、直感が中心で、ただ、直感だけではなく、学習で身に付けた「チェックポイント」や「個人内変動の出やすい注意箇所」を理解していれば、自信をもって業務に臨めるものと思う。

考えてみれば、欧米の銀行の窓口における小切手のサイン鑑定も、実態は同じようなものなのだろう。ただ、それを大変な数を行う様子で、ちょっと聞いたところでは一時間に四〇人〜五〇人は点検するということなので、一人当たり一分程度となり、根気のいる仕事ではある。

このような、教育は、印鑑レスの時代に向かって今後必要性が高まり、少し先のことになるだろうが、銀行などの金融機関をはじめ、契約に係る部署、たとえば携帯電話の販売部門なども対象になるものと思われる。

(3) サインの鑑定

さて、筆跡鑑定におけるサインの鑑定に戻ろう。サイン鑑定ではつぎのあたりが重要になる。

①字画や字画構成に強くこだわらない。無視するわけではないが、日本の文字ほど重視はしない。
②全体像を重視して観察する。いわば「絵」や「デザイン」のように、全体を受け止めるということ。
③辞書にない単語が使われているか検査する。
④文字の大きさ、大小のバランス、傾きを検査する。
⑤連続性の程度……一連の綴りが連続しているか、途切れがあるか検査する。
⑥筆勢、速度、滑らかさを検査する。
⑦小さなアクセントになるような特徴を検査する。

さて、私が鑑定した実態であるが、在日の外国人が日本の銀行との取引をする場合は、たとえば借入れの申し込みであれば、申込者欄にブロック体でフルネームを書いてもらい、その後ろに本来のサインをしてもらうというパターンが多い。この場合は、ブロック体で鑑定をすれば、日本のカタカナあるいはアラビア数字の鑑定と同じようなもので特に難しくはない。

もっとも、元警察官鑑定人は、カタカナ、ひらがな、アラビア数字などは鑑定できないとする人が多いので、そういう鑑定人には無理であろう。

カタカナ、ひらがな、アラビア数字なども文字の一形態である限り、必ず筆跡個性はあるのだから、鑑定出来ないという根拠が分からないが、要は、役に立とうとする使命感の有無や熱意の問題なのだろう。

⑷ 崩しの強いサインの鑑定

さて、外国人同士の契約書となると、フルネームは活字で打ってあることが多いが、サインの多くは崩しの強い個性的なものになる。このようなサインの鑑定となると簡単ではない。細かな字画線が乱れるのは当然としても、太い中心的な字画線にもかなりの変化があることが少なくない。このようなサインの鑑定に当たっては、やはり、先に述べた、全体印象を重視することになる。

図をご覧いただきたい。これは、書き手の分かっている資料Bが三点、鑑定すべき資料はAの一点である。これは「Brock」と書いてあるのだが、ご覧のように、まともに読める文字はなく、最後の文字は「l」のように見えるが「k」ということだから、日本的感覚からは迷わされる。しかし、欧米人にとっては普通のサインというべきなのだろう。

それにしても、上の三資料は対照する本人筆跡だが、この三資料が同筆だと言われても簡単には受け入れられないような変化がある。しかし、これが、この書き手の個人内変動なので、それはそれで了解して、一番下の鑑定資料・Aとの異同を調べてくれというのが依頼事項である。したがって、一字、一字精密に分析するわけにはいかない。全体印象を中心に見ていくことになる。

まず、全体をざっと見て頂きたい。文字全体の縦横のバランスを見ると、本人のサイン・B群が上下の振幅が大きいのに比べ、鑑定資料・Aは、振幅が小さく全体として平べったい印象である。また、「B」字でみると文字の傾きがだいぶ異なる。なにより、「B」字の字体はかなり相違している。これなら、欧米の銀行などで、窓口の女性であっても「No！」と簡単に判別してしまうだろう。

……ということで、この鑑定は、字体が異なるのでさほど難しいものではないが、私は鑑定人だから、欧米の銀行マンのように「全体印象として違う」では通らない。一応、ポイントを具体的に指摘する必要がある。

①「a」で指摘したのは、「『B』字の始筆部の位置」である。資料Bは、文字全体のほぼ中央部またはやや低い位置から始筆し下に向かうが、資料Aは、ほぼ最下部から始筆している。このような書き始めには、書き手の筆跡個性が表れやすいものだから、異筆を強く示唆しているといえる。また、この特徴はスペシャルポイントでもある。これだけ拡大しても分かりにくいように、本来の大きさの文字ではほとんど分からないだろう。それが相違している。

②「b」で指摘したのは、「『B』字の傾き」である。資B群の傾きに対して、資料Aは強く傾き相違している。また、「B」だけでなく最後の「K」文字の傾きとの関係も大切である。資料B群は、二つの文字の傾きがおおむね一致しているが、資料Aは「K」は立ち上がり変化している。

このような角度は、手の使い方の反映である。自分の名前のように数多く書いている文字は安定して

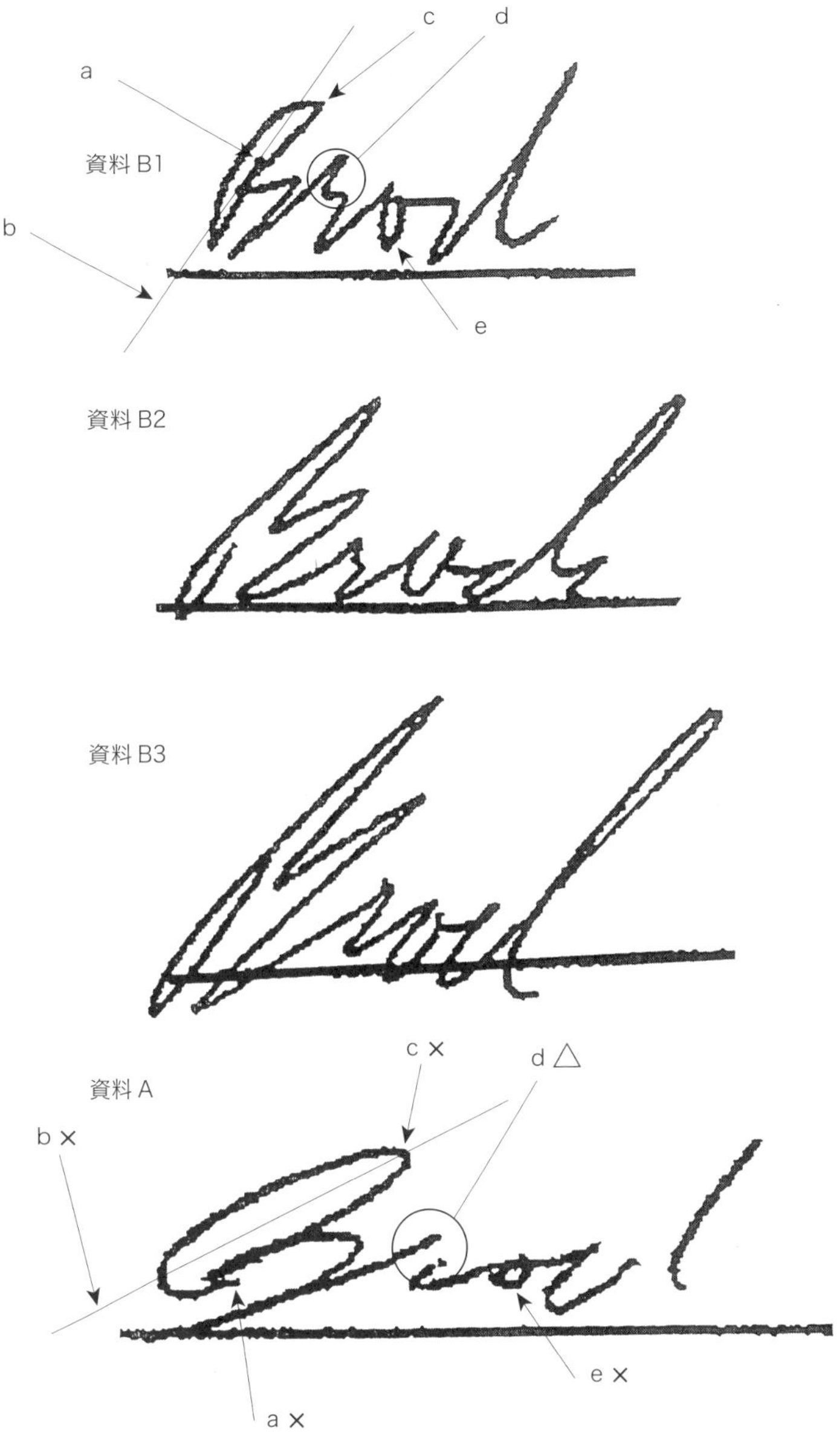

図20

いるもので、資料Aのように変化することは考えにくい。異筆の可能性が高いといえる。

③「c」で指摘したのは、「『B』字の頂部の形」である。資料B群は、多少の程度差はあるが、おおむね尖っているといえる。資料Aは丸く運筆され相違している。

④「d」で指摘したのは、「『R』字の頂部の形」である。資料B群は、多少の乱れはあるが、一応「r」の形になっている。だが、資料Aは、この部分が不自然に欠落している。欠落の理由は分からないが、書き始めの「B」に集中してきて、その集中力が切れたと見えないこともない。いずれにしても、資料B群の三文字の運筆の安定性から見て同筆とは見えない。

⑤「e」で指摘したのは、「『O』字の形」。資料B群は「OまたはU字状」に縦の長さがあるが、資料Aは、「潰れた『O』字状」になり相違している。これも、スペシャルポイントの一つである。ということで、これは、全体字形から見ても同筆とは見えにくい比較的簡単な事例であるが、日常、英文サインに慣れ親しんでいない日本人としては、それなりに悩ませられるケースである。

8 新しい鑑定の構築

⑴ これからの新しい鑑定を目指したい

ここまで、わが国における筆跡鑑定の実態と問題点、そして、問題を解決していくための私なりの方法論などについて概括的に説明してきた。また、現状もめることの多い左手筆跡の鑑定など難しい鑑定について、その方法について多くの実例を挙げて説明した。

読者は、鑑定界が警察系の鑑定人によってリードされていること、しかし、それにしては、難しい鑑定などには随分と無力であることに驚かれたのではないかと思う。そしてこれは、私の一方的な主張のように感じられた向きもあるかもしれない。

しかし、ここまで述べてきたことは、全て実際の鑑定活動で体験したことであり、誰かを貶めようとする私の創作などではあり得ない。

私が問題とし、危惧することは、司法の一画を担っている筆跡鑑定が、まだまだ研究不足のお寒い状態にあること、そして、結果として、それが鑑定の絡む裁判の誤審を招き、体験した国民の不審を買っているという実態である。そこを何とかしたいという気持ちで書いている。

さらに、科警研など警察分野の方々もふくめて、わが国の筆跡鑑定の水準を上げたいと考える方々に、是非、筆跡心理学に関心をもって頂き、将来的には、筆跡心理学を融合した、新しい筆跡鑑定を構築する方向へ共に歩みたいというのが最大の夢である。

鑑定の経験のある弁護士さんは、裁判長主導で鑑定を進めた場合、或いは中止した場合など、それがとんでもない結果になってしまった経験をされた方がいるだろう。また、弁護士として鑑定すべきと考えても、裁判長から強く不要だといわれると、抗うことはなかなか容易ではない。その結果、予測と異なる判決になる。

この場合、弁護士さんが、裁判長よりも鑑定の実際について深い知識があれば、裁判長を説得する力も強くなるものと思う。本書をそのような方向で生かしていただきたいと思っている。

もとより、浅学菲才の私に容易に解決できるテーマではないが、まずは現実を知っていただき、出来ることなら賛同していただいて、共に夢のある方向を目指したいものと願っている。

第3章

「事実は小説よりも奇なり!!」鑑定の現場からの報告

この章では、私の体験した数多い鑑定の現場から「あっ！」と驚く、あるいは「何とバカバカしい」など、面白く、且つ、参考になる鑑定の数々をお届けしよう。実際、表題の通り、現実は小説よりも奇妙な事件が次々と持ち込まれる。プライバシーの問題で書くわけにはいかないテーマも多いが、まずは問題のないものをお届けする。

1 あっとおどろく鑑定結果

(1) 養女だったが、愛情をたっぷりくれた父親だった

東京近郊に住む小倉涼子さん（三四歳、仮名）から電話があった。三か月ほど前に父が亡くなったが、最近、父の友人の吉岡美枝子さんが訪ねてきて父の遺言書を示された。日頃、父から聞かされていたこととと正反対の内容でとても信じられない。資料を送るから鑑定をして欲しいとのことである。私は会ってはいないが、清潔なお嬢さんを想像させる品のよい丁寧な話しぶりである。

数日して資料が届いた。縦書き一枚の自筆遺言書と皮表紙の日記帳が入っている。日記帳にはほぼ一年分の日記がやはり縦書きでびっしりと書いてあり、さっと見ただけでも鑑定の可能な文字は見つかりそうだ。筆跡は、達筆の一種とはいえるが、流暢を通り越して自由自在の滑らかな筆跡である。

遺言の内容は、一二〇坪の土地と四〇坪の二階建て居宅を、吉岡美枝子さん（仮名）に遺贈すると書いてある。そして、娘の小倉涼子さんには、隣地の、やはり一二〇坪程度の居宅と土地三〇坪ほどを相続させると書いてある。土地柄から推察して吉岡さんに寄贈する土地・建物は一億は下らないだろう。

「ほう、随分と豪気なものだが、吉岡美枝子さんというのは一体何者なのか」と考えつつ依頼者の小倉さんと電話で話をした。

彼女の説明では、私達には家族はなく父と養女の私だけなのです。父は私を大変かわいがってくれていて、常々、俺が死んだら全財産はお前に上げるからといっていました。吉岡美枝子さんは、五〇歳代で、父のダンス友達で何度か家に来たことがあります。父が、この人から借金をしていたとか、何か特別な関係にあるなどということは全く聞いたことはありません。財産面から考えて借金はないと思います。だから、今回、このような贈与をするというのはまったく分からないのです……とのことである。

(2) 鑑定の結果は

鑑定した場合の結果の方向性は、遺言書も日記も崩しが強くて、実際に時間をかけて鑑定してみないと、父親の筆跡なのかそうでないのか事前調査では確実なことは言えそうもない。

事前調査とは、鑑定に先立って白か黒か方向性を確かめることであり、私どもは行っているが、多くの鑑定人は必ずしも行っていない。その結果、三〇万円も四〇万円もかけて鑑定した結果として、依頼者としては望んでもいない鑑定書が出来上がることがある。

これは依頼者にとっては、リスクがあり辛いことではあるが、鑑定の実際から言えばこれが本来の形ではある。だから、裁判所からの依頼は、結果の白黒は問わず費用の見積もりだけでスタートする。鑑定とはやってみて初めて事実が明らかになるものだから、鑑定人としては事前に結論を示すのは嬉しいことではないわけだ。

しかし、三〇万円も四〇万円もかけて、望んでもいない鑑定書が出来上がることは、依頼者としてはつらいことではある。その嘆きがわかるから、私どもでは、出来るかぎり鑑定前に事前調査をして方向性を確かめて鑑定書づくりに進むようにしている。しかし、相談された案件の一割くらいは、事前調査では確証の持てる結論は出せないことがある。今回のケースもそうだったので、それを話して一五万円ほどの簡易鑑定で進めることになった。

遺言書と日記から同じ文字を探して照合してみると、結果は、残念ながら同筆（同じ人の筆跡）であった。

依頼者の小倉涼子さんと話をした。「残念ですが、遺言書の筆跡はお父さんの筆跡で間違いありません。有効な遺言書です」。

このときの小倉さんの対応は、気の毒だった。泣きだしてしまったが、一生懸命、感情を抑えている様子が電話線を通じて伝わってくる。養女でありながらも、父としての愛情をたっぷり受け止めていた様子だけに、また、彼女も父親に対して愛情を持っていただろうだけに、父親の、この、ある種の裏切りは辛いことだろう。「有り難うございました。よくわかりました。」と振り絞るようにいう一言にそれが感じられた。

電話を切って考えた。亡くなった父親は六〇歳代、奥さんは一〇年以上前に亡くなっていたらしい。そう考えると、下世話かもしれないが、吉岡美枝子さんとは男女の関係だったのかも知れない。そうでなければ、あれほどの贈与はしないのではないか。そんなことを想像すると、この父親もまた、娘と愛人の板挟みにあって、辛い決断をしたのかも知れないなと思われた。

ここまで、書いてきて、思い出したことがある。これは、遺言書を残された立場の被相続人にとって知っていたほうが良いと思う。遺言書の相談をされる方がよく言われることがある。それは、「父（母）の日頃言っていたことと、遺言書の内容は一八〇度違います。とても本人のものとは考えられません」ということだ。

もちろん、別人による偽造ということもあるが、そうではなく、本人のケースの方がはるかに多い。

何故本人が、日頃言っていることと正反対のような遺言書を書くのだろうか。

これを考えると、人とは弱いものだなという哀歓を感じさせられる。病気の夫が世話になっていた妻に対するものもあり、身の回りの世話になっていた娘に対する母親の例もある。病気で世話になってい る夫からすれば、妻に全財産はあなたに上げるよと言わなければならない立場である。しかし、本音は先妻の間につくった子供たちに上げたいと考えている。

世話になっていた娘に対する母親の立場も同じようなものだ。世話になったしっかり者の娘よりも、生活の定まらない出来の悪い長男にこそ財産を残してあげなければと考えるものである。

しかし、これらを正面切っていえるほど強い人間ばかりではない。そこで、死んだら開けるようにと、本音を遺言書に託すのである。小倉涼子さんの遺言書騒動から、柄にもなく人生の哀歓を感じさせられたのであった。

⑶ 不器用で正義感の強い女性の怖さ

これは、実質的には離婚をしているが、いまは離婚の条件闘争中の女性の頑張りの話である。大橋節子（仮名、四〇代）さんは、中京地区のかなりの名門の寺の二代目と結婚した。しかし、結婚して四年、二代目で住職の夫のＤＶ（ドメスティック・バイオレンス）に耐えかねて別居をした。

この二代目は中々のやり手でホームページも充実しているし、寺も階段にエスカレーターを導入するなど勢いがある。大橋さんとは、学生時代の同級生で卒業後結婚した。「少し理屈っぽいところがありましたが、これほど超ワンマンとは思わなかったのです」。どうやら、名門寺の一人息子ということでわがまま一杯に育ったらしい。

「私も四年ほど我慢をしていたのですが、後で分かったのですが、そのころから女が出来たらしいのです。私に対する態度も一段と悪くなって暴力を振るうようになってきました。後で考えてみると、どうやら私を追い出そうとしていたようです」

その暴力も並のレベルではなかったようだ。「離婚の話になると、私の首を絞め、壁に頭をガンガンと打ちつけ、こう言うんです」。「いいか！　裁判に訴えても、おまえのような社会的に何の立場もない人間の言い分など誰も聞いてなどくれないんだよ！」

そこで、大橋さんは家を出てマンションで暮らし始めた。そして、夫の愛人（Ｋ子と仮称）を突き止め、愛人相手に慰謝料請求の訴訟を起こした。しかし、この裁判は、Ｋ子の事情聴取を一度も行わずに結審し棄却された。

納得しない大橋さんは控訴した。その状況で私に連絡があった。Ｋ子が裁判所に出頭できない理由として出してきた医師の診断書があった。医師は夫の友人で、診断書には「摂食障害で公式の場に出ることは不可」と書いてあった。その、診断書の医師の署名がどうも夫の文字によく似ているので、鑑定を

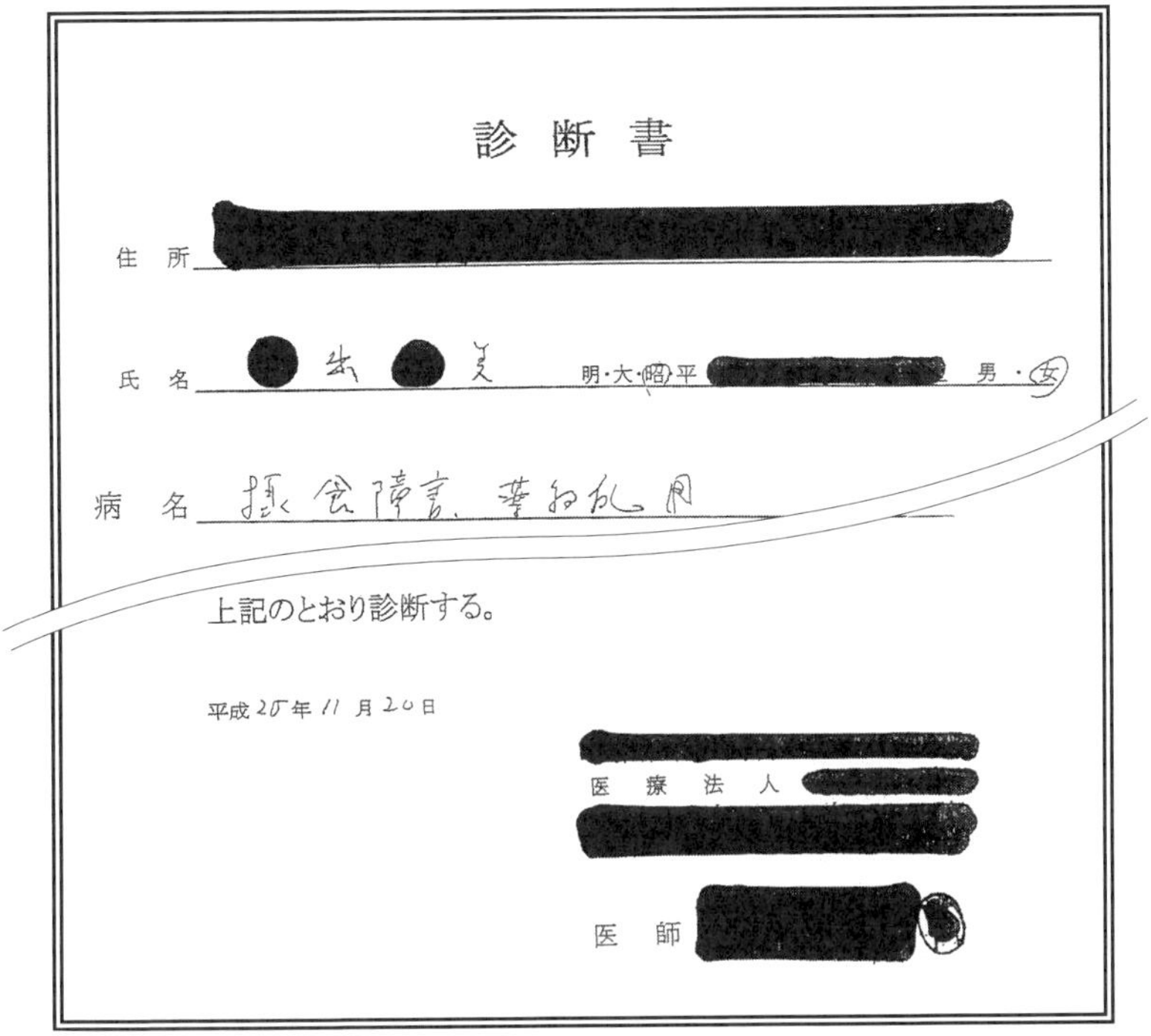
診 断 書

住 所 [redacted]

氏 名 [redacted] 出 [redacted] 美　明・大・昭・平 [redacted] 男・女

病 名 摂食障害、薬物乱用

上記のとおり診断する。

平成25年11月20日

[redacted]

医 療 法 人 [redacted]

[redacted]

医 師 [redacted]

図21

してほしいという依頼である。

強い癖字で鑑定は難航したが、何とか、医師の署名は夫が偽造したものと判明した。夫は、友人の医師から診断書の用紙をわけてもらい、医師に成りすまして署名したものらしい。

しかし、診断書の対象者は夫の愛人・K子、そして診断書の医師の署名は夫が署名を偽造、だから、夫とK子は愛人関係であるという複雑な鑑定書は、絶対的なものとは言えず、代理人の弁護士さんもあまり乗り気ではなかったらしい。

ここで大橋さんが取った行動は、さすがというべきか勇気があるというべきか凄かった。何と、大平さんは、そのニセの診断書を出した医師のもとへ単身で乗り込んだのである。ここからは、彼女の手紙から抜粋する。

「初診患者を装い、予約なしにクリニックに行きました。私は「鬱」なので精神科の診察を受けるのは自然です。診断書の件は偶然切り出すタイミングがあり、知人の話にすり替えて、診断書がその方の夫の字に酷似しているので悩んでいる友人がいると話しました。

医師「そんなに気になるのなら直接お医者さんに見てもらえばいいじゃないの」

大橋「失礼ではないでしょうか、会って頂けないかと思い二の足を踏んでいるようです」

医師「お医者さんは怒らないと思うよ、その医師が書いたかどうかの確認だから失礼ではないと思うし……」

大橋「そうですか、失礼ではないのですね、実はこの診断書なのですが……」

大橋さんがオズオズと診断書を差し出すと、医師は一瞬驚きの表情で、いままで目前で書いていたカルテを隠した。「一見冷静のようでしたが、手がすこし震えていました」

医師「あー！　こ、この子（K子）のことね、法廷には出られないよ、ストレスで気を失うから。僕が書いた、診断書、僕が書いた。……確か、あなたの弁護士さんが受け取りに来たんじゃなかったかな」

医師は、オロオロし、頭を掻くわ、目は泳ぎ、まともに大橋さんと目を合わせられない状態だったそうだ。

大橋「彼女は髪をなびかせ闊歩していますよ」

医師「ストレスで気を失うんだ、裁判所はストレスなんですよ、あなたが裁判所でも警察でも僕を訴えればいいじゃないですか。」

大橋「先生が本当に診断書をお書きになったのですね、では、先生の直筆でもう一度署名して頂けないでしょうか。書いてください」

医師「僕に診断書？　書かない、署名もしません！　これは医師への冒瀆だ、冒瀆です！　お帰り下さい」

大橋さんは、最後に、「医師は途中で態度が変わりました。先生が正しいのなら、いいですよ、何度でも署名しますよとなるはずでしたが、私の前では診断書を書いてはくれませんでした。作戦を間違えたのでしょうか。」

……と手紙を締めくくっているが、確かに少し残念なのは、大橋さんは事実「鬱」なので普通に診察を受けて、医師の署名付の正しい診断書を手に入れたほうが良かったとは思う。そうすれば、K子に発行した偽の診断書の署名との違いを立証できただろう。

しかし、自分を追い出した夫とその愛人への恨み、夫や医師は、社会的にも強者で悪いことをしていても何も傷つかない、それに対して自分の受けている情けない状態、それら不条理への怒り、そして、偽の診断書を出したことになる医師への直接行動。この勇気と行動力は大したものだと思う。

……その後、大橋さんは弁護士を変えて、刑事事件として訴えていくようだ。

世間によくある愛憎劇には違いないが、私は、不器用で不運な女性のがむしゃらな行動力に「やるねー」との評価をしたい気持ちもある。

(4) 二〇頁もノートを偽造

これは、東北地方の遺言書を巡る事件である。

鑑定では遺言書が圧倒的に多い。ざっと相談の半分は遺言書だろう。私のところでは、遺言書は、月に一〇件程度の相談を受け、鑑定書を作るのは、その内四件程度である。残りは、相談者の望みと結果が相違したりして鑑定書作成は辞退している。

内容は千差万別で、それこそ、しっかりした文字で、細かく財産分与を記載した緻密なものから、ミミズののたくったような文字で、「すべて太郎にやる」というような乱雑なものまで、実にバラエティーに富んでいる。

いつか、関西からの相談の遺言書には驚いた。父親の遺言書についての娘さんからの相談だったが、資料の包みを開けるとB5サイズのノートのコピー二〇枚ほどと、A4サイズ二頁の自筆遺言書が出てきた。(ははぁ、このコピーが対照資料だな)、仕事柄、まずは鑑定資料の遺言書とそのノートのコピーの対照資料を見比べてみた。(おっ、これは同一人の様子だな、……?? 確か電話では遺言書は偽造だと言っていたけれど)

資料の受け取りの報告を兼ねて相談者に電話を入れてみた。

「先生、違うんですよ! そのノートのコピーも偽造なんです。ノートの現物が1冊入っていたでしょう。それが父の本当の筆跡なんです。それと、遺言書を比べて貰えば分かりますよ」と娘さん。……なるほど、改めて見てみるとおっしゃる通りの様子だ。

このケースは、こういうことだった。亡くなった父親は、ノートを日記帳がわりにして、一年で一冊、非常に細かく日記をつけていた。一ページ目は、必ず元日から始まり、誰それが年賀に訪れたとか、家族で何を食べたなどが克明に書いてある。また、株をやっていて、その日のダウ平均だとか、アメリカの株の動向など、新聞からの引用も書いてある。それだけに日記はリアリティがある。

この日記数冊を一緒に暮らしていた長男が見つけ、同じノートを用意して、二〇頁もそっくり書き写したらしい。長男の筆跡は比較的父親の筆跡に似ている。そして、遺言書も自分に都合の良いように偽造したらしい。これでは同筆になるはずだ。

これは手の込んだやり方だ。普通、偽造というと遺言書を偽造するのが普通で、本人の筆跡である対照資料を偽造するというのは初めてだった。本人資料には、ハガキや手紙などもあり、それらをすべて偽造するなどというのは現実的でないからだ。しかし、この事例では、父親のその他の筆跡は処分してしまったとか、何も無いとか言い訳をしているのだろう。

ただ、その日記がコピーなのは、原本だと、数年経過した紙の黄ばみの違いでバレてしまうので、コピーにしたのだろう。

いやはや驚いた。ここまで、入念に、対照資料を含めて偽造するというのは初めてだった。大変な労力だなと思ったが、考えてみると、それで数千万、あるいは億のつく金が左右されるのなら当然かも知れないと納得させられた。

しかし、天網恢々、悪事はうまくいかないものだ、長男が見落とした日記の一冊を、父親の衣類を整理していた娘が発見してしまったのだ。長男には「お疲れ様でした」の言葉を贈ることにしよう。

さて、次は、東北のある県での出来事である。母親の遺言書に関して、実家で一緒に暮らしていた娘さんから相談があった。内容は、母親の遺言書の内容が日頃言っていたことと違い、どうも本物とは思えない。同じ敷地内に自宅を建てて暮らしている、長男の仕業ではないかと思っているとのことであった。

父親は、五年ほど前に亡くなっていて、今回は母親の引き継いだ財産の処分である。遺言書の内容は、三箇所ほどの土地の分配についてであり、長男は二箇所、相談者の娘は一箇所を受け取ることになっている。しかし、娘さんに言わせると、彼女が相続することになっている土地は、草地で大した価値は無い、一方、長男が相続することになっている二個所の土地は、いずれも立派な農地であり金額的にも相当なものになるとのことであった。

早速、関係資料を送ってもらって検討した。まず、母親の筆跡と遺言書の比較をしたが、これは、「同一人の筆跡と見るのは困難で別人の筆跡の可能性が高い」というものであった。裁判で争うには、遺言書が母親の筆跡ではないことが証明できれば、それで遺言書の効力は無くなるので、それで、一応の目的は達している。

しかし、裁判官は、本人名の署名があり、且つ押印してあれば、基本的に七割がたは本人のものと見ると聞いているし、「別人の筆跡の可能性が高い」との鑑定書の結論では、今一つ決定打とはいいにくい。娘さんからは、是非、長男の筆跡と遺言書の筆跡の検証もしてくれと言われているので、続いて長男の筆跡鑑定に進んだ。

これが中々の難物だった。長男は、土地の分筆や登記には精通していて、インテリであり文字もあまり癖がない。一方、母親の遺言書も簡単なものなので、同筆であるとの決定打は中々見当たらない。

遺言書に「土地」という文字が二つあった。母親は、しっかりハネを書くタイプであるが、長男はハネは書かないタイプである。そして、遺言書にはしっかりしたハネがある。この限りでは、長男の筆跡とはいえないが、鑑定の手順として、文字を四〇〇%ほどに拡大してみた。

そこで、発見したことを図に示す。……まことに面白い書き方であった。何と、遺言書の「地」の文字は、二文字ともハネは後から加えたことが分かった。「おっ、これは面白い。少なくとも母親はこんな書き方はしていない。もし、この書き方が長男の文字から見つかったら決定打になるな」

そこで、長男の筆跡を調べてみた。「あった、あった」。それが図に示した「続」の文字である。他にも「側」という文字でも、同じくハネを後から加える書き方が見つかった。しかも、「続」の字は、追加したハネがそこまでの字画線と交差する形で、まことに後から書いたことが分かりやすい。「これで決まりだな」、それまで中々決定打が無かっただけに、ホッと一息だ。

これだけで、最終決定をしたわけではなく、いくつかの補助的な特徴を追加して同筆の決め手となった。しかし、「上手の手から水が漏れる」ではないが、しっかり者の長男にこんな落とし穴があったとは。

ともあれ、この鑑定は、思いがけない決定打が見つかり比較的楽な鑑定になった。いつも、こんな具合に決定的なものが見つかると鑑定も容易である。鑑定は、基本的には二つの文字を比べて、同一人の筆跡なのか、別人の筆跡なのかを判定するものだから、多くのケースはそれほど難しいものとはいえない。

勘のいい女性などは、「これは別人よ」などと一言でかたづける人もいるくらいである。難しいのは、

長男の筆跡

参考・書道手本

遺言書の筆跡

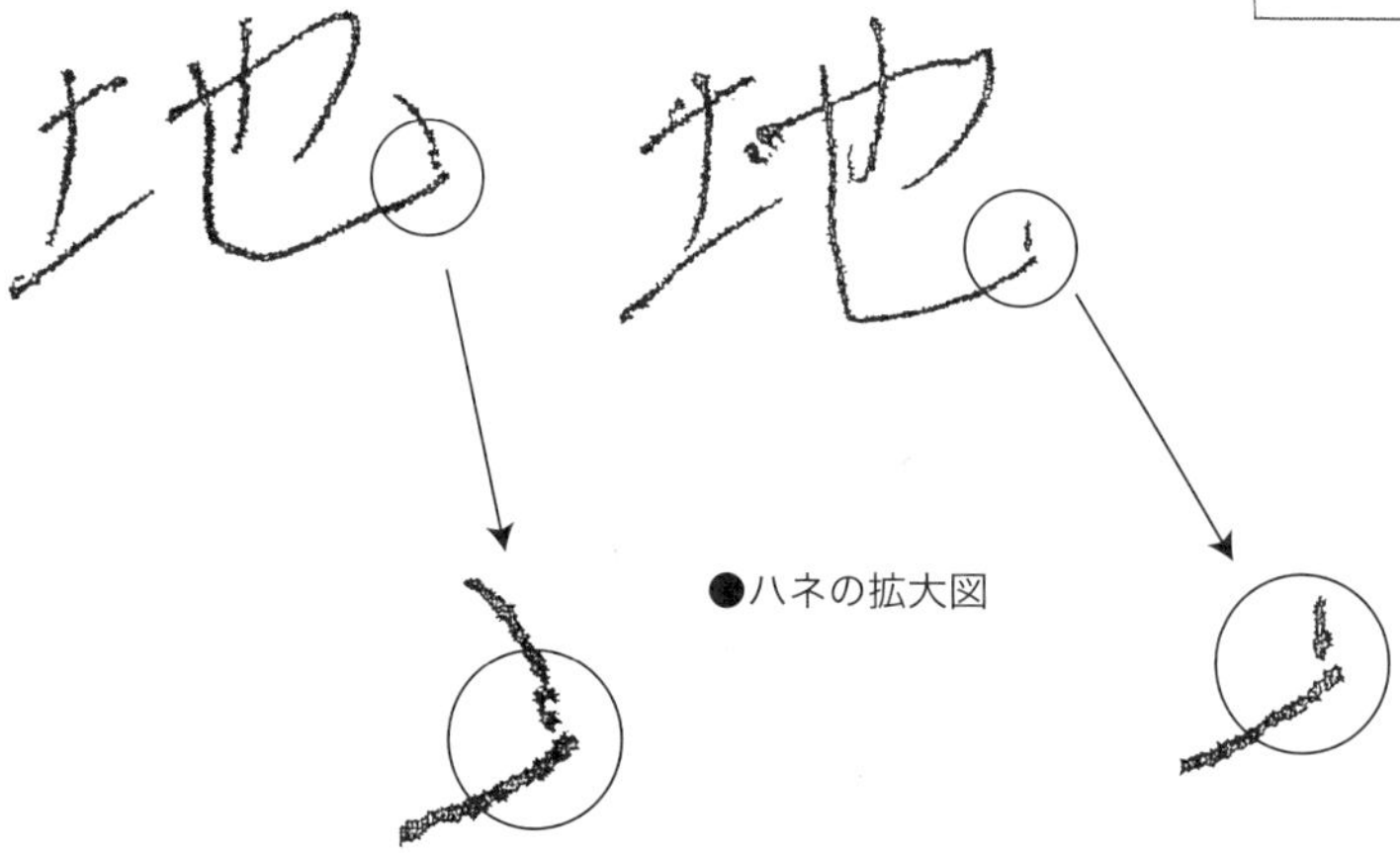

●参考・長男の筆跡

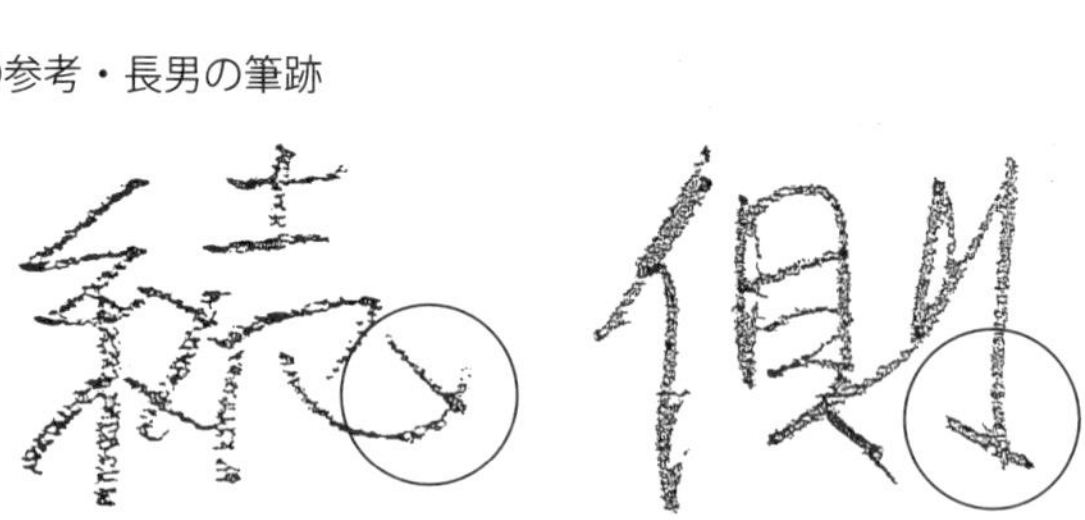

図22

それを第三者たる裁判官に納得して頂くことである。それには、科学的に、同一なり、相違なりの明確な特徴の指摘が必要である。それも、あまり細かく分かりにくいことをいうと、無視されてしまうことがある。

科学的で、誰が見ても分かりやすく、否定できない特徴をきちんと説明しなければならない。これが、中々厄介なのである。偽造筆跡など、鑑定人たる私には十分わかっていても、明快に説明できる材料があるとは限らない。それだけに、今回のハネの追加のように分かりやすい特徴は、大変にありがたいのである。

ところで、考えてみると、この長男も60代である。昔は、遺言書を巡る子供たちの争いと言えば40代の男女が多かった。しかし、最近は、高齢化社会であり、子供たちも、自分が遺言書を書いておくような年齢になっている。

今回のハネの問題も、普通に書かれた文字では私も気が付かなかった。長男も同じく、分からないように書き足したつもりだったのだろう。拡大すると、つなぎ目に隙間が出来て後から書き足したことが見え見えになるとは考えもしなかったのだろう。「やっぱり悪事はいけないな」老眼ではこの手の犯罪は無理だなと、己をふくめて年齢を改めて考えさせられた一幕だった。

(5)「金持ちケンカせず」……大東京のかたすみで

さすが東京というべきか、一介の鑑定人には想像もつかない世界があるものだ。あるとき、四〇代の女性が訪ねてきた。亡くなった父のことで相談があるという。

なんでもお父さんは、数人で小さな会社を経営していたが、実際は、仕事の詳しいことは全く知らない。ただ、お父さんの金の使い振りから見ると、相当な金を得ていた様子で、東京の中心地の超高級レジデンスに居住していた。そこは、敷金一二〇〇万円、家賃月額一一〇万円だから、並の小さな会社ではなさそうだ。

「父は、自宅にはめったに戻らずそこで暮らしていました」と娘さん。母親と同居していた。

さて、社長の死亡に絡んで不可解な事件がいくつかあり、今回の相談は、取引していたリヒテンシュタインの銀行の口座とクレジット口座の閉鎖に関し、依頼した手紙への署名に疑問があるとのことである。

そして、この銀行の口座番号やアカウントなどは、ナンバー2しか知っていない。そういう状況のもとで、少し変則的な手紙と送金依頼があり、もし、それらの署名が偽造ならば、そのナンバー2が少なくとも四億円はポケットに入れたのではないかという。

そこで、その銀行への手紙二通の署名を調べて貰いたいという相談である。対照資料は、これまた、リッツカールトンホテルとの定期契約書など金のかかりそうな書類ばかりである。

何とも豪気な話で、一介の鑑定人には一生かけても近づけそうもない世界の話だ。

そのときの鑑定資料がつぎのリヒテンシュタインの銀行への口座閉鎖依頼の手紙である。署名が本人のものかそうでないかを調べてくれというのが鑑定の内容である。そして、掲載はしないがもう一通は、ほぼ同じスタイルのクレジット口座閉鎖依頼の手紙である。

To: [redacted] Bank in Liechtenstein
Re: Account termination instruction
Fm: [redacted]

Date: Dec 7, 2011

Dear Ms. [redacted]

Please settle all outstanding debit and payable fees if any, and remit the balance to the following account. After completion of the settlement, please terminate this account.

Bank Name	[redacted]
Account name	[redacted]
Account #	[redacted]

Best Regards

[redacted]武[redacted]夫
[redacted]

資料 A1

図23

しかし、私の知る限り、世界一顧客保護の完備したリヒテンシュタインの銀行では、このようなレターによる契約や解約はしない。きちんと紋章のついた専用の用紙があり、そういう契約書でやり取りするのが常道である。だから、口座を持っている人が、このようなレターを出すことはやや疑問である。それはともかく、鑑定そのものはあっけないほど簡単なものだった。署名そのものは本人の署名で間違いないが、別の対照資料からのコピーである。口座とクレジットの閉鎖は全く同一の署名だった。ただし、サイズが少し違っていた。

本人なら、こんな余計なことをする必要はない。不正に作られたものであると鑑定し、弁護士さんとよく相談して下さいとお話しした。

ところで、これには後日談があって、半年後、銀座でばったり娘さんにお会いした。例の不正の件はどうされましたかと尋ねたところ、つぎのような返事が返ってきた。

「実はせっかくお世話になったのですが、あの件は問い質さないことにしました」。「えっ、四億ものお金を捨てるのですか」。「ええ、もう父も会社から離れたことですし、放っておくことにしました」。

さすがに「金持ちケンカせず」のことわざの通り、お金持ちの世界は違うものだ。私も、一〇〇万、二〇〇万で目の色を変えている世界から脱却しなければいけないなと、大いに反省させられたものだった。

(6) 嫌がらせに黙っていない逞しい女性

大阪府藤井寺市の六〇代の女性（下地ふさ枝さん、仮名）からの相談である。この女性は、小さなアパートを持っていて大家さんである。ご自分も貸しているアパートの一室に住んでいる。

相談によると、注文をしてもいないのに通信販売の会社から商品が次々と送られてくる。この二か月で既に七件も発生しているそうだ。商品は、化粧品、健康食品、ナベなど雑多である。届く都度、事情を話して引き取ってもらっているが、中には送料の必要なものもあるし、納得してもらうには結構な手数がかかる。

こんなことが続いては堪らない、何か対策を講じなくてはならない。警察に相談したら、「相手がはっきりしないとねー」とのことだそうだ。

下地さんには犯人の心当たりがあった。アパートに半年ほど前に入居した若い男性である。この男性は入居早々にちょっとしたトラブルがあった。夜中に友達を連れてきて大騒ぎをしているので、下地さんは注意をしたことがある。そのときの男性の態度が悪いので、下地さんは困った人だなと思っていた。また、三か月ばかり前には、その男性のゴミの出し方がでたらめなので下地さんは注意をした。ところが、男性は謝るどころか、私はそんなことはしていない、何か証拠でもあるのか、近所の人が捨てていったかも知れないじゃないかと食ってかかってきた。

確かに、清掃員が引き取っていかないゴミを調べて、彼のものだという確証までは得ていない。しかし、ゴミは男所帯のものだったし、アパートには男所帯は彼の他に二人しかいない。二人とも長年住んでいて、今までにそんなトラブルを起こしたことはなかった。

また、近所の人で、今までにそんな問題を起こした人もいない。下地さんは彼に間違いないと考えていた。注文をしていない商品が届きだしたのは、そのゴミ騒ぎがあってから一か月ほどたってからだった。一件、二件の内は、下地さんは何かのミスかなと考えていたが、三件、四件となるに及んで、これは誰かの嫌がらせだと分かった。そして、すぐに頭に浮かんだのが、トラブル続きの若い男であった。

そこで、下地さんは、通販会社に説明をして注文の葉書を取り寄せた。その注文の葉書は、書き手が分からないように、左手で書くとか、字体を変えるなどの作為は施していない。そこで、下地さんは、私のところへ、そのハガキとアパートの契約書を送ってきて鑑定できないかと相談してきた。

しかし、アパートの契約書には、彼の元の住所氏名等が書いてはあるが、非常に乱暴な走り書きであり、対照できる文字もなく鑑定はできない状態だった。

私のその説明を聞いて下地さんが取った行動は、現実的というべきかなかなかに頭の良い方法だった。何と、下地さんは、彼の部屋の表札に書かれた筆跡を写真に撮って送ってきたのである。表札は、厚手の台紙に自分で住所氏名を書くようになっている。これだと、表札にも偽の注文書にも「藤井寺市」以下の同じ住所の文字があり、十分、鑑定は可能である。ウソの注文書と表札の写真がつぎである。

……ということで明確な鑑定書が完成。下地さんは、「これを持って警察に行きます。実際に金銭の損失もあり、対応してくれるでしょう」と言っていたが、早く解決するように祈るばかりである。それにしても、大阪のおばさんは泣き寝入りなどせず逞しいものだ。

5418720
700
料金受取人払郵便
大阪東支店
承認
470
差出有効期間
平成23年5月
31日まで
(切手は不要です)
(受取人) 大阪市中央区[redacted]
[redacted]ビル
[redacted]
特典有効期限 平成21年 10月19日まで
健康応援 チラシ番号 1110
商品番号 商品名 数量
K-142 ゼロ活力なべ(大) 個
K-64 オールパン(L)(S)セット セット
K-148 感謝特割セット 1 セット
K-146 ゼロ活力大小セット セット
その他のご注文
合計金額が税込20,000円以上の方のみ天使のなべがご注文いただけます。
K-34 天使のなべ 1,000円(税込1,050円) 個
ご住所 〒583-0033 大阪 府 藤井寺 市
フリガナ [redacted]
氏名 [redacted]
電話番号 [redacted]
お支払方法 代金引換一括払い 振り込み一括払い 初回代引5回分割
1008-1039
8730
063
塚 2-1-14
式会社
5826 係行
12月 13日
お届け希望日時
① 8~12時
②12~14時
③14~16時
④16~18時
⑤18~20時
⑥20~21時
790
289
74号
10M係
医療保険

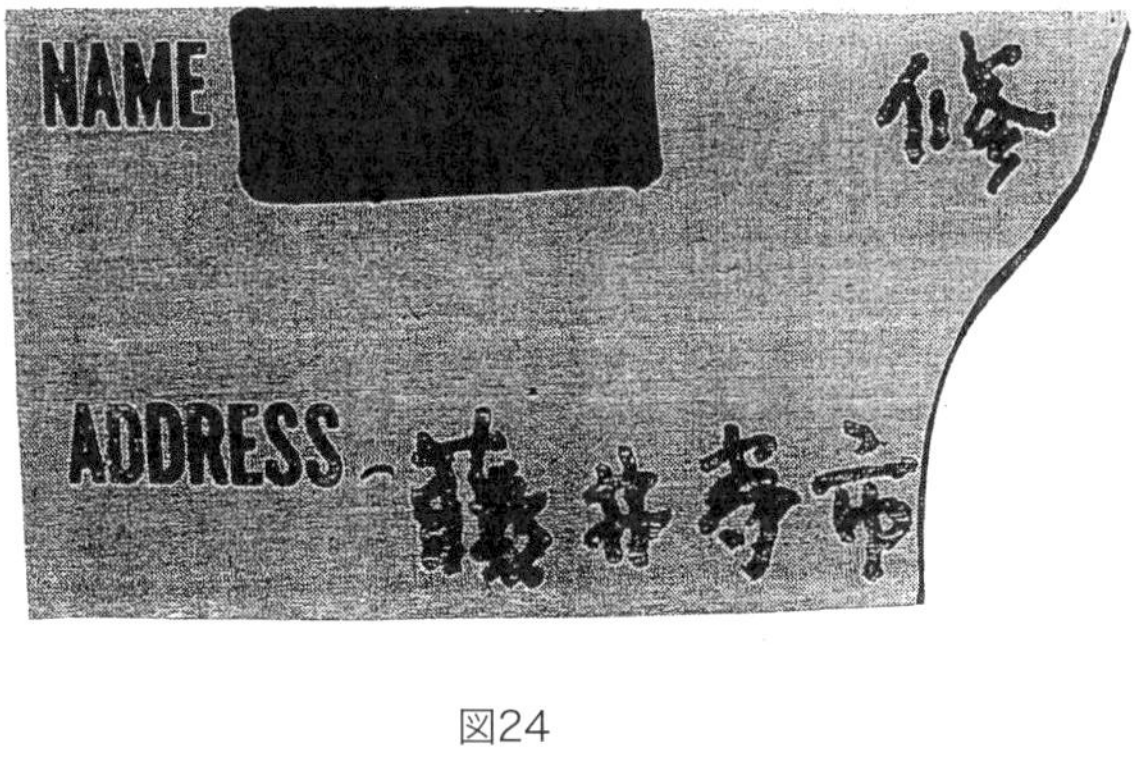
NAME [redacted]
ADDRESS - 藤井寺市

図24

2　鑑定力は多用な経験で磨かれる

(1) カナは扱わないとする元警察官鑑定人の贅沢な鑑定

私は今まで鑑定した「字種」は、日本語の漢字はもとより、「ひらがな」「カタカナ」「漢数字」「アラビア数字」「英米語」「仏語」「独語」「伊語」「中国語」など多岐にわたる。

元警察官鑑定人は、「漢字」だけを対象にし、「ひらがな」「カタカナ」は、取り扱わないという人が少なくない。字形が簡単なので判別が不可能だというのだ。事実、ある養子運組届の鑑定で、二人の元警察官鑑定人が「○○サキ」という氏名の「サキ」は排除していた例があった。たった四文字しか無い鑑定で二文字は使わないという贅沢な鑑定である。

ひらがなやカタカナあるいはアラビア数字などにも、書き手固有の筆跡個性は当然あり、鑑定に使えないということはない。一文字では、難しい場合もあるが、二文字、三文字とあれば特徴を明確に指摘することが出来る。

ひらがななどは、作為のある中傷の手紙などの場合、漢字には注意をしても、たくさんあるひらがなまでは注意が及ばないことが多く、むしろ鑑定上は有効なことが多い。要は鑑定人としての使命感の有無の問題で、元警察官鑑定人は、警察という、行政の恵まれた立場で身に付いた悪しき癖だと思っている。

(2) 鑑定件数と技術水準は比例するか

ついでだが、元警察官鑑定人が、鑑定実績として三〇〇〇とか四〇〇〇件と、極めて数多くの実績を誇る人が多い。しかし、四〇〇〇件となれば仮に三〇年やっていたにしても、年間の勤務日数は、おおむね二四〇日程度だから、四〇〇〇件÷七二〇〇（二四〇日×三〇年）日＝〇・五六件となり、二日で一件という、普通の鑑定では考えられない数字となる。

知人のベテラン警察官に聴いてみると、警察の鑑定は、たとえば密入国に伴うパスポートの検査が一度に数百人というようなケースがあるからだろうという。なるほど、それなら数字も納得できる。パスポート以外にも、たとえば「偽札の検査」など多数発生する事件があるので、元警察官鑑定人の鑑定実績の数字はそのような事例を含めたものだろうと思うという。それなら納得がいく。

この数字から、実はもう一つの納得が得られた。私は常々、これら元警察官鑑定人が鑑定実績から見て、意外に実力がないと感じている。理由として、先のひらがな・カタカナの例のように、突っ込み不足から生まれているのは間違いないだろうが、もう一つの件数の問題もあると推察している。つまり、パスポートや偽札のようないわば「量産型」のためではないかということだ。

鑑定とは、一つひとつ異なる事例によって実力がつく仕事である。つまり、一種の職人技の世界なのだということである。

変なたとえのようだが、先日テレビを見ていたら、新潟のある金属研磨工場の社長が経営方針を語っていた。そして、常々考えていたことから「さもありなん」と合点した。その社長の経営方針は、大量生産の仕事は請けず、一、二点の小口専門にしているのだそうだ。量産型の仕事は、当然金額も大きくなり経営からすれば有利である。しかし、そういう仕事をしていると技術が向上せず、最終的には単純な価格競争に巻き込まれてしまう。長い目でみれば自分の首を絞める経営だというのだ。

そうではなく、一、二点の小口をやろうとすると一品、一品、やるべき研磨の内容が異なる。今までにやったことのない難しい仕事もあるということで、毎日毎日、技術が磨かれるのだそうだ。当社はそれを方針にしているとのことだった。「当面、やることは厳しいが、長い目で見れば自分を鍛えてくれる」というのである。

これは、常々、元警察官鑑定人と私の、こなした件数と技量水準の違いについて考えていた疑問を解消してくれた。つまり、私の場合は、面倒な仕事も嫌がらず、一件、一件、内容の異なる鑑定に挑戦してきた。これで鍛えられたのだな、これが彼我の違いだなとよく理解できたのであった。この意味では、筆跡鑑定とは、基本の理論も大切だが理論だけで実力がつく世界ではない。やはり、多種多様な数もこなさなければならないのである。

(3) チェックに使う「レ点」の鑑定

本題の「レ点」のチェックとは、読んだことや確認したことの記録のため、マスのなかに「レ」字状にチェックする、よく見るそのチェックのことを言っている。

今回のケースは、証券会社が「投資申込書」等の内容を顧客に説明し、理解したという意味のチェックをしてもらい、取引の管理書類としているものである。その用紙は六枚、チェック箇所は五〇箇所にもなる。

紛争は、会社はリスクがあることをきちんと説明した、「説明責任」は果たしていると主張しているのに対し、顧客は、そんな用紙は見ていないし、当然チェックなどしていない。したがって損失の一部は証券会社で負担すべきものだと主張している。

鑑定の依頼とは、その顧客から「レ点」チェックは自分がしたものではないと証明してくれとの依頼である。対照にするものは、やはり同じ取引に使われた別の用紙四枚・三〇箇所に記載された同じ「レ点」チェックである。「レ点」の鑑定は、過去に二回ほど経験があるので驚くことではないが、今回はチェックの数が多いので大変である。

「レ点」といえども形こそ簡単なものだが、人が書くものである以上、そこにはやはり個性が表れる。「レ」のVの角度、両足の長さ、大きさ、筆圧の程度、線の性質など、丁寧に見ていけば分からないことはない。……とはいうものの、数が多いだけに容易ではない。

どうするかと考えて、最初に顧客がチェックしたことを認めている三〇箇所のチェックを四タイプに分類した。それをテンプレート（基準にする一種のひな形、定規）として、鑑定資料五〇箇所を一つひとつ照合していくことにした。

このような方法は、誰に教わったというものではない。問題にぶつかり試行錯誤してものにしてきたノウハウである。先に、鑑定力は多様な経験で磨かれるといったがその一例である。

その四タイプがつぎの図である。複雑になるので、全タイプの説明は省略するが、鑑定書にはつぎのような説明をつけた。一例を示そう。

①型……字形が大き目、折れ部がカッチリとシャープ、二節が長く書かれるタイプ。
②型……①型に似ているが、Vの角度が広くなり、二節の長さが長くならないタイプ。

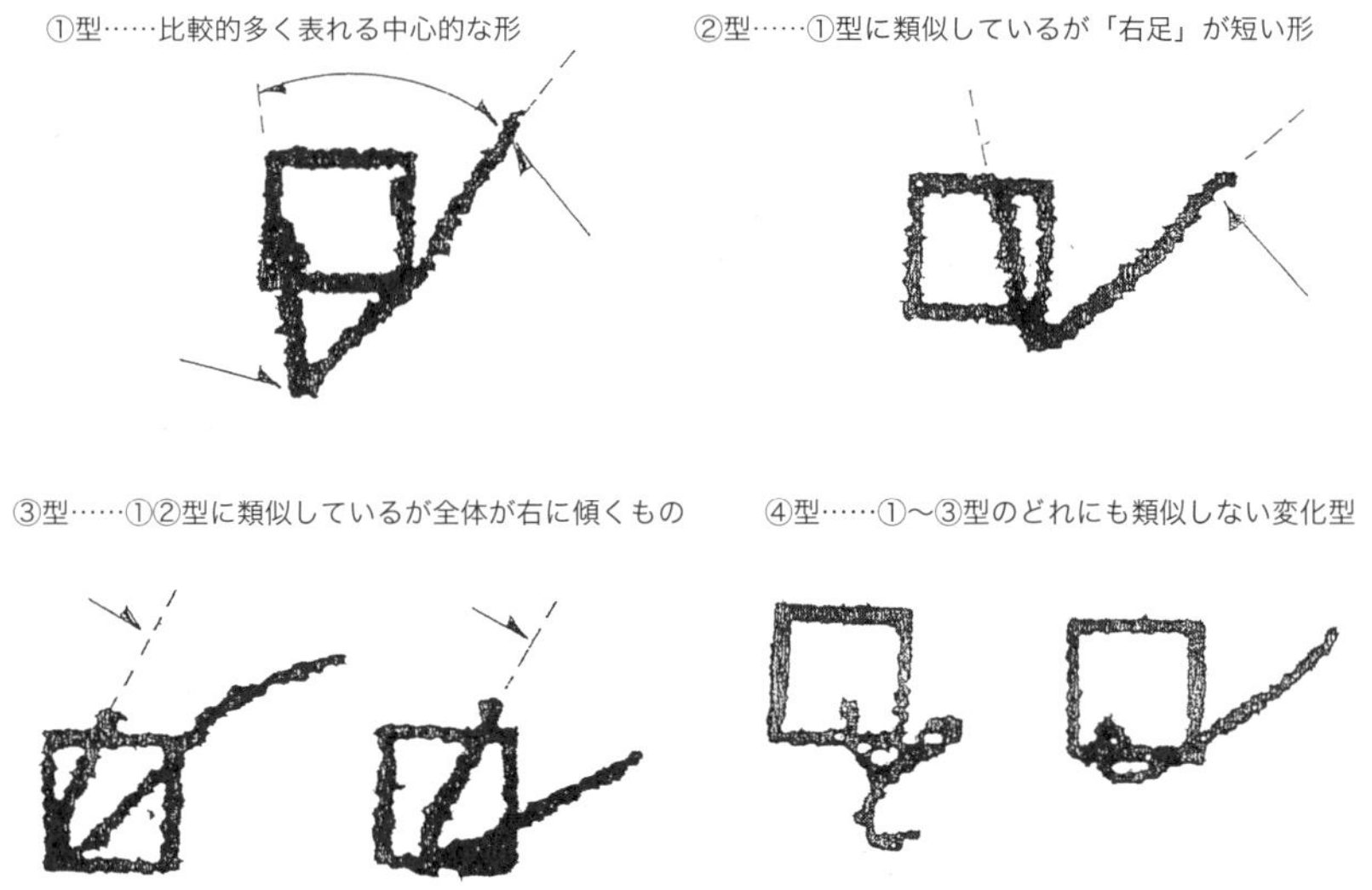

①型……比較的多く表れる中心的な形
②型……①型に類似しているが「右足」が短い形
③型……①②型に類似しているが全体が右に傾くもの
④型……①〜③型のどれにも類似しない変化型

図25

このように、四タイプに分類して、検査する五〇資料を一つひとつ検証していった。このようにすれば、類似しているかそうでないかを調べるだけだから大きな誤差は生じない。実際、このようにして一覧表にまとめてみると、どれにも該当しない型は一割程度である。これは、個人内変動として処理して問題の無い範疇である。

ということで、この鑑定は、顧客の「レ点」ではないことが判明した。それを顧客に渡して私としては終了だが、相手は証券会社でいわば金融のプロだから、弁護士さんとよく相談した方が良いと助言した。

(4) 小さなスーパーがつけ込まれた盲点とは

実は、この「レ点」の鑑定は前例がある。だいぶ前のことだが、ある地方のスーパーの社長から相談があった。夏はリゾート地として賑わいをみせる土地である。

ある日、社長は、事務所に立ち寄り納品書の束をチラチラと点検していた。そして、「何だ‼ これは？」と思わず大声を出した。ある商品が、自店では考えられないほどの量が書かれていたからだ。社長は、主な商品の自店で売れる量は把握している。しかし、事務員でそこまで掌握している者はいない。

その商品とは、当時「写るんです」の名前で大流行していた簡便型のカメラである。そのカメラがとんでもない台数を仕入れたことになっていた。びっくりして過去に遡って調べてみると、出るわ出るわ、この三年間で怪しい伝票が一〇〇枚も出てきた。ざっと計算してみると金額で五〇〇万ほどにもなる。「やられた‼」さすがは社長、気が付いた。

その段階で私に相談があった。仕入れ伝票には商品をチェックした店員の「レ点」がついているが、それを使って犯人を割り出せないかというのだ。

このときは、初めてのケースだったので慎重にいくつか質問した。その結果、つぎのようなことが分かった。「写るんです」を仕入れしている問屋は一社で、この三年担当者の変更はないこと、仕入れを確認して「レ点」を記入するのは三人の店員で、これもこの三年変わりがないこと、納品伝票は、営業マンが、店の脇の別棟の事務所にその都度届けに来ることなどなどである。

実は、私は、以前経営コンサルタントとして、このようなスーパーも指導したことがあった。だから、私は最初に聞いた時から、この犯罪の構図はほとんどわかっていた。

社長には「取りあえず、その不正の伝票の全てと、三人の店員さんの「レ点」を付けた伝票も5枚ずつ送って下さいと指示した。

このときの「レ点」の区別は分かりやすかった。というのは、その営業マンの発行した伝票には、必ず四品の商品の他に、最後の行に「写るんです」が記載されている。つまり、その伝票には合計五つの「レ点」があるのだから、前の四つの「レ点」と最後の「写るんです」の「レ点」を比較すれば、違いは歴然なのだ。

それはそうだ、前の四点は正しく納品し店員に「レ点」を記入してもらっているが、最後の「写るんです」は、営業マンが自分で記入しているからだ。このあたりは、現場の光景が目に浮かぶようでないと分かりにくいかもしれない。この不正の一幕はつぎのようなものである。

営業マンは週に一回車で、商品の補充にやってくる。売り場の商品をチェックして不足している商品を補充し、店員に確認の「レ点」とサインをもらう。この時、納品書は、冊子のままの状態で伝票は切り離してはいない。そして車に戻り金額などを計算して記入して完成する。これを事務所に届ければ完了で、これなら不正は起こらない。

しかし、営業マンは、計算などをするついで（?）に、伝票の最後の行に一行追加するのだ。いうまでもない。「写るんです」を四〇個とか五〇個を記入し、店員のレ点を真似て記入し、こうして完成した伝票を事務所に届けるという手順である。

事務員は、店員のサインがあればオーケーで、内容を確認するようなしっかり者はいない。事務所と店は離れているし、それほど細かくコミュニケーションを取っているわけでもない。こうして、仕入れは確定し、支払日にはお金が払われるということになる。営業マンは、納入したことになった商品を、現金仕入れをしている他店に販売し、お金はポケットに納めるという仕組みである。……まったく、悪知恵を働かすものだ。

小さなスーパーは、慢性的な人手不足である。そのような店は、様々な悪事に狙われる。何しろ、多くの品を扱っていて、どんな商品でも現金化しようと思えばできるものばかりである。立派なハムなどを一本横流しすればそれなりの小遣いになる。私は、そういう現場を知っていたから、この場合、どう鑑定すればよいのかもすぐわかった。

さて、この結果はどうなったか、鑑定書を渡して四、五日したら、社長からお礼の電話があった。その営業マンのいた問屋とは長い付き合いで、事情を話したところ、鑑定書を見せてください、損失分は弁済するということで話はついたということだった。「それはよかったね」と一件落着の一幕となった。

⑸ 老後の蓄えの虎の子をすっかり使い切ってしまったドラ息子

神奈川県横須賀市の「ドブ板通り」といえば、知る人は多いだろう。米海軍の基地の町として名高く、海兵の歓楽街として大繁盛した一帯だ。特に、第七艦隊が駐留していたころは、夜ともなればドブ板通りは海兵で溢れかえっていて、繁盛店などは、毎夜の売り上げ計算が追い付かず、翌朝、リンゴ箱に紙幣を詰めて銀行に運んでいたという伝説があるほどだ。

今回の主人公は、そのドブ板横丁で長年小さな店を経営していたお婆ちゃんだ。もっとも相談者はその娘である。プライバシーの観点から業種は示さないでおこう。水商売などではなく、どちらかといえば生活に直結した堅い業種である。

このお婆ちゃんは、数年前に亡くなったお爺ちゃんとともに、つい最近まで一日も休まず四〇年以上も働いていた。今の若者には想像しにくいだろうが、戦後の厳しい生活を経験したこの年代の方には、仕事のほうが面白く、遊んでいるヒマなどないという人が少なくない。この老夫婦もまさにその典型だったようである。

お婆ちゃんには、息子と娘が一人ずついる。娘は嫁いで近所に住んでいる。この方が相談者である。息子は、有名な大学を出て中央官庁に勤めている。有名大学や中央官庁など、小さな商店主の老夫婦にとっては縁のなかった世界で、さぞかし自慢の息子なのだろう。

このお婆ちゃんの唯一の楽しみは貯金である。既に一億円程度は貯めていて、老後に老人ホームに入ることが何よりの楽しみだそうだ。

しかし、世の中「一寸先は闇だ」そろそろ老人ホームの計画も考えようと、郵便局に預けてある一億円について最近確認をした。ところが何と、そのほとんどが引き出されていて、僅かな残高しかないということがわかった。「えっ!! たった三〇〇万しかないのですか?!」寝耳に水だ。お婆ちゃんは腰を抜かさんばかりに驚いた。

驚いて、近所に住む娘に、郵便局に行ってもらい、お婆ちゃんの署名のある「預金引出証」のコピーをもらってきた。その枚数は四五枚にもなる。

見ると平成八年から一五年間にわたり、一回当たりの金額が最低五〇万円、最高で三〇〇万円という具合に引き出されている。引き出し者欄は本人署名である。もちろん、本人にはそんな記憶はない。そこで、娘さんからその署名についての鑑定依頼があった。とりあえず引き出すことが可能なのは、本人の他、亡くなった夫、息子、そしてその嫁の三人だ。この四人は数年前まで、一つ屋根の下で暮らしていた。今は息子と嫁は新居を構え、お婆ちゃんは一人暮らしだ。

今回、仲介を務めてくれた娘さんは、もともと、結婚して別に生活していて預金を引き出すなどはできない。

鑑定依頼を受けて、まずは鑑定書の設計を考えた。鑑定資料の預金の引出証は四五枚もある。そして、対照者として検査すべき人間は、お婆ちゃん、夫、息子、息子の嫁と四人いる。この四名を普通の鑑定のように、一人ひとり照合する鑑定書にしたら、費用も嵩むし、鑑定書が四冊にもなる。何か、もっと合理的な方法にする必要がある。

また、私の事務所の鑑定書の特徴として「図説一覧方式」という方法を採っている。普通の鑑定書は、前段で筆跡の特徴をズラズラと記述し、図は巻末にポンと付けるだけである。これだと説明を読んでは、一つひとつ巻末の図と照合しなければならず、理解するのに非常に手数がかかるし間違いも出やすい。「図説一覧方式」とは、「動物図鑑」や「植物図鑑」にあるような形で、図と説明を一箇所に集約している。これだと、図を見ながら説明を読むわけだから非常に分かりやすい。

ただ、この方式は、鑑定書をまとめる立場からすると、手数がかかる。何しろ、図にする資料も大小あるので、一定のサイズに上手に収めるには工夫と手数がかかる。しかし、世界一忙しいといわれる裁判官に誤解なく読んでもらおうとすれば、この程度の苦労を嫌がってはいられない。

そこで、このケースでは、つぎのように鑑定書を設計した。まず用紙はA3にする。幅の広いA3の用紙はA4サイズに折りたたんで、読む時には開いて読んでいただくようにした。そして、左側のA4部分には、鑑定資料の「引出証」と「署名」の拡大したもの、そして下に鑑定の説明と結論を書くこ

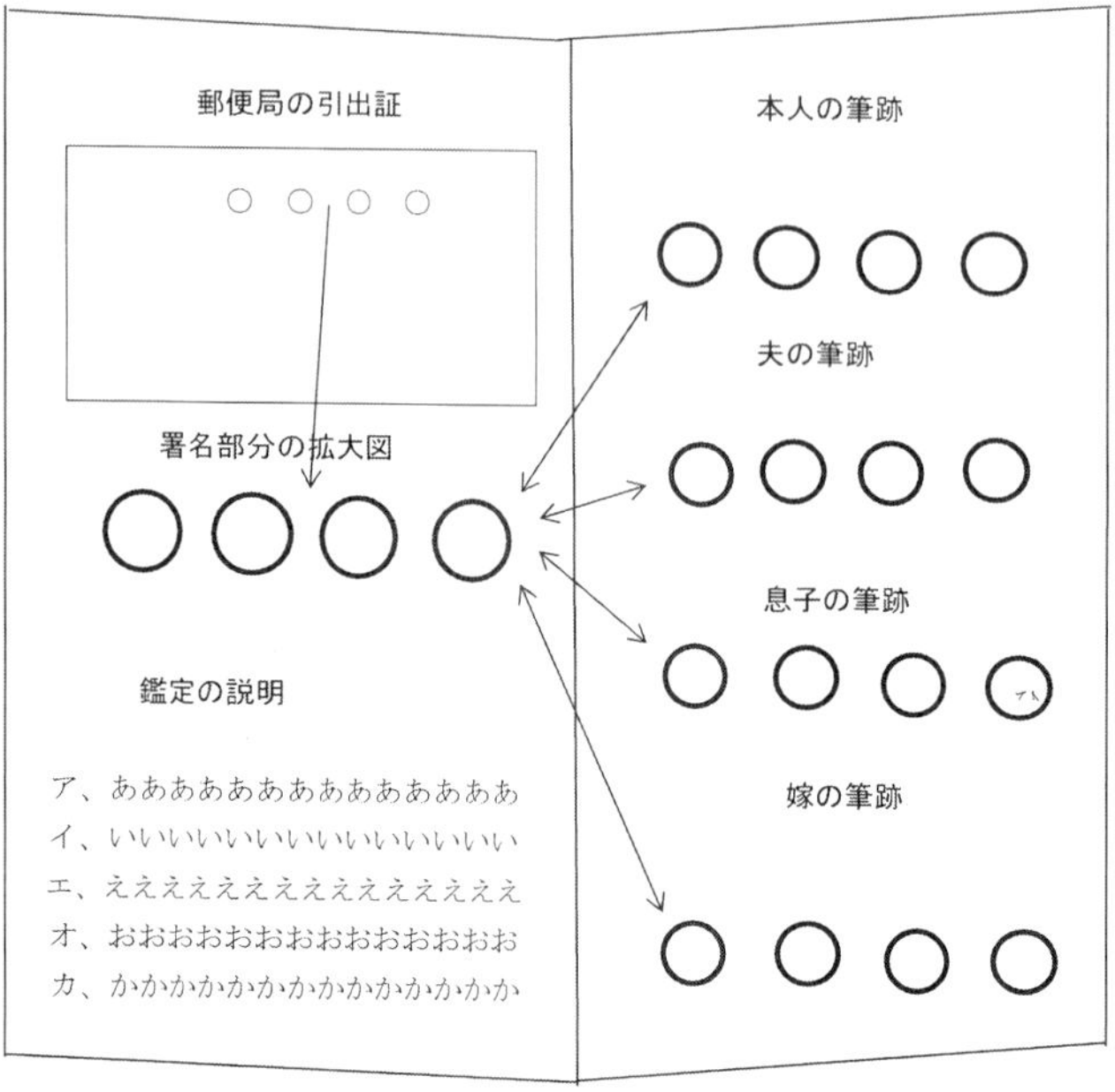

図26

とにした。

右側には、対照資料とする、本人、夫、息子、嫁、四人の筆跡を一覧にした。これだと、読み手は、郵便局の引出証の署名拡大図を見て、鑑定の説明と右側の対照資料の署名を見比べて確認をするということになる。これなら、全てが一覧できるから分かりやすい。また、鑑定書としても、四人分の鑑定を一冊にまとめることが出来て無駄がない。それがつぎの図である。

貯金の支払書

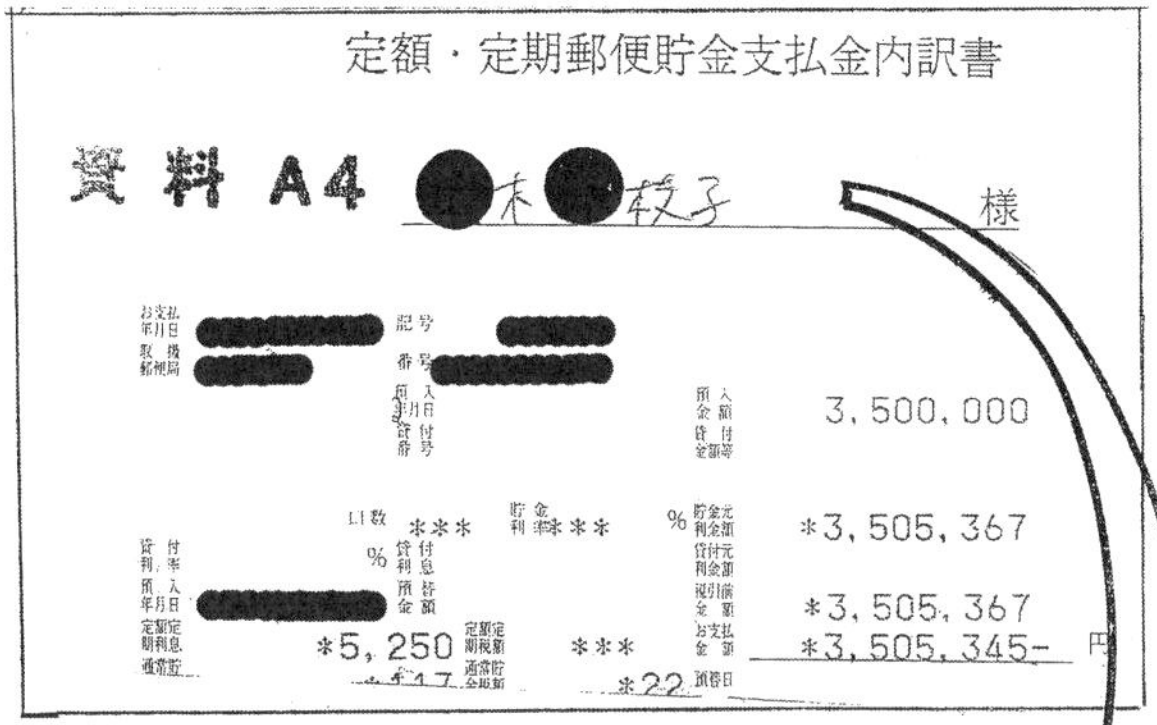

定額・定期郵便貯金支払金内訳書

資料 A4 [redacted]木[redacted]枝子 様

お支払年月日 [redacted] 記号 [redacted]
取扱郵便局 [redacted] 番号 [redacted]
預入年月日 [redacted] 預入金額 3,500,000
貸付番号 貸付金額等
口数 ＊＊＊ 貯金利率 ＊＊＊ % 貯金元利金額 ＊3,505,367
貸付利率 % 貸付利息 貸付元利金額
預入年月日 [redacted] 預替金額 税引前金額 ＊3,505,367
定額定期利息 ＊5,250 定額定期税額 ＊＊＊ お支払金額 ＊3,505,345- 円

署名の拡大

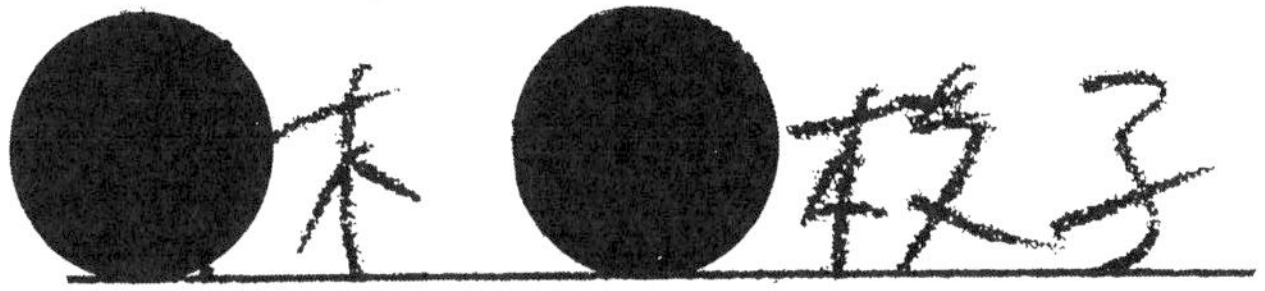

鑑定の説明

ア、aで指摘したのは、「横画から縦画へと続け書きする運筆」である。これは、[redacted]木みどりの運筆と一致している。

イ、bで指摘したのは、「『月』字の第２画を下から始筆する運筆」である。この運筆癖は、[redacted]木みどりの筆跡個性と一致している。

ウ、cで指摘したのは、「『木偏』の第３、４画の運筆」である。これを「レ」状に運筆するのは[redacted]木みどりの筆跡個性と一致している。

エ、dで指摘したのは、「『子』の横画の位置が低いこと」である。この字形も[redacted]木みどりの筆跡個性と一致している。[redacted]木繁も低い位置だが、繁は第２画にハネがあり異なっている。

オ、以上の４点の一致度から見て、この資料Ａ４の筆跡は「[redacted]木みどり」の筆跡と同一人と認められる。

図27

鑑定の結果はどうだったか。鑑定対象の四五枚の「引出証」の署名の内、四一枚は、嫁の筆跡だった。四枚だけは本人だった。後に聴いたところでは、嫁は、お婆ちゃんから頼まれて、本人署名の預金引出証を持って郵便局に行ったことがあるという。本人と思われる署名があり、引き出し人を家族と確認できれば、別人でも預金の引き出しはできたのだろう。

嫁が独断で総額一億円もの姑の預金を横領するわけもないから、夫である息子に指示されての行動だろう。息子としては、いずれ自分が相続するものだからと、自分に都合よく解釈したのだと思われる。

鑑定を仲介した娘さんに言わせると、お婆ちゃんはカンカンに怒っているとのことだった。安くはない鑑定料まで払って実態を掴もうとしたのだからそれはそうだろう。

息子は、働き者の両親に一流の大学まで出してもらって、中央官庁勤務というエリートコースを歩んでいる。恵まれた環境に慣れ親しむと、人の情というものが分からなくなるのだろうかと、他人事ながらお婆ちゃんに同情させられた一件であった。

3 様々な犯罪の事例

(1) 偽造のプロの犯罪

偽造のプロなどと書くと、そんな人間がどこにいるのかと思われるだろうが、金融機関、保険会社などの他、個人相手の取引きをする法人の部署にはごくまれにいるものである。何をもってプロというかだが、要は素人の域を超えて他人の筆跡を模倣する技量を持ち経験もある人たちである。

銀行や信用金庫などの金融機関は、貸し出しなどに当たって多くの契約書が必要になる。すると、ときには一枚くらい署名をもらわなかった書類があったという問題が発生する。顧客のところまで出向いて署名をもらうのは、締め切り日に間に合わないなどの条件も重なったりして、「……まあ特に問題になる書類でもないし」ということで偽造してしまうということになるようだ。

これは、非常に好意的な言い方だが、もちろん、こんな綺麗ごとばかりではない。町の金貸しレベルになると、白紙の金銭消費貸借証書に印鑑を押させるなどは朝飯前だから、署名の偽造等はありふれた出来事なのではなかろうか。事実、事業主の父親が亡くなったら、相続人のもとに二千万円の架空の借用書を持って取り立てに来た金貸しがいた。この時は、鑑定をして父親の筆跡ではないことを証明して危うく難を逃れることができた。

このような人たちを「偽造のプロ」と称している。つまりは、素人よりも筆跡に詳しく、また上手に模倣をする技術も持っている人たちを言っている。

一時期、景気が悪く中小企業の倒産が多発した時期があった。このときは、貸し付けに伴う「連帯保証人」の問題が多発した。中小企業だから父親が社長、息子が専務というようなところが多い。この場合、無事に返済が済めば特に問題は生じない。しかし、父親が亡くなったりして、会社が立ち行かなくなると問題だ。

金融機関は、借り手の社長が亡くなったので、連帯保証をしている息子の専務に請求することになる。息子は、そんな契約をした覚えがないので拒否するということになる。この場合、誰かが専務の筆跡を偽造しているわけだ。

このケースでは、父親が息子に成りすまして署名をしていることが多かった。父親としては、いずれ会社は専務に譲るのだから、大したことではないと軽い気持ちでやってしまうのである。しかし、このようなケースでも金融機関の人間が偽造していることもある。このような人も含めて「偽造のプロ」といっている。

偽造される人たちの特性もある。おおむね、程々に乱れの出る、つまり、個人内変動の強いタイプである。筆跡というのは、筆跡個性といい、誰しもその人特有の癖がある。それが、安定して出ていれば、これはこの書き手の筆跡だと特定できる。しかし、その癖が安定せず乱れが多いと、簡単には書き手を特定できないものである。このような人は模倣しやすいのだ。別人が書いても、適度に乱れているので区別がつきにくくなる。

だから、逆に強い癖があり、それが安定している筆跡というのは偽造しにくい。また、非常に達筆な人も偽造しにくいものだ。人は、自分より達筆な筆跡を模倣することはできない。達筆な人は、一本の字画線、一箇所の字画構成に、上手さや筆遣いの巧みさといったものが表れるからだ。悪筆の人は、どうあがいても、このような上手さは模倣できるものではない。

⑵ 書体が決め手になった珍しいケース

鑑定人としては、筆跡鑑定では、二つの筆跡の異同を解明するよりも、第三者たる裁判官に納得して頂くことのほうが難しい。明確で決定的な違いがあれば簡単だが、偽造筆跡などの鑑定は、上手に模倣されていると、大きな相違点がないので、別人の筆跡だと納得してもらうことが非常に難しいのだ。

大きな相違点がないと、どうしても微細な違いに突っ込まざるを得ない。しかし、あまり細かいことを言うと、理解して貰えない恐れがある。第二章で述べた京都の一澤帆布遺言書事件の逆転判決などは、非常に細かな部分を認めているが、私からみれば珍しいケースと言える。一澤帆布遺言書事件は、社会的に注目を集めたので、裁判官は特に丁寧な審理を心がけた結果だろうと思っている。そういう意味では、丁寧に審理して頂くことがすべてに勝る最も大切なことではある。

ともかく、巧みな偽造筆跡で、明確な相違点を指摘しにくいケースは鑑定人泣かせである。今回のケースは、生命保険の契約書に絡む紛争である。実をいうと、申込者の住所氏名を書いたのは保険の営業マンの様子で、偽造の技術はそれほど高いというほどではない。しかし、申込者の筆跡は、やや乱筆傾向で個人内変動も強く、偽造が発覚しにくいケースといえる。

つぎの「倉敷」という文字を見て頂きたい。資料Aというのが契約書に書かれた疑問の文字で、つまり鑑定文字である。資料Cが偽造を疑われる営業マンの筆跡で、一見してよく似た雰囲気の筆跡といえる。「倉」字の「人がしら」の接合部が開いているところや、すこし乱れた「八」の字などよく似ている。

しかし、細かく見れば、「倉」字の「口」の大きさは違っているし、特に「敷」字などの違いは大きい。しかし、反対の立場から、類似したところは別人の筆跡個性の偶然の類似だと言われたら、同筆を強く証明できるとは言い難い。

何とか、表面的な字形の類似ではなく、筆跡個性としての安定したパターンを見つけないと弱いと考

資料A

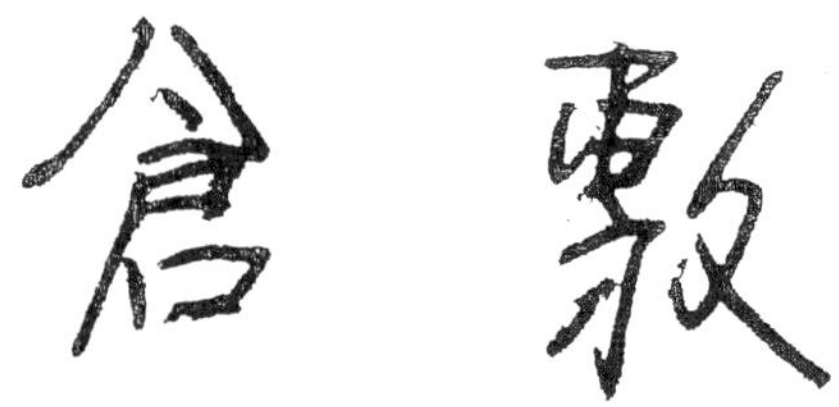

資料C

図28

えた。もちろん、資料Aは偽造筆跡だから、偽造者の持っている筆跡個性が素直に出ているわけではない。しかし、資料Cの偽造者の本来の筆跡から、何らかの安定した筆跡個性を掴み、それが資料Aにも出ていることを証明しないと、この鑑定の決め手にはならない。

資料Cをじっと見つめていて気が付いた。「……そうか！　この筆跡は、「隷書」の素養のある筆跡だな」ということである。隷書とは、漢字の古書体の一つであり、秦の時代には公文書に使われた現代の楷書ともいうべき書体である。独特の趣があるので文人などで好む人も少なくない。

特徴としては、横画の「波磔《はたく》」というのが特に強い特徴だ。「波磔」とは、始筆部は筆先を回して始筆し、終筆部は右上に払う形になる。この運筆のため、「波を打つ」字画線になる。また、「口」字等の右上の折れ部は、一旦、筆を抜き、改めて縦画を書く。そのため、折れ部は小さな山が出来る。また、「口」字第二画終筆部は軽く止めて右下方向へ筆を離すとされている。そのため、右への小さな膨らみができる。

図１　楷書と隷書の違い

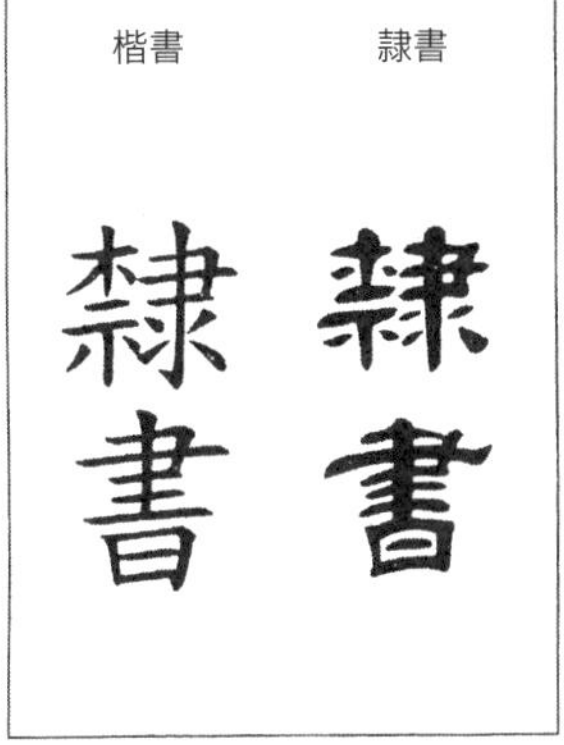

図２　隷書の運筆の特徴

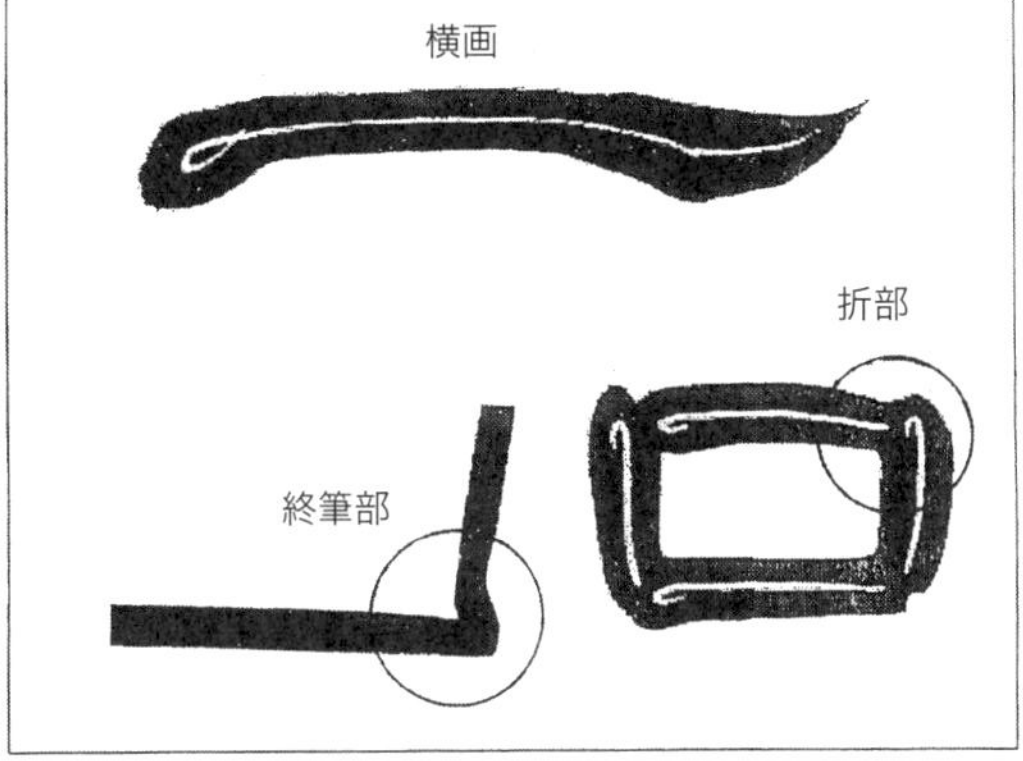

資料Ｃに書かれた「●崎誠●」の隷書体

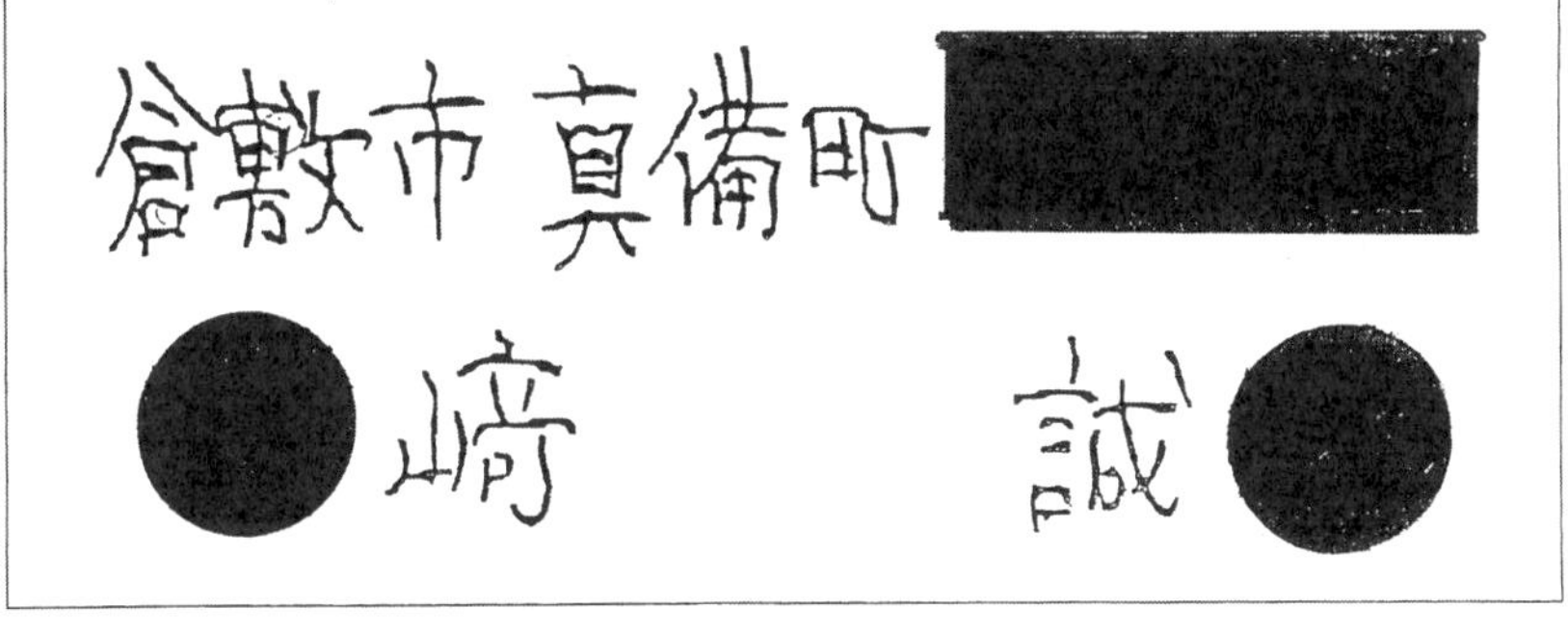

図29

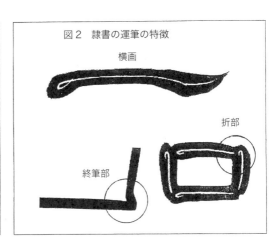

そこで、鑑定の前段で簡単な隷書の図解と偽造者の筆跡を並べて説明した。特に横画にその傾向がよく見てとれると思う。

このように理解していただいた上で、前項の「倉敷」の二つの文字を見比べていただきたい。主に横画が「山なり」に波打ったように書かれ、折れ部が、独特の形に尖って書かれているのが両資料に発見されるはずである。もちろん、偽造の資料Aには、その特徴の表れは強くはない。しかし、僅かな表れであれ、「隷書体」のイメージを脳に取り込み、その角度から観察することによって、はじめて鑑定資料Aにもその特徴があることが見えてきた。これは、新しい単語を知ると、新聞などでも、それまでと異なり数多く発見することがあるが、そのような脳の特性なのかも知れない。このようなステップを踏むことで、両資料に共通する特徴を把握することが出来た。

単純な字形の類似を訴えるだけでは弱かった特徴が、「隷書体」という概念とイメージを利用することによって、同一人によって書かれた筆跡であることが浮かび上がってきたのである。もし、隷書体という概念なしで二つの資料の同一性を説明しようとしたら、非常に難しかっただろう。

……というわけで、偽造のプロの仕事の裏を暴くことは中々厄介である。鑑定人にとって難しい鑑定というのは、このような鑑定である。

(3) 字形だけでなく、筆勢やタッチの納得性の難しさ

前項とは異なり、これという決め手を説明しにくく非常に骨を折らされた事例を説明しよう。これは、青森県の農協と組合員であるりんご農家の農場主との紛争である。ある組合員は、農協からの借入金の

返済に関して、「返済予定表」を出しているということで農協から返済を迫られている。しかし、農場主は、そんな書類は提出していないと主張して争っている。

鑑定資料としては、その「返済予定表」が鑑定すべき資料である。農場主の真筆で対照資料になるのは、農協との金銭消費貸借証書やその他の契約書である。

私が、鑑定に先立ち、事前調査をしたところ、これは、農場主の言い分が正しい、つまり、農協側の誰かが、農場主の筆跡を偽造したと思われた。

筆跡鑑定とは、鑑定をやった結果、是か非かが判明するものである。鑑定をする前に、どちらの結果になるのかを予測するのは本来の形とはいえない。だから、裁判所から鑑定依頼を直接受ける場合は、事前に鑑定費用の見積もりは出すが、鑑定結果を問われることはない。これが本来の形である。だから、依頼人は、イエスの結果がほしいと希望していても結果はノーになることもある。これは鑑定の本来だからやむを得ないのである。

とはいうものの、依頼人とすれば安からぬ鑑定費用……一般に三〇～四〇万円程度が多い……を払って欲しくもない鑑定書が出来てしまうのも困ったことである。だから、私どもでは、鑑定に先立って事前調査を行い、少なくともイエスの方向かノーの方向か、結果の方向性は示して鑑定にかかることが多い。

この事前調査を無視する鑑定人も結構いるが、私どもでは依頼人の立場に立って分かる限り示すようにしている。ただ、稀には、事前調査では責任ある回答は困難で鑑定をしてみないと分からないということもある。

ともあれ、リンゴ農園の農場主のケースでは、事前調査の結果、どうやら農場主の言い分に理がある

図30

とみてスタートしたわけだ。これは、実際に鑑定を進めてみると正しかったことが明白になった。しかし、鑑定資料は偽造のプロ級の人の仕事らしく、実に巧妙で、農場主の筆跡と非常によく似ていて、第三者に別人の筆跡だと納得させるのは困難な仕事であった。

つぎが、その資料である。資料Aが疑問の鑑定資料、資料Bが農場主の真筆である。如何だろう。形から見れば非常によく似ていて、大抵の人は同一人の筆跡だと思うのではないだろうか。

ただ、なんとなく雰囲気が違う。資料Bの農場主の真筆の方が勢いがある。資料Aのほうは、勢いがなく何となくぼんやりした感じである。

しかし、雰囲気が違う、勢いが違うというのは鑑定では通用しない。違いを科学的にきちんと説明することを求められている。そういう面からいうと、この鑑定は極めて難しいものの一つである。同じ人間でも、書く時の状況によって、元気な時もあればぼんやりしている時もあるだろうと言われれば強い反論はできない。

書き手が別なことは、私には直感的にわかる。筆跡心理学的に見れば、農場主の真筆Bには、農場を経営している生きた人間の意志や意欲が表れている。一方、資料Aの筆跡には、生きている人間としての意志や意欲が感じられず、ただ、手本をなぞったような筆跡である。

結局、つぎの三点を主張した。

①資料B1、B2は、書いた時期が異なるにも拘わらず二文字とも筆勢がある。これは筆跡個性である。特に「垣」字の最終の横画や、「海」字のサンズイの第三画と「母」字の横画に表れている。終筆部を「抜いた形」になっているのがそれを示している。「抜く」形は、勢いよく書かれたことを示している。一方、資料Aの同じ箇所は「止める」運筆になっている。止める形になるのはゆっくりと運筆しているためであり、筆勢が無いことを示している。ゆっくりとした運筆は、手本に合わせて模倣するときに多い書き方である。資料B1、B2の書き手の筆勢というのは、テキパキとした行動傾向であり、それが筆跡個性になっている。資料Aはおっとりと大人しい行動傾向が筆跡に表れている。

②「垣」字の「日」部と「母」部の転折部（右上の角）の形状は、資料Bは丸型と角型の中間程度の形である。一方、資料Aは丸型であり、資料Bとは相違している。この微妙な違いは、書き手それぞれの筆跡個性の違いであり、普通気が付きにくく作為で調整することは考えにくい。

③「垣」字の偏とつくりの間の隙間の大きさが資料Bは、ほぼ標準的であるのに対し、資料Aは広く書かれて相違している。このような箇所を意識して書いている人は考え難く、無意識の結果といえる。それが相違することは筆跡個性として別人を示している。

もちろん、鑑定したのは、この二文字以外に七文字あったが、いずれも似た程度の相違点を指摘した。幸いにしてこの鑑定は、裁判長が支持してくれ、ほぼ勝ちに等しい条件で和解となった。難しい鑑定ではあったが、取り組んだかいがあったと代理人の弁護士さんともども喜んだものであった。

ただ、このケースのような、「筆勢」や「タッチ」といった微妙な筆跡特徴をどのように訴求すれば効果的なのかということは、私だけの問題ではなく、現在もこれからも筆跡鑑定界の課題であることは確かである。

(4) 裁判では負けたが、依頼者に感謝された鑑定

このケースも、プロといってよい人間の偽造事件である。事件は、比較的小さなローン業者から会社のリフォーム資金を五〇〇万ほど借りたとされる事件である。借り手は中小企業の経営者であり、借りていないと主張して争っている。これまでにも二、三回同じローン会社から借りているようだ。

この五〇代の経営者は、本人から直接話を聞いたところでは、これまでの返済も滞ったりしていて、裁判長の心証も良くなくどうやら負け戦の様子である。私につぎのように説明した。

「実は、裁判は最終の公判が終わっていて、一か月後くらいに判決の言い渡しがあるのです。今更、鑑

定書を出して争っても勝ち目はないようですが、私としては、この件では絶対にウソは言っていないものですから、先生にそれを証明して頂きたいのです。実は、弁護士は、今更やっても無駄だよと、乗ってくれないのです」

私は、裁判官ではない。私のお墨付きがあったとしても裁判で負ければ意味は無いはずであるが、この男性は、これまでの裁判経過にすっかり意気消沈しているようすで、何か、一つでも自分を証明してくれるものが欲しいというのである。裁判結果とは別に知人などの信用を確保したいのかも知れない。

使い道のない鑑定書をつくるのは気が進まないが、事前調査をしてみると、確かにそのローン契約書の署名は本人の署名ではない。偽造されたことは明らかで、気の毒なケースではある。また、裁判所にも追加資料として提出しますということもあって引き請けた。

さて、そのときの資料の一部がつぎの図である。「東京」という文字が、本人の真筆であるB1、B2の二つ、ローン契約書にある鑑定資料の文字がAである。

図31

ところで、資料の配置だが、前項、生命保険の事件は、鑑定資料を前に、対照資料を後に配置していた。ところがここでは逆の配置にしている。これは、実はどちらでも構わないのである。いずれにせよ鑑定は、「資料A・Bが同筆か否か」ということであり、配置が前後するのは特に問題はない。

ただ、私は、それらの筆跡から特徴を指摘するときは、対照資料Bから特徴を探し出し、それを鑑定資料Aと比較するという手順でやっている。これには意味がある。

通常、鑑定資料は一つしかない。対して対照資料は、二〜四個程度はあることが多い。このような場合、二〜四個に共通する特徴は、安定した「筆跡個性」のことが多くなる。逆に、鑑定資料の一字から特徴を拾っても、それは、安定した筆跡個性の保証はなく、単なる個人内変動の結果であることが少なくない。

つまり、より精密な鑑定をしようと思えば、対照資料をベースに鑑定を進めるのが合理的なのである。しかし、元警察官鑑定人は、私と逆に鑑定資料を中心に特徴を拾い出す鑑定人がほとんどである。これが、狭山事件でもその他の冤罪事件でも誤りの原因の一つだと思われる。

事実、警察鑑定の頂点に立つと思われる元科学警察研究所のN氏も、私と対決した女子中学生の中傷文書ではその方式で結論を誤っていた。即ち、そのケースでは、八個もある対照資料から共通する特徴を拾い出した私に対し、N氏は、一つしかない鑑定資料から特徴を拾い出し、その特徴は、八個もある対照資料の二つにしか一致していなかったのである。八個中の二個にしか該当しないものは一致したとはいえない。トップに立つ人がこの程度だから、あとは推して知るべしである。

さて、本題だが、この資料A・Bの「東京」という文字を見比べて頂いて、どのように感じられるであろうか。私は、資料A・Bは別人の筆跡だと主張している。それでは、資料A・Bを分ける明確な違いがあるだろうか。

この文字を見る限り、資料A・Bを分ける明確な基準はどこにも存在しない。誰が見ても同一人の筆跡だとしか見えない筈である。実は、裁判でも、筆跡鑑定はしなかったが、裁判長はじめ関係者のだれもがそう考えて鑑定は必要ないと結論付けていたのである。

これが個人内変動のある筆跡の怖いところである。前項の生命保険の事例では、本人真筆は、このような変動が無かった。だから、鑑定資料と大差がなくとも、違いを主張できたのだが、この資料ではそれがいえない。

たとえば、「東」字、資料B2の最終画・右払いは、カーブをつけて少し長めに書かれ、資料Aとは相違している。しかし、この特徴は、資料B1では違っていて、書き手の筆跡個性とはいえなく、単なる個人内変動に過ぎない。

また、「京」字、第二横画が資料B1は長めで右肩上がりも強い。しかし、資料Aは第二画が短くなり、右肩上がりも大人しくなる。これは分かりやすい違いだと主張しようとしても、資料B2の存在がある。資料B2では、長さが少し短くなり、右肩上りは普通程度になり、資料Aと大差はない。したがって、資料Aの相違を主張しても、「本人が書いた資料B2でもこれだけ変化しているのだから、資料A程度の変化も不思議ではない」と、一蹴されてしまうだろう。

ということで、このような個人内変動のある文字を偽造されてしまうと、中々、強い違いを主張しにくいのである。

警察の鑑定では、鑑定資料と対照資料を1字ずつ比較して鑑定している例が少なくない。そして、結果を誤っている例も多い。今回の「東京」の文字でも、対照資料が、B1あるいはB2のどちらか一つしかないとしたら、それなりに異筆を主張することはできるだろう。つまり、一文字ずつの鑑定では、筆跡個性と個人内変動について、よほどしっかりした見識がないと、容易に誤るだろうということがおわかり頂けるだろう。

それでは、「君が異筆と言っているのは何が根拠なのか」といわれそうだが、プライバシーの関係で示す訳にはいかないが、名前の四文字で、比較的はっきりした決定的な特徴を掴んでいるからである。名前は、長年にわたり非常に数多く書いていることから、他の文字とは異なり強い筆跡個性があることが多い。だから、私としては異筆とする結論にまったく迷いはない。しかし、それは、二点程度しかないので、もう少し違いを発見して補強したいのだが、それが出来ないということである。

ということで、鑑定書としては、満足とまではいかず、普通の程度の出来であったが完成して依頼者に渡した。

これには、後日談があって、判決言い渡し日の数日後に、依頼者から電話があった。結果は、残念ながら裁判では取り上げて貰えなかったということである。

「先生にお骨折り頂いたのに生かせなくて済みません。しかし、私にとって先生の鑑定書は宝物です。誰も信じてくれなかったのですが、これが本当のことだぞと胸を張って言えます。本当に有り難うございました」。

なるほど、確かに裁判では役に立たなかったかも知れないが、人は、自分を証明してくれる、このようなものを必要とすることがあるのだなと、少し複雑な心境になった。

⑸ 大学教授の犯罪

某大学の事務局から電話があった。相談に上がりたいが如何だろうということである。断る理由などないからどうぞと答えた。

数日後、四〇代の男性がおいでになった。そして、大学にとっては名誉にかかわることだから、あえて申し上げるが、極秘裏にお願いしたいという。私は、大学ではないが、著名な教育機関や日本を代表する一流企業から鑑定の依頼はいくつか受けている。別に、それらの団体に限らず守秘義務は理解しているのでご安心頂きたいと答えた。

事実、本書に記載している事例も、当事者の了解のもとに書いているし、身元が判明するような記録は一切載せていない。ここでの事例は、刑事事件になり、既に本人の氏名を含めマスコミで公開された事例である。

事件は、費用として学校に請求する領収証の改竄《かいざん》である。一九万円ほどのものを四九万円ほどに改竄している。三〇万円をポケットに入れた形である。内容には驚かないが、やったのが教授であり、学部長も務めたことがある人物だというのには驚いた。

その領収証である。二個所改竄している。金額欄は「1」に「十」という形を追加して「4」にしている。下の覧は、「1」に「L」という形を追加して「4」にしている。元々航空会社の職員が書いたボールペンの字画線は太く、加筆したボームペンは細いので一目瞭然だ。教授が加筆したものは、〇・

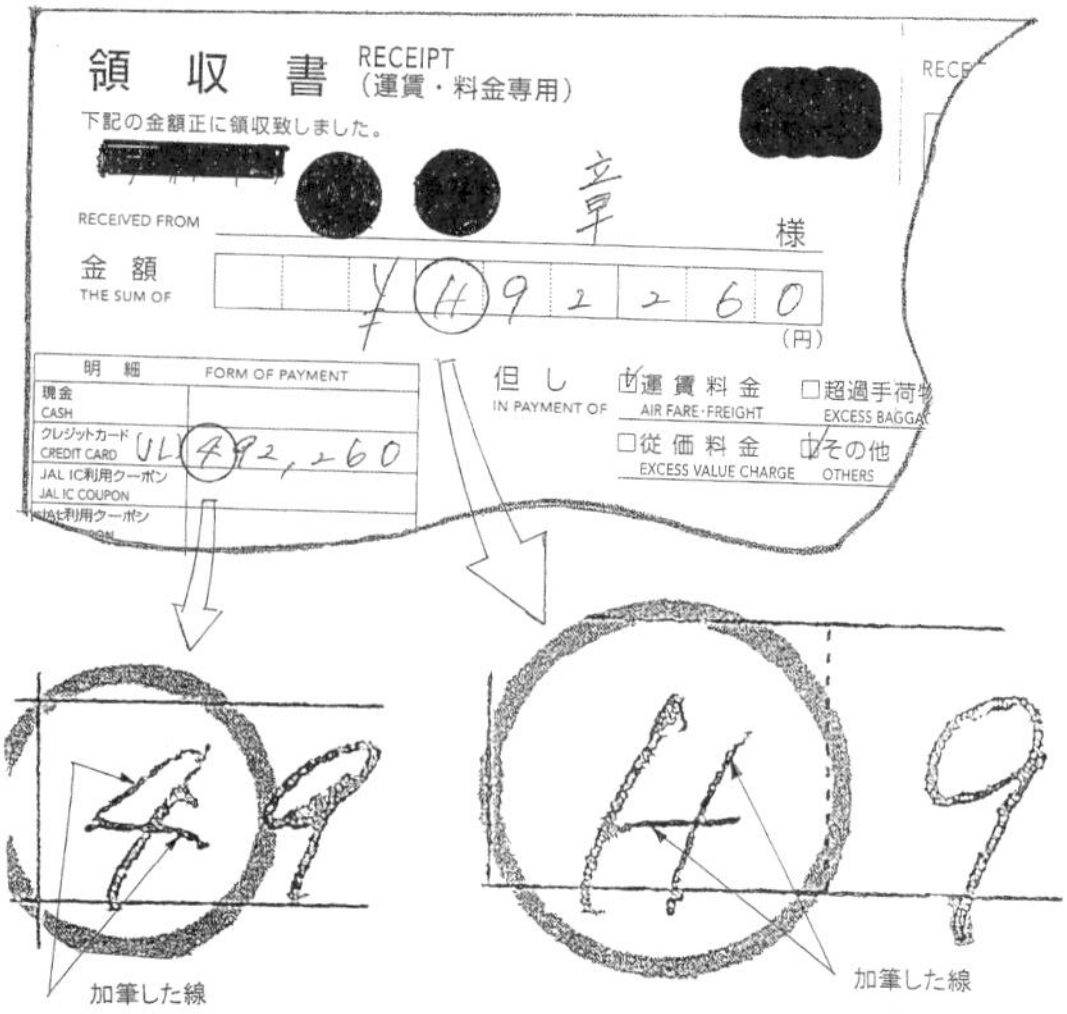

図32

五ミリ程度、航空会社の職員のボールペンは一ミリ程度だろう。拡大してみると線の太さが倍ほどもある。最初は電子顕微鏡で拡大しようかと考えたが、その必要もなくコピー機の拡大機能で十分だった。

事務局の職員の説明によると、この教授の清算は、常々怪しいので二年前ぐらいから注意していた。おそらく、被害総額は一千万程度にはなるだろう。いままで、決定的な証拠がないので手をこまねいていたが、今回は、いろいろと調べる手立てもあるので徹底してやるつもりだ。筆跡鑑定は、その一環です、とのことである。

しかし、この領収証を見て、大学教授たるものが行った犯罪にしては、随分お粗末なものだなと感じた。仕事柄、領収証の改竄は何度か見ているが、普通の会社員が行うもっと小口のものでも、もう少し巧妙なものがほとんどだ。

思うに、教授の場合は、自分の身分への過信もあり、疑われているなどとは夢にも考えていなかったのではないか。それが隙だらけの犯罪につながったようだ。上手い犯罪を勧めるわけではないが、何事も自己過信は禁物だ。

この事件は、数か月後に、警察に逮捕されたことがマスコミで報道されている。しかし、どのような理由があったか知らないが、大学教授という恵まれた職を失うにはつまらない事件である。もっとも、女性のスカートの中を盗写して大学教授の職を失った人もいたから、この教授の場合も、病気の一種なのかも知れない。

⑹ 数学の先生の悔しい計算違い

これも学校の先生の事件である。もっともこちらは、罪を犯したのではなく、貸したお金を、裁判で否定されて戻ってこない気の毒な事案である。

首都圏の中学校で数学を教えている女性の井上先生（仮名）の話だ。この方は、三〇年近くコツコツと働いてきて、数千万円程度のタンス預金があった。あるとき、近県に住む叔母から五〇〇万円ほど用立ててはくれないかと相談があった。

実は、この叔母は、土地も金もある一族の中の資産家で、数か月まえに夫を亡くし、遺産相続の手続き中であった。お金は充分あるのだが、相続の手続きに手間取って預金を下ろすこともならず、手元現金が枯渇しそうになっていた。もし、万一返せないことがあったら、あなたも知っている丘の土地をあなたに渡すという条件でどうかと言われた。

これには、井上先生も心が動いた。その土地は、素晴らしく風光明媚な場所にあって、井上先生も、定年後は、小さな家でも建てて生活したらどんなにか楽しいだろうと、叔母とも話し合ったことがある。

叔母はそれを知っているから持ちだしてきたのだ。貸付金が無事に戻らなくても、あの土地が五〇〇万で手に入るなら安いものだという計算も働いた。

了解して、金銭消費貸借契約証書を先生がパソコンで打ち、日曜日に叔母のもとに行き契約を済ましてきた。

ところが半年後に叔母は急死してしまった。葬儀のドタバタが一段落したので、先生は相続人の息子に、貸付金の話をした。ところが息子からは、とんでもない言葉が返ってきた。「知っての通り母は資産家なので人から借金などするはずがない。あなたは、あの土地が欲しくてそんな話をでっち上げたのでしょう」。

もともとこの甥とは仲が良くなかったこともあって話はどんどんこじれていき、とうとう裁判になってしまった。私も、段々と分かってきたのだが、先生は、先生という職業しか知らないせいか、プライドが高く、少し偏狭で、人の反発を買いやすいところがある。

この裁判のとき、代理人になった若い弁護士は、過去に私に鑑定書を依頼してきたことがあり、私を知っている人だった。この弁護士は、先生に借用証を筆跡鑑定した方が良いとアドバイスした。

しかし、先生は、「これは私の前で叔母が署名をしたものだ。そんな明確なものを何故わざわざお金をかけて鑑定しなければいけないのか」と拒否してしまった。

後に、先生と色々と話をしてわかってきたのだが、先生は、そもそも裁判というものを誤解していた。たとえば先生は、民事の裁判というものの本質を分かっていなかった。それは、裁判とは、高い専門能力によって、甲乙のどちらが正しいかを判断してくれるものだから、自分が正しいのであれば負けるはずはないという考え方である。

裁判というものを信じているのは良いとして楽観的すぎるのである。このような考え方の人は少なからずいる。このような考え方の人が、しばしば勝てるはずの裁判に負けることがある。自分は負けることはないと考えて努力を怠るからである。先生も、鑑定書を出して正当性を裏付けておいた方が良いという弁護士のアドバイスを無視してしまった。

これは、刑事裁判はともかく、少なくとも民事裁判の本質を誤っている。民事裁判の本質はつぎのようなものである。

①民事裁判は、「私的紛争」ともいわれるように、国（裁判所）にとっては、やむを得ず対応するのであって、できるだけエネルギーを割かずに素早く解決したい。積極的に何かをしようという立場ではない。

②裁判所は、原告・被告双方の主張と、それぞれが証明した事実を比較衡量して、どちらが正しいかを判断する立場である。したがって、鑑定書を含む証拠は、原告・被告双方が自己責任で用意しなければならない。

③裁判所は、たとえば、一〇〇万の貸し借りで争っている事件に対して、事実は一二〇万円であったと知ったとしても、それを原告・被告に知らせてはいけないし、判決に使うこともできない。（民

事裁判の当事者主義）

特に、①で述べた「できるだけエネルギーを割かずに素早く解決」というのは、基本的な立場である。どちらかと言えば受け身で対応しているのであって、裁判所が積極的に何かをしてくれるわけではない。これをしっかり理解していないと対応を誤ることになるのである。

案の定というべきか、先生は一審で負けてしまった。そこで、改めて弁護士のアドバイスの通り、私のところにお見えになった。

資料をみたところ、先生のいう通りであったので、私もかなり丁寧な鑑定書を作って差し上げた。先生は、それを持って控訴審に臨んだのであるが、裁判では、一度負けると、よほど強い新事実が無い限り逆転判決というのは難しい。控訴審も二回程度の公判で負けてしまった。

詳しくは聞いていないが、先生は、初回の控訴審の時、何か裁判制度を強い言葉で批判したらしく、裁判官の心証も悪かった様子である。

(7) 一澤帆布遺言書事件の当事者から助言を得て逆転勝訴する

これは、前項の井上先生とは逆に控訴審で逆転勝訴し、最高裁でも確定した事案である。大阪市の堀米さん（六〇代、仮名）は、母親の遺言書を長男と争い一審は敗訴した。堀米さんは、母と一緒に暮らしていた。父は、だいぶ前に亡くなっている。

その母親は、自筆の遺言書を残したのであるが、その内容は、家を出て別に暮らしていた長男には不利な内容になっていた。長男は、遺言書は、堀米さんが偽造したものだと主張して争いになった。長男は、大阪の著名な鑑定人に、偽造であるという鑑定書を作ってもらい鑑定書を提出してきた。

堀米さんも、鑑定書を出せばよかったのだが、遺言書の内容は、日頃、母の言っていたこととほとんど変わりなく、まさか自分の主張が裁判で認められないなどとは考えなかったために鑑定書は出さなかった。結果は敗訴であった。このあたりまでは、前項の井上先生のケースに似ている。

しかし、そこからは違った。ちょうど、京都の一澤帆布遺言書事件が逆転勝訴し、最高裁でも確定した後だったので、堀米さんは、積極的に勝った信三郎氏に連絡をして、鑑定人や鑑定界の情報を集めた。信三郎氏からは、色々資料も貰い親切なアドバイスを貰ったようだ。

遺言書を残したのが、一澤帆布は父、堀米さんは母という違いはあったが、共に、別所帯の兄との争いであること、一審では負けたことなど共通していて、信三郎氏は心配して親身なアドバイスをしてくれたようだ。

堀米さんは、一審で大阪の著名な鑑定人が誤った鑑定書を作っていることから、鑑定界は一筋縄ではいかない、よほど慎重にやらねばと心に期するものがあったようだ。このあたりの状況把握と切り替えが賢明である。

そして、三人の鑑定人に鑑定を依頼したが、鑑定書の出来栄えにいずれも満足せず、私のところに依頼してきた。オーソドックスに堅実な鑑定書を作成したが、堀米さんは非常に喜んで先生の鑑定書で勝負しますと言った。また、私は、正しい鑑定書と同時に大阪の鑑定人の作った鑑定書が誤りであるとする「反論書」も作成した。

幸い、二審の高等裁判所では逆転勝訴となり、その後最高裁まで進んだが確定して、完全な勝利となった。堀米さんは、大変喜んでくれ、このようなことを言われた。

「筆跡鑑定人は、玉石混交です。私が係わった鑑定人は先生をいれて五名です。いずれも著名な人ばかりですが、名前ばかりで実力が伴わない人もいます。私も、一澤帆布の信三郎さんには大変助けてもらいましたので、これから、鑑定を考えて困っている人がいたら協力しようと思います。もし、誰に頼もうかと悩んでいる人がいたら、『著名な五人の鑑定書をじっくり見た人がいるので彼に聴いてみて下さい』と言って下さい。電話番号を伝えて頂いて構いませんので」。

堀米さんは、日本で著名な最初の鑑定書によって、事実と異なるにもかかわらず敗訴という怖い結果を体験した。裁判は注意しないといけない怖い世界だと賢明にも悟ったようだ。

先輩の一澤帆布の信三郎氏に情報を求め、また、かなりのお金がかかったにもかかわらず、私を含めて四人の鑑定人に依頼するという慎重な対応をした。

また、同じ悩みを持つ人たちに役立ちたいという奉仕の心を持っている。やはり、これだけの賢明さと心構えを持った方には勝利の女神も微笑むということだろう。

⑻ 子供の世界のいたずらも鑑定の対象に

最近は、嫌がらせの手紙などの鑑定が増えているような気がする。会社関係ではなく、女性のグループや子供の世界のことだ。女性のグループというのは、ＰＴＡや幼稚園の父母会関係などが多い。毎年、三月から五月ごろにかけて、恒例の行事のように必ず二～三件の相談が入る。それまで、気が合わなくとも我慢していたものが、これでお別れとなると我慢が出来なくなるらしい。

子供の世界の嫌がらせは、中学生が中心であったが、近年は小学生にも波及し若年化の様相がある。子供の場合も、春のクラス替えの時期が多いが、それ以外にも時期を問わない傾向もある。

女性のグループは、直接本人に嫌がらせの手紙を送るものと、間接的に仲間内である誰かを誹謗し同意を得ようというパターンがある。いずれにせよ、嫌がらせを受けた本人からの相談がほとんどで、やった人間は推定できていることが多い。

鑑定をしてみると、的中したケースと的外れのケースが大よそ半々程度というところである。的外れの場合、「この人はどうでしょう」と次々と三～四人を提示してくることが多いが、こういうケースは、大抵的外れが多い。

私は、その誹謗中傷の手紙が、自分の筆跡を隠そうとする韜晦《とうかい》筆跡で書かれている場合は別として、ごく普通の書体で書いてある場合、「多分、違いますから調べるだけムダになるかも知れませんよ」とアドバイスすることが多い。

なぜなら、グループの仲間などを中傷しようとする場合、細工のしていない普通の筆跡では、筆跡から書き手がわかってしまうことが多い。直接には分からないまでも、仲間に聴いたりすれば、「これは○○さんの筆跡よ」というようなことになり、犯人は分かってしまう可能性が高い。

だから、何らかのグループなどであれば、細工のしていない、普通の筆跡で出すとは考えられない。そういうケースでは、絶対に身元のばれない人間に代筆を頼むなどして、鑑定をしても判明しないように工夫をしているのがほとんどである。

鑑定人の立場から技術的にいうと、細工をした韜晦《とうかい》筆跡の解明は面白い。面白いとは不謹慎なと叱られそうだが、いままでに対応した一〇〇件程度では、まったく読めない程度の極端に乱暴なもの二～三件を除くと、すべて解明してきている。だから、ゲーム的に見ると面白いということである。

ところで、中傷の文書の書き手を探ろうとしている人は、判明した後のことを深くは考えていないことが多い。しかし、特に女性の場合は、鑑定の結果、明々白々のどうにも誤魔化しようがない状況に陥っても、当人は絶対に認めない。非常にしぶといものである。

あるとき、趣味のグループを主宰している男性から相談があった。書き手はほぼ想像がついているけど鑑定ではっきりするものだろうかということである。私は、「多分はっきりはすると思いますが、女性でしたらしぶといですよ。決して認めないと思いますよ」と話した。男性は、「その一言であなたを信用した。是非、お願いしたい」ということになったことがあった。

私は、想像力が強いとは言えない。そこで、そのような中傷文書を送り付けた当人の立場で、バレてしまったときのことを考えてみたことがある。その時、「悪うございました。魔が差したんです」と認めてしまう方法と、どんなに明白な証拠を突きつけられようとも認めないという方法がある。

何故、人から見れば、明々白々たる事実があり、ウソをついているのがわかるのに白を切ってしまうのだろう。

認めてしまえば、気持ちは楽になるかも知れないが、自分の立場は一〇〇％傷がつくことになる。認めなければ、ほとんどの人には信じてもらえないが、知人の何％かは信じてくれる人がいるかも知れない。少なくとも自分自身は認めていない、誤りはしていないという立場で過ごすことが出来るのだろう。

仮に、裁判において黒と決着がついても、「裁判なんてでたらめよ」とうそぶいていれば、これまたそれ以上のキズが付くこともない。社会性を考えずに自己中心に考えるのならそのほうが良いのかも知れない。

子供の世界の嫌がらせは、やはり子供っぽく「ウザイ」「キモイ」「死ね」などの単純なものが多いが、なかには大人顔負けの陰湿なものもある。相談してくるのは、嫌がらせに遭遇している子供の母親が圧倒的に多いが、最近は学校側からの相談もある。

子供のケースは、私の経験では、多数の子が特定の子を相手にするものはゼロである。イジメと違い、数人で一人の子に中傷文を書くというケースもほとんどない。やはり、加害者と被害者が一対一の特定の人間関係である。それも、何回にもわたって、あるいは何か月にもわたって、机や下駄箱、カバンの中などに嫌がらせの手紙やメモを入れるケースが多い。

カミソリの刃などを入れるケースもある。加害者は、さほど罪の重さを感じていないことが多いが、被害者は心的外傷ストレス障害（ＰＴＳＤ）になり、パニックに陥ったり、登校できなくなったりするなどの深刻なケースが少なくない。担任も学校も、従来の見て見ぬふり、知らぬふりから、積極的に関与しようというところがようやく出てきつつある。

さて、このような子供の中傷文の鑑定である。対象者は中学生が多いが、この年代の子供たちは、筆跡にどの程度個性が表れているものだろうか。個人差はあるが大まかにいえば、大人を一〇〇とすれば六〇～七〇程度は出ていることが多い。だから、鑑定はおおむね可能である反面、大人よりは、一層慎

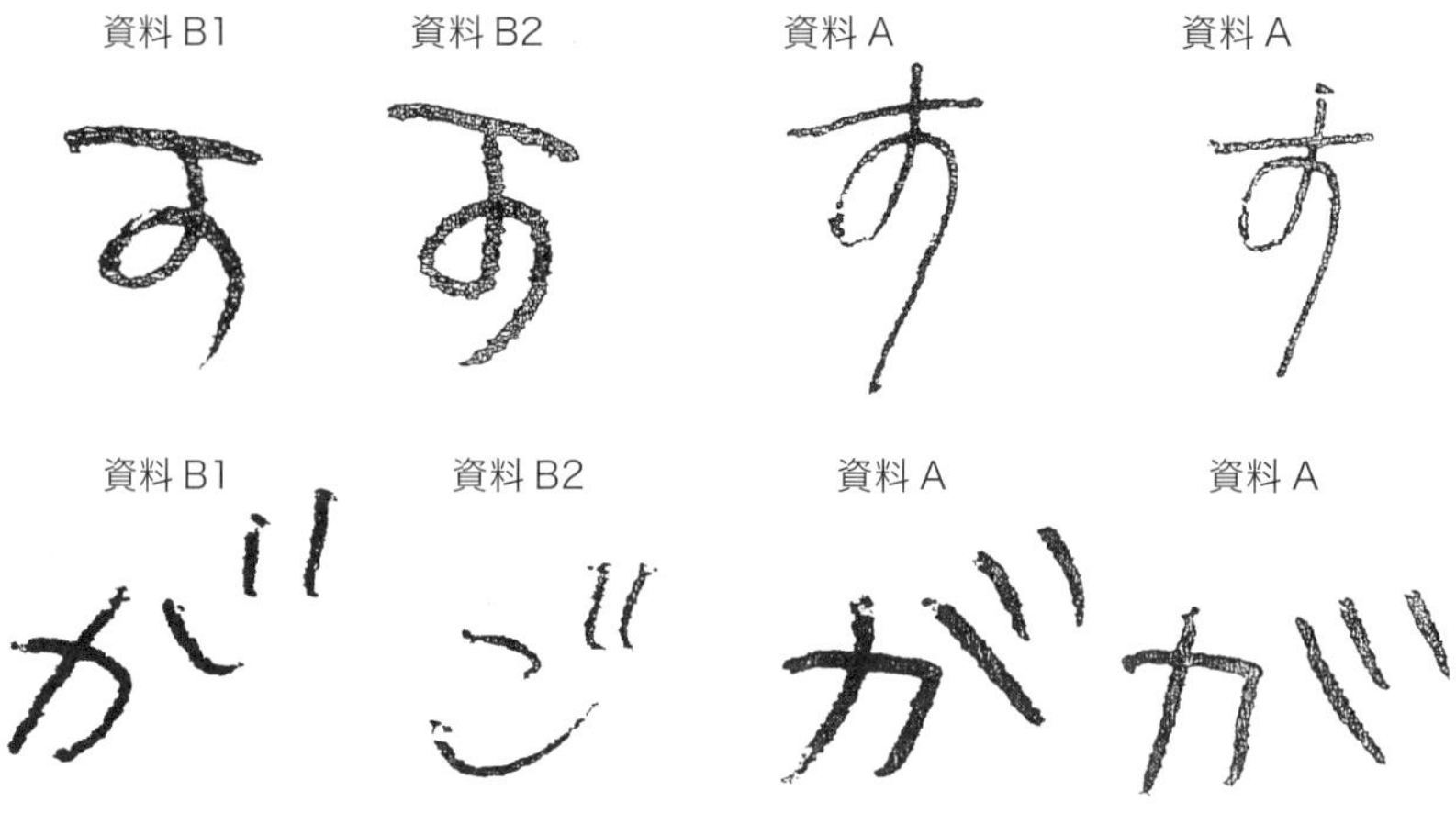

図33

重に取り組むことが必要になる。

つぎの図を見て頂きたい。資料Aが中傷文に書かれていた筆跡、資料Bが本人の普段の筆跡である。ご覧になると分かるように、この中傷文書は、特に作為を施した書体ではない。普段の筆跡の様子である。

このような中傷文書は犯人ではないことが多い。「す」字を点検すると、本人筆跡・資料Bはズングリした字形であり、怪文書筆跡・資料Aは足部の長い筆跡であり、どうも同一人の筆跡には見えない。

それは、つぎの濁点のある「が」や「ご」の字で明確になった。本人筆跡は、濁点がほぼ直立に書かれるが、中傷文書は標準的に斜めに書かれ相違している。「濁点」まで、作為で調整する人はほとんどいないから、この違いは信じて良いと思われる。

……ということで、これは別人の筆跡ということになった。犯人を特定する鑑定は、間違えば冤罪につながるから特に慎重に行わなければならない。

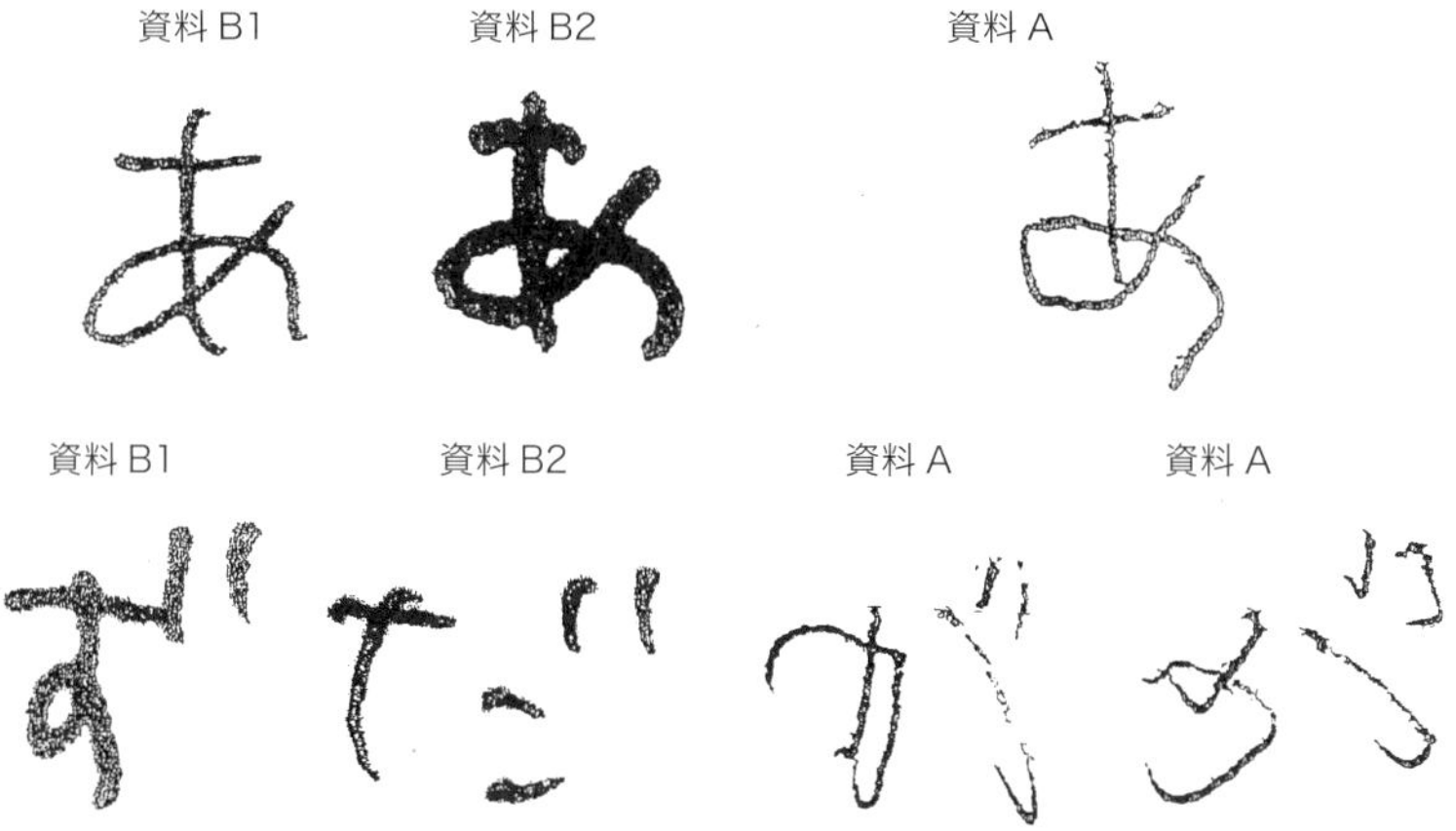

図34

それではつぎはどうだろう。これは資料Aを見ると分かるように、かなり作為を施した崩れた字体で書いている。

しかし、「あ」字を見ると何となく類似した雰囲気がある。第三画の丸みが右に張り出していない形や、その丸みが厚みがなく扁平な形になっている点などがよく類似している。しかし、この程度の類似は「同筆の可能性がある」という程度であり、これによって同筆と断定できるようなものではない。

しかし、つぎの濁点のありようはどうだ、この書き手は普段から濁点を直立型に書いているようで、図示した資料B以外にも二文字ほど見つかっている。そして、中傷文書の資料Aにも同じ形で書かれている。これは同筆を強く示唆している。もっとも、特に丸文字系の書体では、濁点を縦に書く人は意外に多くて、四人に一人程度は書いている様子である。

だから、この「あ」と「濁点」の二つで断定したわけではないが、決定打の一つとなった。私は、どの程度の一致度があれば同筆あるいは異筆と断定しているかといえば、たとえば、五人に一人程度が書く、ある特徴があったとすれば、五人に一人は「０・２」である。これが五つあるとすれば「０・２×０・２×０・２×０・２×０・２＝０・０００３２」……つまり一万人に三・二人が一致することになる。私は、普通の民事事件なら、この程度の一致があれば断定してよいと考えている。しかし、ほとんどの鑑定人は、このようなデータは明らかにしていない。

⑼同じ文字が無い時の鑑定

筆跡鑑定は、同じ文字、同じ書体で調べるのが原則である。同じ書体とは、「楷書」と「楷書」、「行書」と「行書」という具合である。「楷書」と「行書」でも部分的には調べることができる場合があるが、あまり望ましい方法とはいえない。

しかし、書体どころか、同じ文字が全くないという場合もある。このような場合、筆跡鑑定は不可能なのか。そんなことはない。同じ文字が無い場合は、「サンズイ」とか「木へん」など同じ部分で調べることが可能である。

鑑定の内容は、借金についての「念書」の鑑定である。借り主の念書の本文の筆跡と、最後に書かれた住所氏名の筆跡が同一人の筆跡か否かを調べてくれということである。依頼人の貸り主は、同一人が書いたものだと言い、借り主は、署名は自分のものだが、本文は書いていないとして争いになっている。借り主の筆跡は熟年の男性でまずまずの書字技量である。雰囲気としてはよく似ている。しかし、雰囲気で鑑定はできない。科学的に証明しなくてはならない。

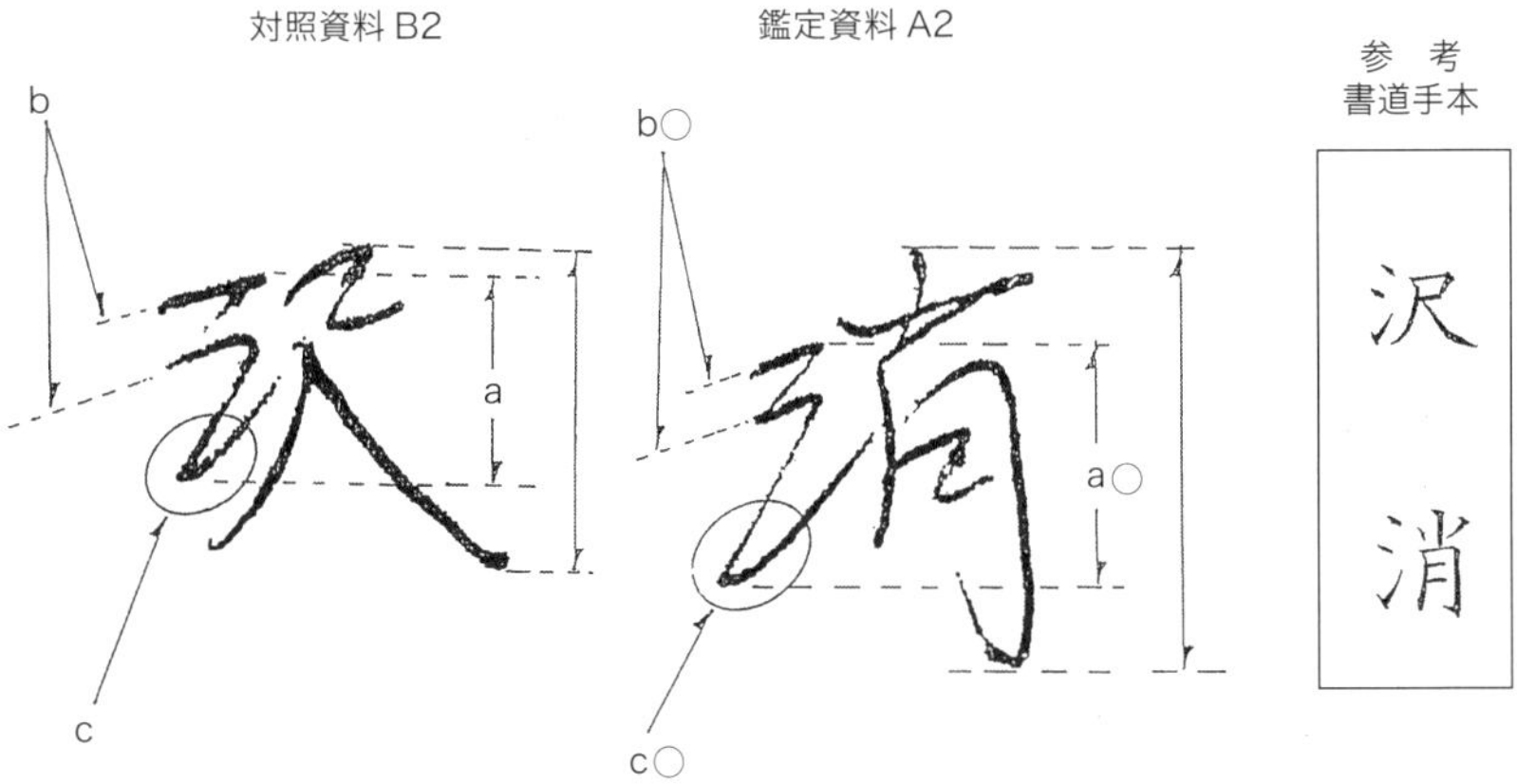

図35

さて、それでは、どの文字を使おうかと見ていって、「これは厳しいね」となった。何と同じ文字がないのだ。依頼人の貸り主に聞いてみると、これ以外の借り主の資料はないという。

ということで改めて資料を確認すると、同じ文字は「二」と「十」しかない。「二」と「十」でも、場合によっては字画線の特徴によって使えるが、この二字は個人内変動が激しく、ほとんど鑑定には役に立たない。何か他の方法を考えなくてはならない。

そこで端から一字ずつチェックしていった。良かった。なんとか使えそうな文字が三文字ある。この三文字で同筆をしっかり証明できたら何とかなりそうだ。

その最初の文字が、つぎの「沢」と「消」の文字である。「サンズイ」が使えると思って拡大したら共通する要素が三つも浮かび上がってきた。

第一は「a」で指摘した「サンズイの大きさ」である。この書き手は、文字全体の大きさに比べて、サンズイの大きさに特徴がある。普通は、縦方向は右側のつくりと同じ程度の大きさに書くものだが、この書き手は縦方向は小さく書き、横方向は逆に大きく書くという特徴がある。これが、資料A・Bによく一致している。これは、書道手本を並べて分かりやすくした。

第二には、「b」で指摘した「サンズイ第一画と二画の角度」である。二画とも左下から右上に書くという標準とは逆の角度になっている。ここは、第一画だけ逆の人がいるが、第一画と二画が揃って同じような角度に書くというのは一〇人に一人程度しかいないのではないか。なかなか個性的な特徴といえる。

第三には、「c」で指摘した「第二画から三画への連続の形」である。ここを連筆する人は少なくないが、折り返した部分の形として、アヒルのくちばしというか、横から見た野球帽のキャップの部分というか、上は直線、下は曲線になっている。微妙なこの形が二資料に酷似している。このような部分は、文字を拡大し、指摘されて初めて気づくもので、ほとんどの人は気づいていない筈である。

本人だろうと、他人だろうと、「これは書き手の癖だ」と気づいた箇所には、作為で調整できるが、気づかない箇所に調整を加えることはできない。つまり、この独特の形には作為はなく、書き手が本来持っている筆跡個性がそのまま露呈していると考えられる。それが酷似していることは同筆を示唆しているというべきだろう。このような微妙な指摘が、私どもでいうスペシャルポイント（ＳＰ）である。

……ということで、この「サンズイ」だけでも、同一人の筆跡としてかなりの検証が出来た。念のため、この三点で、どの程度の異同が判定できたのかということだが、第一の「サンズイの大きさ」であるが、同じように書く人は、控えめに見ても、五人に一人程度だろう。第二の「サンズイ第一画と二画

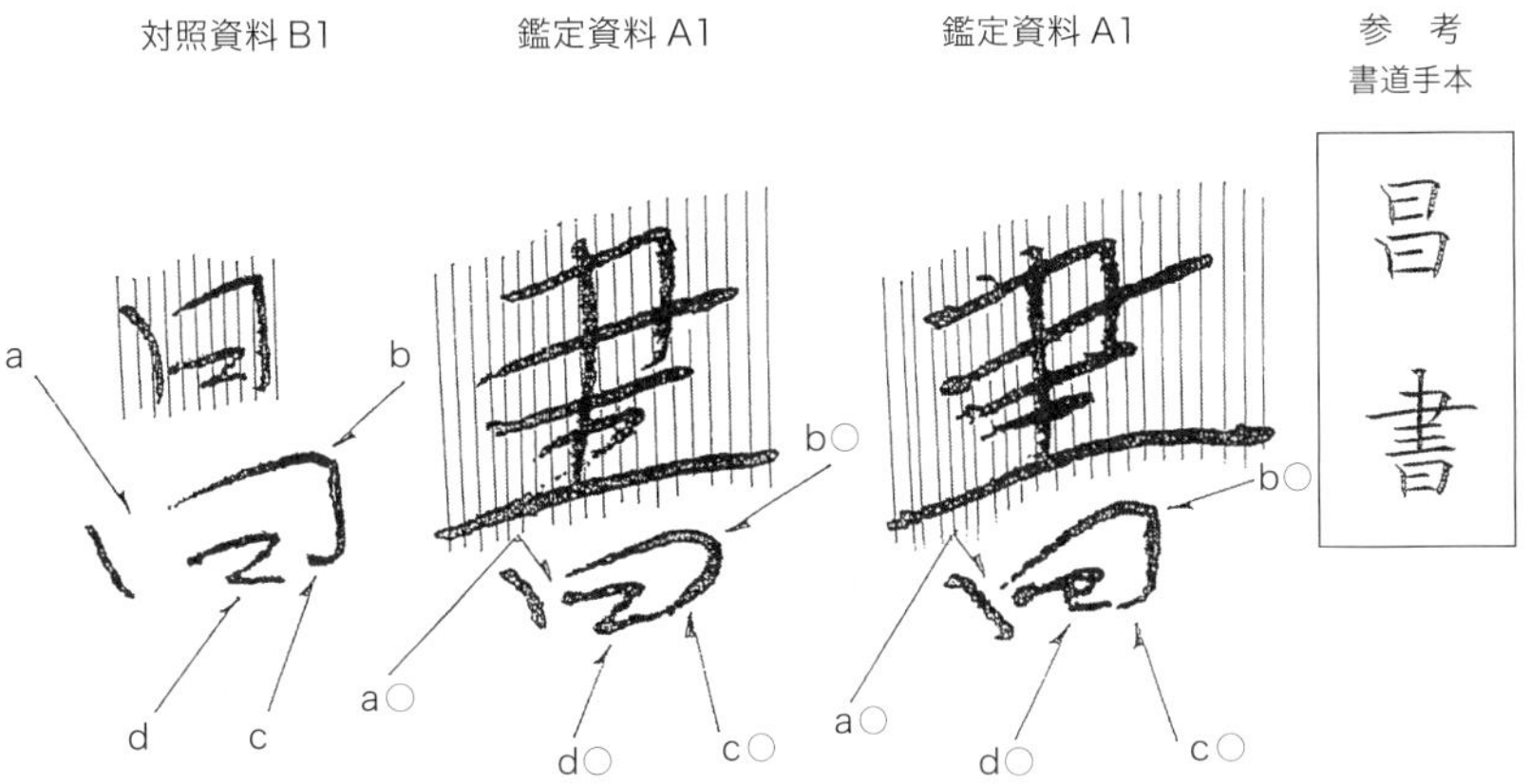

図36

の角度」は一〇人に一人程度、第三の「アヒルのくちばし」の形は難しいが、控えめに一〇人に一人程度とするならば大きくは外れないだろう。

以上を計算式にすると「０・２×０・１×０・１＝０・００２」となり、一〇〇〇人いて合致するのは二人ということになり、別人の偶然の一致というのはほとんど考えられないということになる。

つぎに、図の「日」の文字部分である。

この文字には、四点の類似性がある。「a」で指摘したのは「第一画と二画の接合部が開くこと」である。大まかに、このような接合部を開く人と閉じる人がいて、おおよそ半々だが、この書き手は開く書き方である。「b」で指摘したのは「第二画転折部の形状」である。このような折れる部分は「転折部」と呼ぶ。かっちりと直角に折れる人、丸く転ずる人がいるので、大まかな比率は半々である。この書き手は、中央の資料A1を見ると「丸型」だが、左右の二文字は、角と丸の中間の

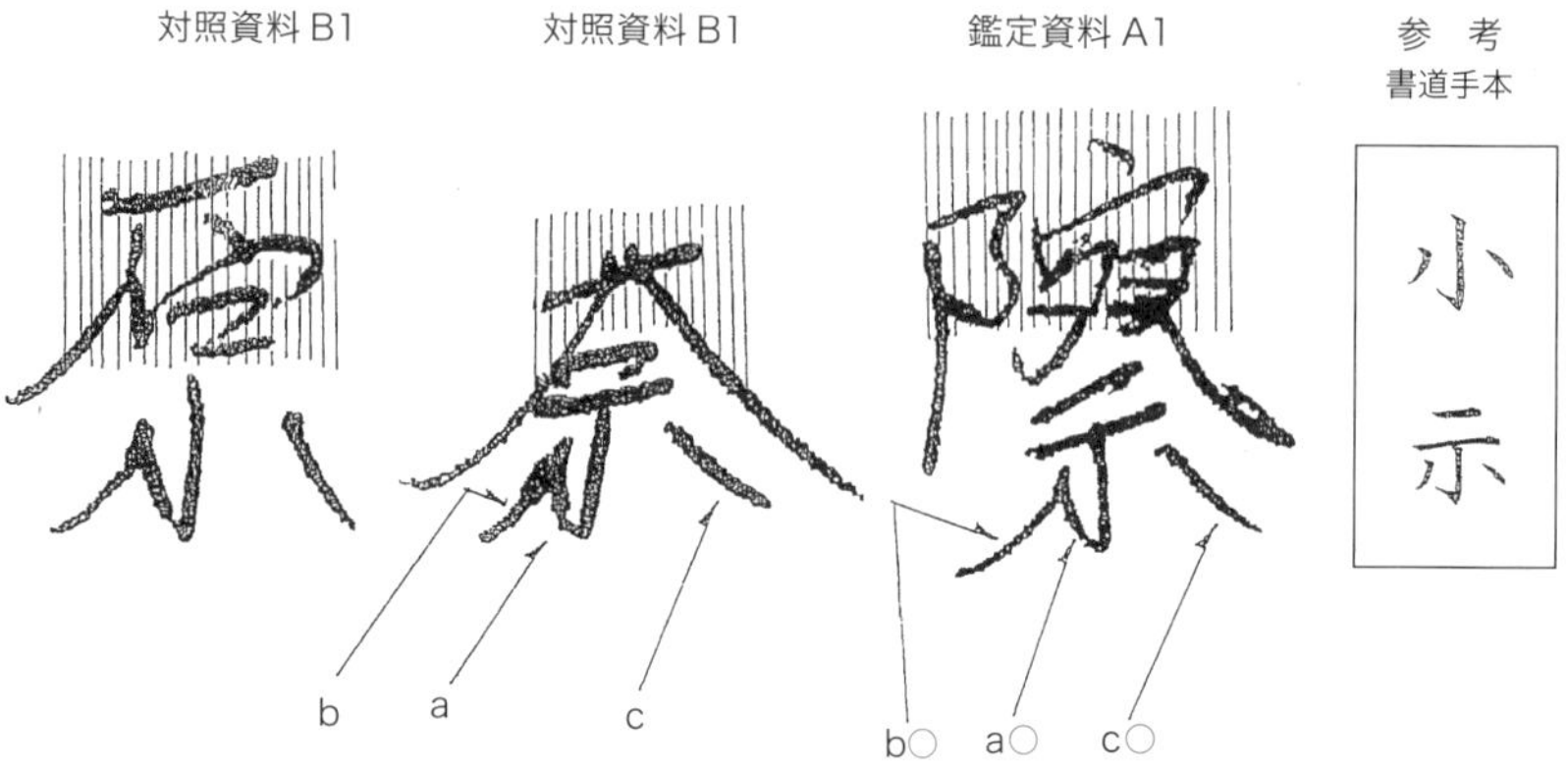

図37

形である。本来の形は中間型でよく、中央の一文字は個人内変動の範疇と言える。

「c」で指摘したのは、「第二画終筆部の内側へのひっかけ」である。この書き手はちょうどハネのように、最後を内側に引っ掛ける。このような運筆癖の人も一〇人に一人程度いるものだが、この書き手もそのタイプである。最後に「d」で指摘したのは第三、四の横画を「2」字状に運筆することである。「口」の文字は強烈な特徴とはいえないが、このように四箇所の特徴が共通している。

さて、最後に「小」あるいは「示」文字の共通性である。

図で分かるように、「小」字で言えば、「a」で指摘した「第一画から二画への続け書きの形状」、「b」「c」で指摘した「長めの格好つけた左右の払いの形状」など、別人が偶然類似したとは考えにくい強い共通性がある。これだけの一致があれば、同一人の筆跡といって否定されることはない。

ちなみに、「サンズイ」の同一人の確率のアバウトな計算は、一〇〇人に二人であった。「日」字も「小」字も似たような確率だとすれば、一二万五千人に一人しか該当しないということになり、この事件では「同一人」だと断定してまったく問題にはならない。ということで、この鑑定は、依頼人の主張通り、念書の本文も本人欄の署名も同一人の筆跡ということになり、想定通りの結果となった。もちろん、アバウトな仮の計算などを鑑定書に書き込むことはしない。私の確認のためにしただけである。

⑽ 美人のお嫁さんへのジェラシーがおおごとに

これは、地方の名門の一族に発生した事件である。美人の若いお嫁さんに対し、未婚で実家にいた義姉が嫌がらせの手紙を送ったものだ。三〇歳代の義姉は、それまで実家の中心でどうやら女王のような立場だったようだ。

ところが、弟のところにもっと若く美人のお嫁さんが来て、女王の地位をお嫁さんに譲らざるを得なくなった。それが面白くなかったのだろう、嫉妬心からお嫁さんに嫌がらせの手紙を送ってしまった。

このような家族間のことは、周囲の人たちには誰がやったのかすぐに分かるものだ。結婚間もないお嫁さんはデリケートだった。「ＰＴＳＤ（心的外傷ストレス障害）」になり、病院で治療をする羽目になった。義姉は認めようとしないので刑事事件になったものである。

嫌がらせの手紙は二通あり、それぞれ普通の便箋に左手で書かれている。右利きの人間が逆手の左手で書いた文字の特徴については、第２章で詳述した。この場合、左に支点があることで、横線は書きにくくなり乱れが出やすい、縦画は比較的書きやすく、字画線が長くなりやすい。

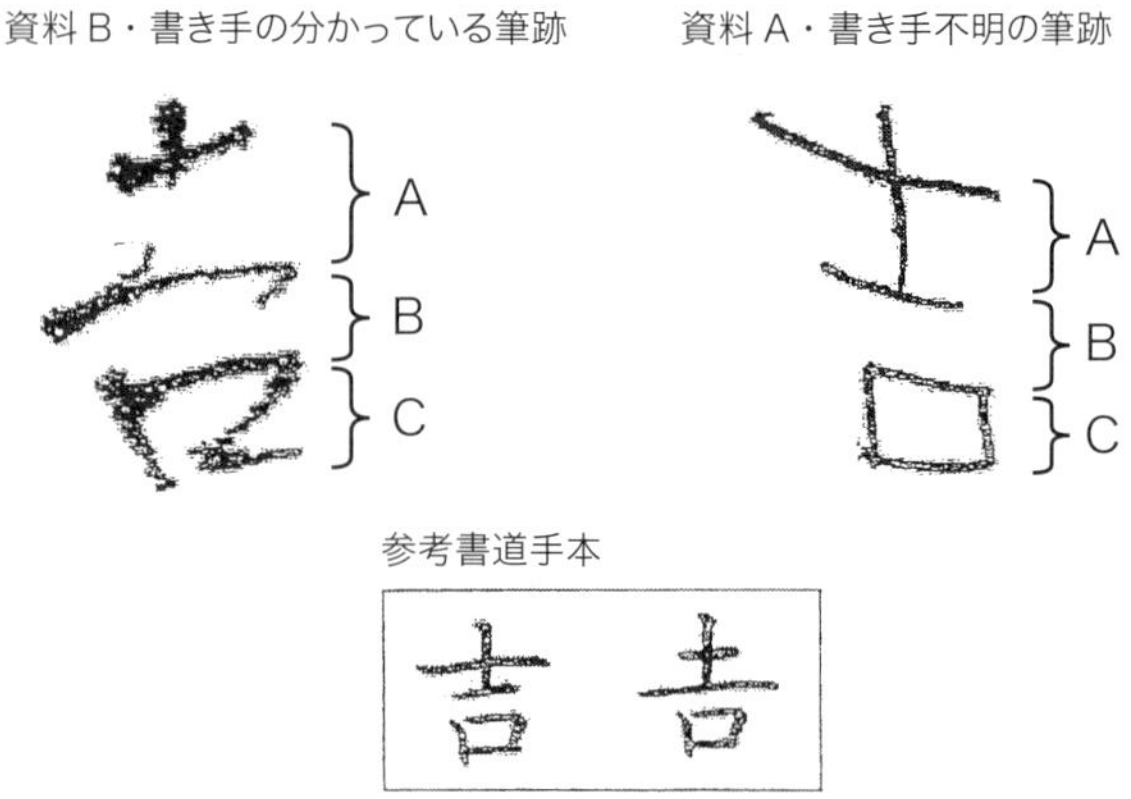

図38

しかし、文字は手が勝手に動いて書いているわけではなく、脳に蓄えられた文字のイメージによって、ほぼ無意識に書かれている。この無意識というのは、意識できない深層心理の行動管理機能によって書かれるということで、右手、左手は訓練の程度によって、整った字形になるかならないかの違いだけであって、文字に表れる筆跡個性は本質的に同じものが表れる。だから、そこさえ見抜く目を持っていれば、筆跡鑑定は可能なのである。

　義姉の普段の筆跡と一〇文字程度が比較でき、私は依頼を受けて丁寧な鑑定書を作った。その時の文字をご覧いただきたい。

　その文字の一つが図に示した「吉」の文字である。

義姉の筆跡が資料Aで、嫌がらせの手紙の筆跡が資料B。嫌がらせの手紙は左手で書かれている。

　この「吉」字は、二通りの字形がある。上の部分のAを「士」と書く人が多く、「土」と書くのは少数派である。義姉は少数派の「土」と書き、嫌がらせの文字は「士」と書かれている。

　この事件では、科捜研の現職の鑑定人と対決することになったが、その鑑定人は、この部分が相違するので別人の筆跡としていた。

しかし、これは、そんな素朴な鑑定で役に立つと思うのだろうか。義姉は三〇歳代である。女性の世界では、「士」字の少数派の書き方については、今までに学校や勤め先で何度か話題になったものと想像される。本人は、自分の書き方が少数派の書き方であることは充分に理解しているものと思われる。

そのような状況にある人間が、親しい人間に対して、自分と悟られないように嫌がらせの手紙を出す時に、あえて少数派の書き方をするだろうか。私も何回か、「吉」字のある怪文書で経験しているが、全てそうはしない。皆、多数派の書き方を模倣していた。したがって、この「士」と「土」が相違するから異筆というのはあまりにも単純すぎて話にならない。

しかし、筆跡鑑定上はこのような推測では書けない。あくまで、文字の上でそれを証明する必要があるわけだ。あまり特徴のない文字から、何らかの糸口を探さなければならない。そこで、ここでも書道手本の出番となる。

書道手本と比べてみると、「土」にしても「口」にしても、あるいは、その上下の文字の隙間も標準よりは広くなっていることに気づいた。記号A・B・Cの部分である。微妙な程度だが、明らかに広いことが分かる。これは、強い同筆要素である。また、横画が標準よりも短いという傾向もある。

この横画が短めで、縦画の間隔が広めになるという書き方は、丸文字を書いた経験者に多い。義姉は、三〇代で、ときに丸文字調の文字も書いていて、状況的にも納得できる要素である。

この文字だけで、同筆と判断したわけではないが、これが決め手の一つになった。これも、スペシャルポイントといえる。何故なら、この「字画間の広さ」というものは、普通、気が付く人はめったにいないと思われる。鑑定人といえども、ほとんど気が付く人はいないだろう。漠然と見ていてはほとんどの人間が気づかない、書道手本という基準と比較して初めて気づく特徴といえる。

つまり、誰もが気づかないこの特徴には作為は働かず、書き手本来の筆跡個性がそのまま露呈していると考えられる。それが一致することは同筆を強く示唆していると考えてよいだろう。

……ということで一件落着、しっかりした鑑定書を書くことができた。

⑾ 地方の現職検事との対決

この事件には後日談がある。地方の現職の検事から、聞きたいことがあるので出頭してほしいと呼び出しがあり、対決することになった。

その朝、私は飛行機とタクシーを乗り継いで、一一時ごろ検事のもとに出向いた。検事は五〇歳ぐらい、どっしりした体格の、なかなか貫録のある人物である。

検事は、最初に私の鑑定人としてのキャリアなどを質問してきた。つぎに検事は面白いことを言いだした。「当事者は、あなたの鑑定は誤りで名誉棄損だと言っている。何か、攻撃を受けるかもしれませんよ。どうしますか」というのだ。

これには、顔には出さないようにしたが笑ってしまった。発言の趣旨は正確には分からないが、私に鑑定書の取り下げを求めているようだとはわかった。その地方で名門の一族の家庭内でのことなので、大げさにせず、無難に処理したいのだなと感じた。

「はぁ?……攻撃ですか?　それは仕方ありませんな、私もプロとして信念をもってやっていることですから」……とだけ答えた。検事は少し驚いた顔で黙ってしまった。思うに、彼らは民間の鑑定人は、依頼者からお金をもらって何とでも書いていると思っているのではないか、だから「攻撃」等と言われるとビビッてしまうのではないかと考えていたのではないかと思われた。

鑑定内容に話が移ったので、私は、持参した鑑定書を見せて、鑑定理由や結論について説明した。検事は「ふん、ふん」と聞いているだけである。そこで、一通り説明した後、私から質問した。警察で本当に鑑定をやったのかということだ。これは、やったという返事である。

私は、良い機会なので少し聞いてみようと思い、その鑑定は「類似分析」かと聞くと、そうだという。そこで、「それはナンセンスだ。もともと怪文書が韜晦《とうかい》文字なのは、あなたもわかっているでしょう。その、自分の筆跡を隠した文字を類似・相違と分析したところで、真実の解明にはならないことはおわかりではありませんか」と、突っ込んでみると、分かったのか分からないのか憮然とした表情である。私は状況から推測して、鑑定についての知識は浅いのだなと思った。

結局、小一時間の面談は、何も具体的な進展はなく、双方の立場を確認しただけで物別れになった。

検察のやることはこんなものだ。職権で呼びつけておきながら、自らの手の内は一つも公開しない。立場上、やむを得ないというかも知れないが、閉鎖的で水準の上がらないやり方だ。私のように、内容の掘り下げを考える民間人は、筆跡鑑定という内容からみて、良い機会だから両方で公開して具体的に検討すれば、何かと得るものはあるだろうにと考えてしまう。

⑿ 都会で犬を飼うということ

横浜市瀬谷区の青木さん（仮名）から電話があった。「実は飼い犬のことで近所の人から苦情のハガキが来ました。差出人は不明ですが、近所の方なので大よそ見当はついています。でも該当者が三人ほどいるので、間違ってはいけないので筆跡鑑定をして頂けるでしょうか。文句を言う気はないのですが、知っておかないと対応がしにくいもので」と、随分と低姿勢で大人しい雰囲気だ。

私も犬を飼っていた経験があるから、飼い主の気持ちは分かる。犬や猫を飼う人は心の優しい人が多いが、たまに問題を起こす人をみると、自己中心的で飼わない人の気持ちが分からない等、視野の狭い人が多い。しかし、青木さんは、そんなタイプではなさそうだ。

つぎが、その苦情のハガキである。

聞いてみると、犬は小型犬のコーギーで室内飼いの人が多いが、青木さんは一戸建てに住んでいて、犬は外の犬小屋で飼っている。現在、二歳程で元気盛りということだ。「散歩に連れて行くのが少ないのでエネルギーが余っているようです」という。

ハガキの主は、自分の家の両隣と正面の家のどなたかと思う、それ以外は、離れていて犬がガリガリやっても聞こえないと思いますのでという。犬小屋の場所を移動するなど対策を講じたいので、誰の苦情なのか知りたいのです、ということだ。

対照資料としては、半年前に、区役所の地域活動を認める必要があり、そこに青木さんを含む8世帯ほどが住所氏名を自署した。その控えがあるので、苦情のハガキの住所と比較すれば分かると思いますとのことである。承知したと答えると早速資料を送ってきた。

なるほど。苦情の文面には対照する文字はないが、青木さん宛の住所の鑑定可能な文字が六文字ほどある。しかも、苦情のハガキは、自分の筆跡を悟られまいとした韜晦筆跡ではない。区役所に提出した控えと比較すると鑑定は可能である。

……ということで、その区役所への資料中のある方と一致する鑑定書ができて、取りあえず鑑定は一件落着である。

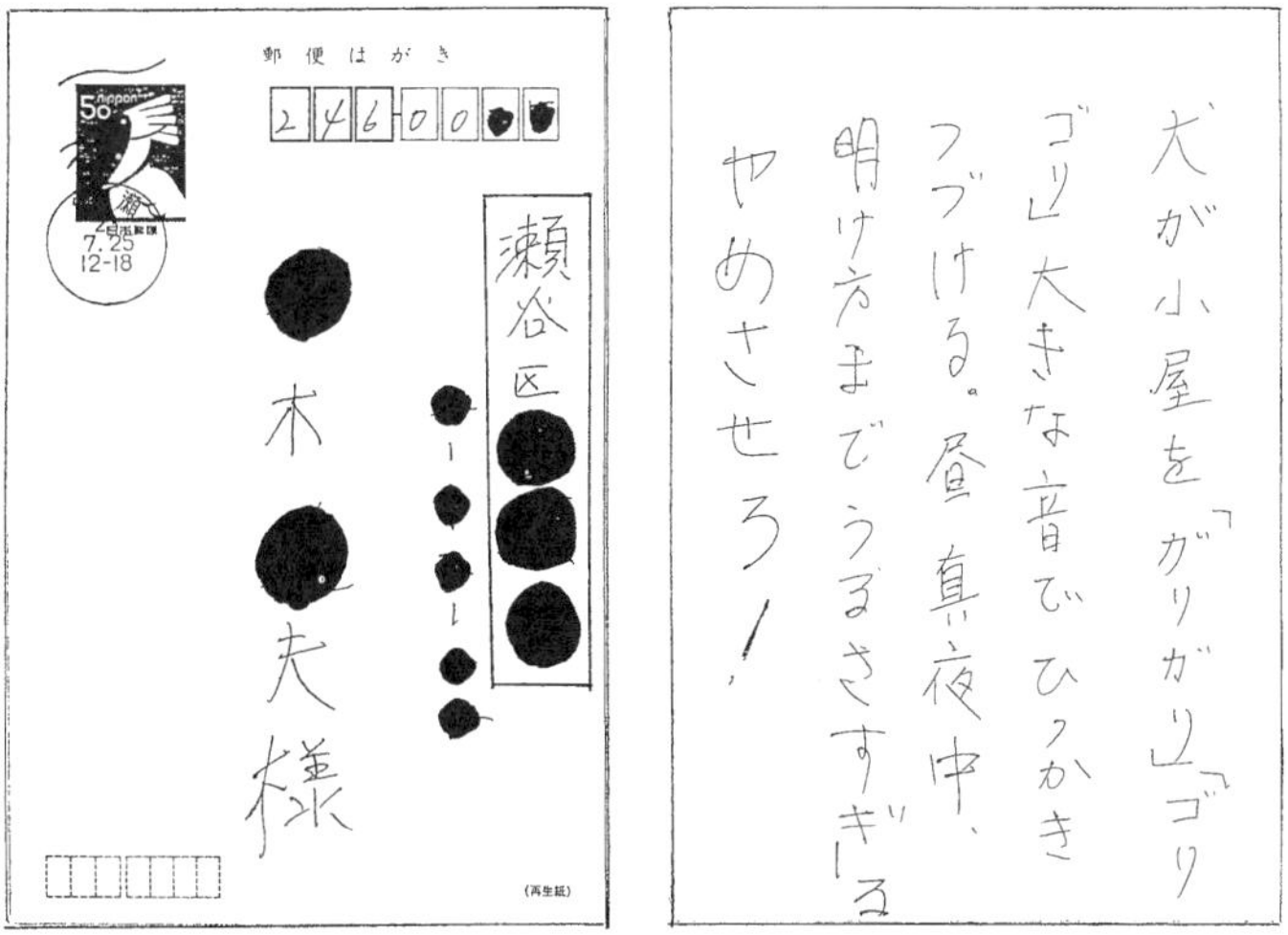

図39

実は、この件には後日談がある。私も犬を飼っていた経験があり、しかもマンションで室内飼いだったので、青木さんと少し犬談義をした。青木さんは、今回初めて犬を飼ったそうで、室内飼いの経験はない。

私は、犬種がコーギーであることも踏まえて、いっそ室内で飼ったらどうですかと勧めた。コーギーはエリザベス女王の愛犬でもあり、非常に頭がよく室内飼いにも適した犬である。

過去にも、室内飼いを勧めて成功した事例があったので、勧めてみたのである。月に一回ぐらい、シャンプーで洗ってやれば綺麗に暮らせますし、大小は、日に二回ぐらい散歩のときにさせれば大丈夫、「抜け毛」のシーズンには、掃除機で少し丁寧に掃除する程度で大した負担はありませんよ。それより、犬と暮らす楽しさが倍増しますよと話した。

一か月ほどして、青木さんから電話があった。実は、お勧めの通り室内で飼うようにしました。犬は安心したらしくとても大人しくなりました。犬との会話や触れ合いが深くなり、今までの三倍くらい楽しい生活になりました。こんなことなら、最初から室内で一緒に暮らしていれば良かったと思ってます。本当に有り難うございました……とのことである。

そのようなわけで、望んでいた鑑定書を作ったときよりはるかに喜んで頂いた。世の中は色々なことがあるものである。

4 養子縁組の鑑定依頼

(1) 養子縁組届その1「個人内変動」が強くて鑑定が困難な事例

このところ、養子縁組届の鑑定依頼が多い。そして、事実、別人による偽造が少なくない。私どもに相談されるケースは月に七〜八件はあるが、半数近くが偽造である。考えて見ると、大抵は高齢の乱れた筆跡で、名前の欄に一回署名するだけだから、自筆遺言書などに比べれば偽造としてははるかに容易だからだろう。

これらの鑑定で難しいのは、やはり、高齢者の乱れた筆跡から安定した筆跡個性を取り出すことである。それも、二資料に共通する特徴が見つかれば信頼性が高まるのだが、一資料にしかないと、ある特徴が見つかったとしても、それが、安定した筆跡個性かどうかが判断できないのである。

それでも、対照する資料が二〜三とあって、乱れや崩れの程度が養子縁組届に書かれた筆跡と大差ないのならば、それらを含めて筆跡個性を特定できるのだが、その対照資料も個人内変動が激しく統一性がないとなるとお手上げになってしまう。

人の筆跡には色々な特徴が見つかるが、その特徴が、書く都度に安定して表れていれば筆跡個性の可能性が高いが、何の規則性もなく表れた特徴は、個人内変動の可能性が高い。簡単な例として横画の右肩上がりがある。その右肩上がりが、仮に二〇度もあって安定していれば筆跡個性と言えるが、時に二〇度、時に一〇度、中には右肩上がりはならないものがあるなど混在しているようなら、個人内変動としか言いようがなくなる。

図を見て頂きたい。「〇〇平吉」さんが養父になった養子縁組届である。この用紙は、「届出人署名押印」の覧だけが本人自署を求められているところで、上の住所・氏名・本籍などの欄は、本人の必要はない。

さて、肝心の届出人署名押印欄の「〇〇平吉」さんの署名だが、ご覧のように大きく乱れている。平吉さんは、大正一〇年生まれだから、この養子縁組を届けたのは九二歳か九三歳である。この程度の乱れはやむを得ないだろう。しかし、鑑定書のために取り出したつぎの図41を見て頂きたい。資料B1、B2は、七〇代の本人筆跡である。如何だろうか。この三つの筆跡を比べてみて同一人とか別人とかいえるだろうか。

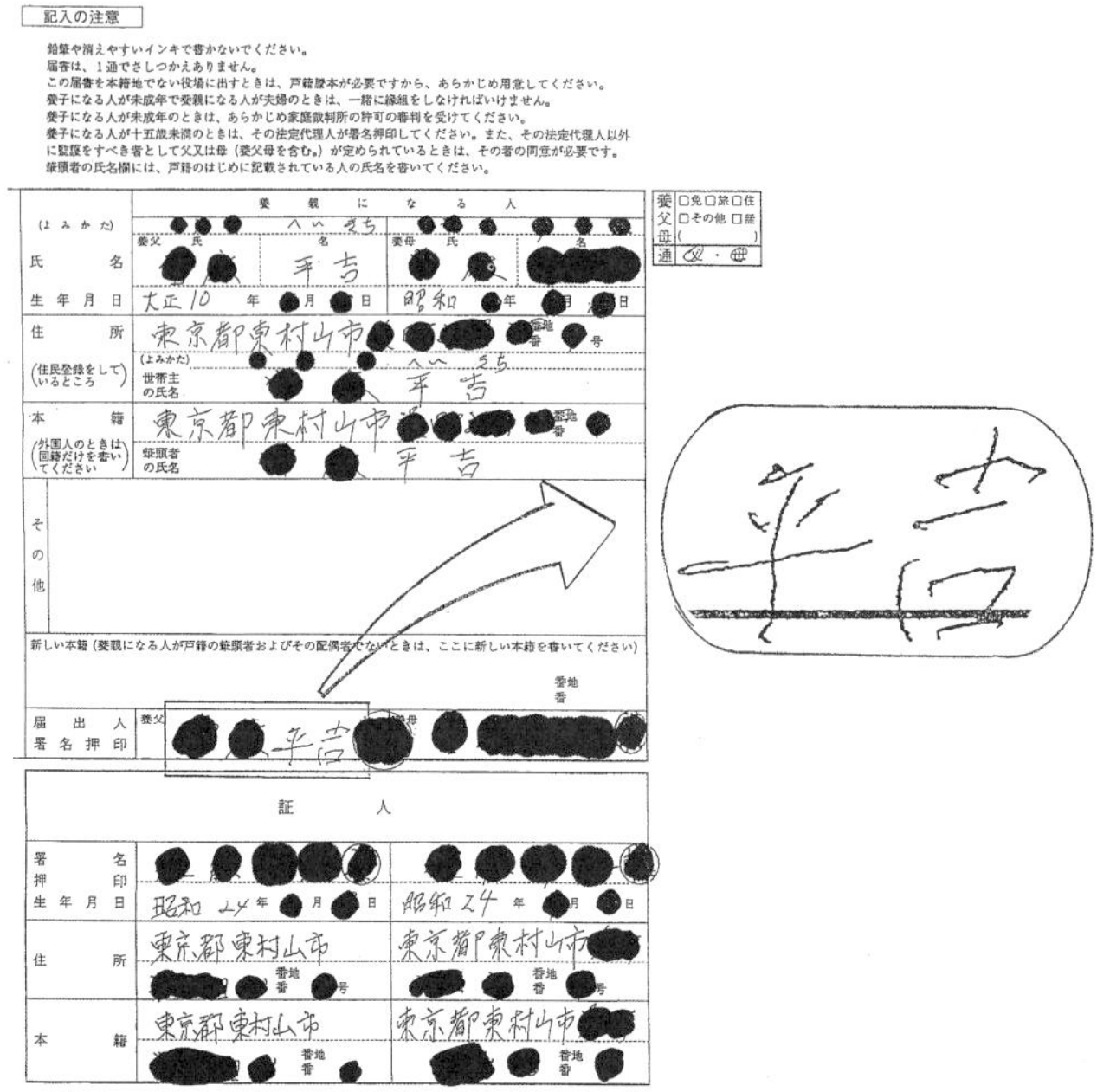

図40

鑑定人の私としては、この文字からは決定的な特徴は取り出せない。三資料に共通するものとして、「平」字の縦画が僅かに右に傾くということがある。もう一つは「口」字が少し大きめだということがある。これは、三資料に共通しているので、一応は同筆要素ということができる。

しかし、一方、「平」字の横画二本の長さがある。これは三資料バラバラだ。あるいは「吉」字の横画は、字画線の形がやはり三資料バラバラである。また、「口」の字の形も、三資料を貫く共通した筆跡個性的な要素はない。これでは、異筆・同筆のどちらとも判断するのは困難である。

一応、「平」字の縦画の右傾と「口」字が大きめなことに対して、「平」と「吉」の横線のバラツキは、変化しやすい部分なので、僅かに同筆要素が上回り、「同筆の可能性はある」というのが精一杯のとこ

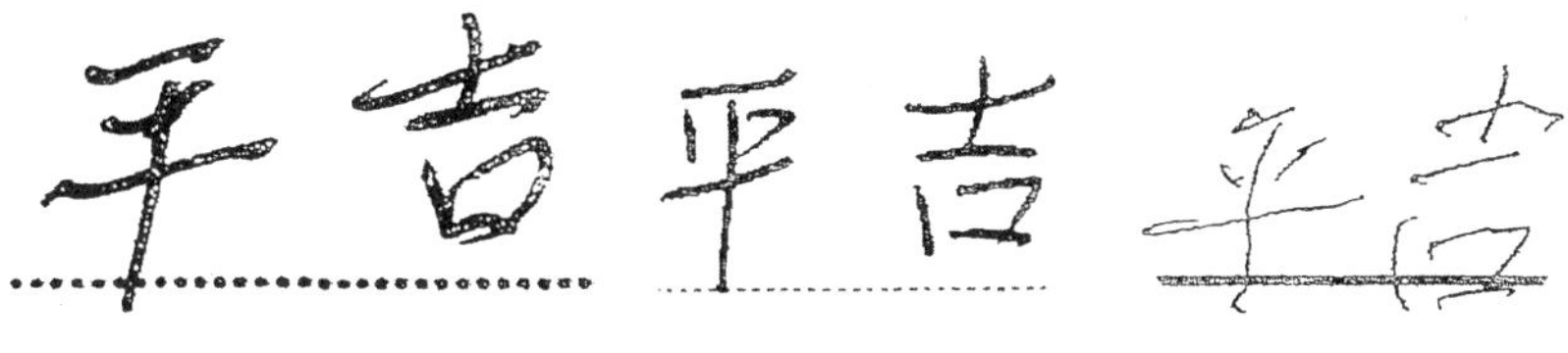

図41

ろである。事実、この方は、マスキングしてある苗字のほうも似たようなものだったので、総合判定でも「異筆と見るよりは同筆の可能性が僅かに強い」という結果であった。

つまり、この「平吉」さんの場合は、個人内変動が強かったので、決定的な要素は見当たらないという状況になってしまったのである。

ところで、このケースでは、鑑定資料は九〇代前半で対照資料は七〇代である。二〇年も離れていて鑑定は大丈夫なのかとの疑問があるかも知れない。平吉さんのケースは困難だったので説明しにくいが、一般論としては問題はないのである。

人の筆跡個性は、個人差はあるが、おおむね三〇代半ばには固定化し、それ以後は、特に大病でも患ったり、書道を本格的に習ったりしなければ、八〇代、九〇代になったからといって本質的な筆跡個性は変わらないからである。筆跡はちょうど人の面影に似たようなことがあって、青年期の顔を知っていれば老人になっても見分けがつくことに似ている。

(2) 養子縁組届その2　「強い癖字」は偽造を防ぐ

つぎも養子縁組の養父の筆跡である。「山近泰蔵（仮名）」という方である。大変な資産家である。同居していた実の妹を養女にしたというもので

図42

あったが、四人の子供たちから異論が出て争いになった。

この方の本人筆跡・資料Bは、七〇代のものだが、特に「近」の文字は、筆跡個性というべきか強い癖字である。最初に「V」の字に運筆して、その後縦に下し、最後は「しんにょう」の第1画の方へ筆を運んでいる。草書体で書いているうちに独特の形態になったようだ。こういう強い癖字は、長年かけて固まってきただけに、他人が急に真似しようとしても書けるものではない。ある意味、欧米人のサインのようなもので本人を証明する力は強い。

それが何より証拠には、養子縁組届の筆跡は、ごく標準的な形状である。それも少しでも似せようとゆっくり筆を運んでいて、資料B1・B2の筆勢は見当たらない。また、本人の筆跡が時間とともに変化したのではと考える人がいるかもしれないが、仮に年を取り手先が不自由になったからといって、最初の「V」型の運筆が全く消滅してしまうことはない。

……ということで、偽造であるとの鑑定書をまとめた。「非常な達筆は偽造が出来ない」ということと同じく「強い癖字は偽造が出来ない」というセオリーも確認できた一幕であった。

⑶ 養子縁組届その3　使った文字で書き手の年代がばれた

今度のケースは、新潟県の「髙橋百合子（仮名）さん」の養子縁組の争いである。髙橋さんは、昭和六年の生まれ、養子縁組は七八歳のときのものである。髙橋さんは既に夫を亡くしていて、娘と息子の二人の子供がいる。その娘の長男、二〇歳そこそこの孫を養子にしたという形になっている。

これには、関東に住んでいる長男が猛反発し、これまでの母と息子の親密な関係から考えて、そんなことを相談なしにやるとは考えられないとして争いになっていた。

つぎが、その届けの一部である。実は、私のA号鑑定書で、中央の届出人署名押印・養母覧の「髙橋百合子」の署名は、娘（五〇代）が偽造したものであることが判明し、裁判でも確定している。

今回は、上段の住所や本籍欄に書かれた「髙橋百合子」の筆跡が争われている。この筆跡についても、娘は髙橋百合子本人が書いたものだと主張し、その是非は、他の権利への影響があるため、A号に続いて鑑定対象になっていたのである。

ここで、鑑定のポイントの一つは、「新潟県」と二回書いてある、その「潟」の字体である。標準ではつくりの上部を「臼」と書くが、その部分を「旧」と書き表す昔からの字体がある。この字体は、新潟在住の高齢者には珍しいものではなく、昔はこの書き方が主力であったようだ。それが証拠に、図で示したように、「中条高等学校」や「曹洞宗」の表札に今も使われている。

髙橋百合子さんはこの書体を使っており、図に示した息子の身元保証書のほか、三通りの資料の全てがこの書体である。つまり、高齢の髙橋百合子さんは、昔ながらの書体を使っていて、現在の標準体は

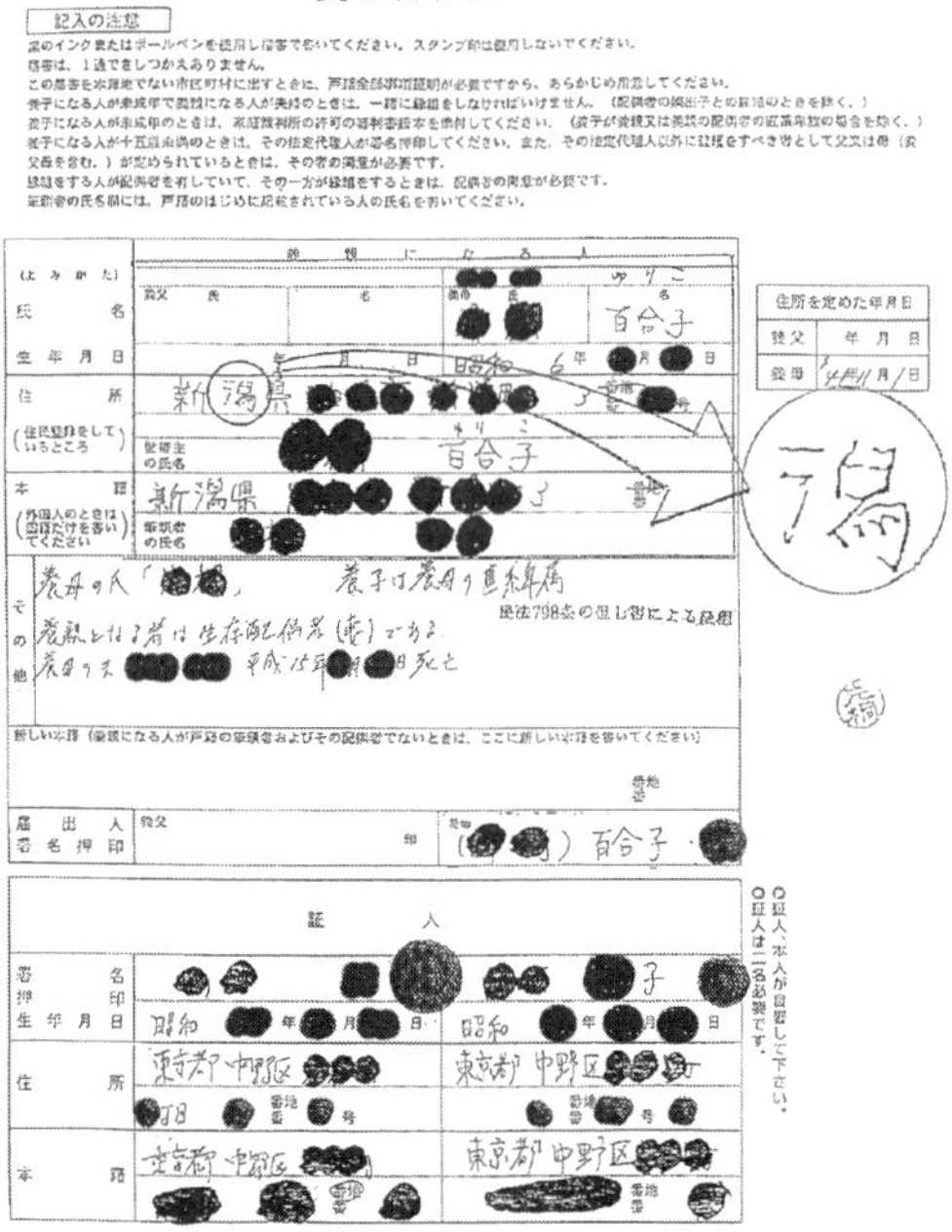

養子縁組届

記入の注意

黒のインクまたはボールペンを使用し楷書で書いてください。スタンプ印は使用しないでください。

届書は、1通でさしつかえありません。

この届書を本籍地でない市区町村に出すときは、戸籍全部事項証明が必要ですから、あらかじめ用意してください。

養子になる人が未成年で養親になる人が夫婦のときは、一緒に縁組をしなければいけません。（配偶者の嫡出子との縁組のときを除く。）

養子になる人が未成年のときは、家庭裁判所の許可の審判書謄本を添付してください。（養子が養親又は養親の配偶者の直系卑属の場合を除く。）

養子になる人が十五歳未満のときは、その法定代理人が署名押印してください。また、その法定代理人以外に監護をすべき者として父又は母（養父母を含む。）が定められているときは、その者の同意が必要です。

縁組をする人が配偶者を有していて、その一方が縁組をするときは、配偶者の同意が必要です。

筆頭者の氏名欄には、戸籍のはじめに記載されている人の氏名を書いてください。

	養親になる人	
（よみかた）		[redacted] ゆりこ
氏名	養父 氏 名	養母 氏 [redacted] 名 百合子
生年月日	年 月 日	昭和 6年 [redacted]月 [redacted]日
住所（住民登録をしているところ）	新潟県 [redacted]	
	世帯主の氏名 [redacted] 百合子	
本籍（外国人のときは国籍だけを書いてください）	新潟県 [redacted]	
	筆頭者の氏名 [redacted]	

住所を定めた年月日	
養父	年 月 日
養母	[redacted]年11月1日

その他
養母の氏「[redacted]」 養子は養母の直系卑属
民法798条の但し書による縁組
養親となる者は生存配偶者（妻）である
養母の夫 [redacted] 平成15年[redacted]月[redacted]日死亡

新しい本籍（養親になる人が戸籍の筆頭者およびその配偶者でないときは、ここに新しい本籍を書いてください）　番地 番

届出人署名押印	養父　印	養母（[redacted]）百合子 [redacted]

証人		
署名押印	[redacted]	[redacted]子 [redacted]
生年月日	昭和[redacted]年[redacted]月[redacted]日	昭和[redacted]年[redacted]月[redacted]日
住所	東京都中野区[redacted] [redacted]丁目 [redacted] 番地 [redacted] 号	東京都中野区[redacted] [redacted] 番地 [redacted] 号
本籍	東京都中野区[redacted] 番地 [redacted]	東京都中野区[redacted] 番地 [redacted]

○証人は二名必要です。
○証人、本人が自署して下さい。

身元保証書への署名

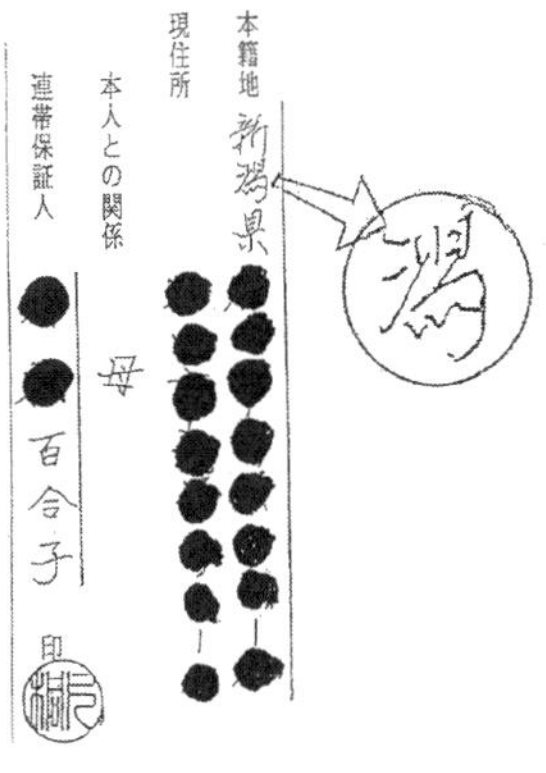

県内の看板など

図43

使わない様子である。

高齢者にはこのような人は珍しくない。ところが、養子運組届の住所と本籍欄に書かれた二個所の筆跡は、標準字体の「潟」の文字である。筆跡鑑定において、これは主力ではないが、書き手を識別する目的からすれば重要な問題である。

相手側の反論は、養子縁組届は役所に出す書類である。だから、日頃の略した書き方ではなく正式に書いたのだというものだ。

それに対しこちら側では、高橋さんは、息子の身元保証書や銀行との契約でも旧式の書体を使っている。その他の筆跡から見ても高橋百合子さんは、標準体を使っているケースは全くない。したがって、養子縁組届だからといって普段使っていない書体を使うということはあり得ない、というものだ。

その他の要素を含めた鑑定の結論としては、やはり娘の筆跡の可能性が高いので、この字体の件と併せて、「娘の筆跡であると推定する」との結論に落ち着いた。

筆跡鑑定で「推定」というのは、「総合的に考察して最も合理的な結論」を意味している。鑑定で最も強い結論が「同一人（別人）である」という断定であるが、「推定」は、それに準ずる強い判定である。その下は「同一人（別人）の可能性が高い」ということになる。

普通、数字では示さないが、あえて数字で示せば、「断定」は一〇〇%、「推定」は九〇%、「可能性が高い」は八〇%程度の確率となる。

……ということで、地名の表記の慣習が今回の鑑定には役立った。地方には、稀に独特の慣習があるので注意が必要である。確か「群馬県多田郡」には、「夛田群」とする表記があったはずである。

第4章　ある日裁判所からの呼び出し状が届いた

1 呼び出し状が届いたら

(1) 「特別送達」という書類が書留で送られてくる

あなたは、中堅企業に勤務する真面目なビジネスマンだ。奥さんがいて子供さんも二人いる。特に裕福とは言えないが、取りあえず平和な生活で特別に困っていることも無い。

ところがある日、裁判所から「特別送達」と麗々しく印刷された書留が届いた。驚いて開けてみると某ローン会社から貸付金四〇〇万円を返済せよとの請求があり、約一か月後には裁判所に出頭せよとの命令である。

あるいは、亡くなった父親の遺言書を巡って、兄弟から認められないとの訴えが提起され、同じように指定日に出頭せよとの通知であったりする。

今までの平和で和やかな生活が一変し、心は乱れ、様々な不安感に苛まれることになる。現代は、きちんと市民としての立場を守り生活していても、いつ、このようなアクシデントに襲われないという保証はないのだ。

この章では、突然、いままで考えたことも無い筆跡鑑定などという世界に直面することになったと仮定して、そのようなときどうすれば良いのかというテーマで説明をしていくことにする。

私は弁護士ではないので、様々な幅広いテーマに対応はできないが、少なくとも筆跡鑑定については、専門家として多くのケースに対応しているので、きめ細かくご説明できるものと思う。

まずは、この裁判所からの出頭命令である。これは、原則的に無視するわけにはいかない。しかし、都合が悪ければ、答弁書を提出し一回目の出頭日は欠席することもできるから、それほど心配することはない。答弁書というのは、原告（訴状を出した側）から、いついつまでに貸した金を返せと言われたとして、そんな金は借りていない……つまり、借りていないので反論するという立場を答弁すれば良いのである。

このとき、絶対にやってはいけないのは無視することである。「こんな借りてもいないものを……荒唐無稽な」として放置してしまったりすれば、一回の公判も開かれず負けてしまう。何も反論が無いのは、訴えを認めているからだという論理があるからだ。

このとき、自分で一切を対応するのか、弁護士を代理人に立てるのかが先決問題だが、今日の民事裁判は、手続きも複雑であるし、裁判テクニックもそれなりに重要であるので、私は弁護士を立てるほうをお勧めする。

(2) まずは鑑定に使う資料を探すことから

さて、鑑定の立場から、最初の段階で重要なことというと、鑑定に必要な対照資料を探し確保することである。当事者としては、相手の主張に対し、それは間違っている、ここに書いてあることもでたらめだと、勝手な言い分に腹が立ち、いろいろと自分の言い分を言いたくなるものである。しかし、それらはいったん横におき、代理人を務めて頂く弁護士さんの立場に立って考えて頂きたい。

弁護士さんに向けたものとしては、年月日を記入の上、重要な出来事について、時系列に要領よく箇条書きにまとめておくことが大切である。日頃は冷静な方でも、頭に血が上ってしまうと、順序もなく、感情のままにぶちまけたくなるものである。ちょっと冷静に考えてみれば、これでは、初めて会ったばかりの弁護士さんに理解して頂くことは難しいことがわかるはずである。

代理人の弁護士さんには、まずは事件の全体像を頭に入れて頂く必要があるのだから、自分と相手のやり取りなどを整理して、時系列のストーリーに書きだして示すことが良いのである。そして、事実を弁護士と共有しながら、「弁護方針」を組み立てるということになる。

この辺りは、会社でも組織でも計画を立てるには、まずは方針を確立することが大切だが、それと同じである。

ただし、会社経営でもそうだが、基本方針は、一度立てたら変更してはいけないというものではない。現実はそれほど固定的ではない。新しい見方、新しい考え方、新しい出来事など変化があれば方針も変更していっこうに構わない。ただ、そのとき思い付きではいけないので、「よく考えること」が大切である。よく考えた結果なら方針転換も結構である。

さて、我々鑑定人への対応である。ここで最も重要なのは、鑑定に使うことのできる対照資料の探索と確保である。鑑定人にとっては「資料がすべて」である。良い資料があれば異同のどちらであろうと、120%の折り紙付の鑑定になる場合もあれば、「判断不能」ということもあり得るからである。

ここで、「良い対照資料」というのは、自分の主張にとって「有利な資料」という意味ではない。異同のどちらであっても、筆者識別上、効果的な資料という意味である。そうはいっても、当事者とすれば自分の主張に効果的な資料を選びたいだろう。それはかまわない。できるだけ見つかった資料を多く我々鑑定人に示して頂くのが良いのである。

鑑定人は、その資料の中から、最も有効な資料を慎重に選んで鑑定書をまとめることになる。ここで、大切なことは、ごく一部の人であるが、鑑定人は、望み通り鑑定結果を操作してくれると考えている人がいる。確かにそういう鑑定人はいないことは無いが、私のみるところ、あまり実力のない鑑定人に多いようだ。だから、もし、そのような鑑定人に依頼したりすると、裁判官に信用してもらえるような鑑定書が出来上がる公算は低くなる。

仮に、そういう鑑定人が見つかって望みの鑑定書も出来上がって喜ぶ段階もあるかもしれない。しかし、世の中は、天網恢々疎にして漏らさずではないが、そのようなウソの鑑定書は、相手方から正しい鑑定が出たりして負けてしまうことも少なくない。やはり、最初から正々堂々と真実の鑑定書で勝負するのが良いのである。

私は、信念として筆跡鑑定人は、真実を探る技術者であると考えているので、そういう誘惑に乗ることはない。その方が長い目で見て依頼者にも良いことであると考えている。

(3) よい資料、よくない資料

さて、肝心の対照資料であるが、稀に表面的に探してこれしか見つからないと、あまりパッとしない資料しか渡してもらえないことがある。やむを得ず、それで鑑定を始めてしまい、途中で良い資料が見つかったので使ってほしいと言われることがあるが、これは非常に困る。

ある資料をもとに鑑定書の設計をして始めてしまっているので、途中での変更はやり直しになってしまうのだ。どうしてもというほどの資料の場合は、その旨を話して切り替えることもあるが、若干の割増料金が生じる。

対照資料の性格だが、鑑定する資料と同じ文字、同じ書体があるということは原則だが、同じ文字が無いからと言って鑑定が出来ないというものではない。前章でも書いたが、異なる文字からでも、「サンズイ」とか「木へん」などの共通部分を使って鑑定することが可能だからだ。

いずれにせよ、鑑定では資料が命と考えていだいて、資料探しに全力を挙げて頂きたい。個人の私物などは早めに処分されることが多いから、その前に資料を確保しておくことが大切である。

ある事案では、父親の遺言書をめぐって、資料が無くピンチに立っていたが、二年ほど前に娘にプレゼントした趣味の本のなかに、父親の日記が一冊紛れ込んでいて、これが起死回生のヒットになったことがあった。娘さんは、父親との趣味の一致が私を助けてくれたと大感激だった。

手紙やはがきには住所氏名が書いてあるので、対照資料として使えるものが多い。遺言者が年賀状などを出しそうな相手には、事情を説明してはがきなどが残っていないかどうかを相談したい。

資料がなければ、贅沢は言ってはいられないが、チラシの後ろの走り書きなどは、本人である証明が十分でないので、できれば避けたいものの一つである。

遺言書や契約書の対照資料として望ましいものに、金融機関との契約書類、不動産関係の契約書などがある。これらには、実態の裏付けがあり、日付などが明確なので望ましい。特にそのような資料でなくとも、子供の名前などには筆跡個性が強く出ていることが多いので、鑑定上は効果的である。

筆跡個性は、文字に表れた書き手の個性なので、数多く書いている文字ほど個性が強く出がちだからである。

分厚い日記などを送ってこられる方がいる。日記や手帳は文字が多いので、対照文字が見つかることも多く貴重な資料であるが、出来れば下調べをして、使えそうな文字には付箋をつけるなどして送って頂くことが望ましい。

もちろん、そのようなことを当方がやる場合もある。それは構わないが、こちらは一応プロである。時間当たりの費用も高くつく。そういう人間に、基本的な調査などをやらせると、当然ながら鑑定費用に跳ね返ることになるので、できたら身内で下調べなどしていただくことが望ましいのである。

(4)「原本主義」は絶対的なものではない

「原本主義」という言葉がある。鑑定に使う資料は、コピーなどではなく原本（本物）が望ましいということである。しかし、これは、あくまで「望ましい」ということであり、使えないわけではない。このあたりの重視の程度は裁判官によって若干差がある。

刑事事件では、ほとんど必ず指紋を採ったりするので「原本」と「写し（コピー）」ではまるで意味が違う。日本の鑑定は警察が先行したので、原本の重要性が必要以上に強調されるが、普通の民事事件では、遺言書や封筒の指紋を採ったりすることはない。また、やっても採れないことがほとんどだ。

また、以前は、コピー技術もレベルが低かったので、特に原本を重視したのであるが、今では、ファーストコピー（原本から一回目に取ったコピー）などは、目視ではどちらが原本か分からぬくらい精密である。もちろん、拡大すれば、コピーは印刷面がドット状態になるので違いは明らかであるが。

要は、記載した人間の筆跡個性が争われる民事事件では、それほどの意味を持たないということである。

また、もう一つの留意点として、たとえば契約書などでは、鑑定資料を書いたとされる当事者が存命であることが不思議ではない。この場合、紛争が起きた時点よりも後に書かれた対照資料は使うことが出来ないのか、使うことを禁止されているのかということは、やはり、裁判官によって厳しさが異なるが、私は、絶対に使用できないものではないと考えている。

確かに事件発生より後に書かれた資料は、相手から「調整しているだろう」と言われ、資料としての信頼性が低いことは確かである。だから、他に良い資料があるのなら私も敢えて使うことはしない。

しかし、事件後に書かれた資料といえども、他の対照資料と比較してどこにも調整の跡はない、信頼してよいと考えられるのであれば、絶対に使うことはできないというものではない。この辺りは鑑定人に相談されるのがよい。

また、存命の方なら、改めて筆跡を採取するという方法がある。これは、裁判所や警察などで行っている方法で、公式の場で鑑定の使う文字を改めて書いてもらい、それを鑑定に使うという方式である。この方法を、たとえば法律事務所などで出来るだけ公に近い状況をセッティングして行うことである。法律事務所ならば弁護士さんと事務員が立ち会う程度でそれなりの信用を確保できると思われる。

その方法だが、筆記用具としてA４サイズの白紙（コピー用紙でかまわない）とボールペンを用意する。そして、当事者に必要な文字を三回程度書いてもらう。一回目は普通の速度で、二回目は急いで、三回目はゆっくりでいいから丁寧にというように書き分けてもらう。

書くスピードを変えるのは、作為で調整することを防ぐためである。特に二回目の「急いで書く」と、調整は難しくなるからである。

このとき、書くべき文字は、活字や手書き文字で示さないで、口頭で説明して書いて貰うとよい。手本を示すと大なり小なり、その書体の影響を受けることがあるからである。そして、採取した用紙に、日付、場所、記載者及び立会者の署名をしておけば充分である。

つぎに、対照資料の扱い方であるが、稀に、資料の一部を切り取ったりして全体像が分からないものを示される方がいるが、これはよくない。やはり資料は、一頁のものならそのまま一頁を、二頁のものなら二頁を原本と同じ体裁で出していただきたい。資料というのは、文字があればよいというものではなく、いつのもので、どのような状況で作られたものか等、全体像が明確に分かることも重要である。

もし、資料の中に、事件とは関係の無い方の氏名等があって、出来れば出したくないというのであれば、その部分だけマスキング（黒ぬり）すればよい。

たとえば、鑑定書は、添付した資料についてほとんど予備知識のない裁判官が読むものである。もちろん、係争の相手方も、同じく予備知識がない場合があるだろう。そのような立場の方に、迷いなく読んで理解して頂く必要がある。そのため、添付資料は、その全体像がわかるものが望ましいのだ。

ところで、鑑定書は、本題の鑑定に入る前に、一通り必要事項を記載する。ついでだから、最初から一通り説明すればつぎのようになる。鑑定人によって多少前後する場合もあるがおおむねつぎのような流れになる。

1. ○○鑑定書……………表題である。裁判所で決めた「事件番号」や「事件名」を記載することもある。

2．年月日……………鑑定書を完成し提出した年月日である。

3．依頼人名…………鑑定書を依頼した人の住所氏名である。弁護士であれば、住所は省いてかまわない。また、○○法律事務所などの記載は無くてもかまわないが、弁護士の氏名は必ず必要である。

普通、「東京都○○区○○町○丁目○番地○号　山田太郎

代理人　弁護士　□□　□□」

と書く。

4．日　付……………完成し提出した年月日である。鑑定人名………○○鑑定事務所などの記入も構わないが、鑑定人の個人名は必ず記載する必要がある。

5．鑑定資料A………「平成○年○月○日付自筆遺言書証書に記載された山田太郎の筆跡」というように、他と混同しないよう明確に記載する。

6．対照資料B1………「平成○年○月○日付○○銀行との間に交わした金銭消費貸借証書中、乙欄に記載された山田太郎の住所氏名の筆跡」というように同様に記載する。

対照資料B2………「平成○年○月○日付△△不動産との間に交わした土地売買契約借証書中、甲欄に記載された山田太郎の住所氏名の筆跡」というように同様に記載する。

対照資料B3………「平成○年年賀状中発信人欄に記載された山田太郎の住所氏名の筆跡」というように同様に記載する。

7．鑑定事項…………資料Aと資料B1よりB3に記載された筆跡は同一人の筆跡か否か。

8．鑑定結果……………資料Aと資料B1よりB3に記載された筆跡は、同一人（別人）の筆跡と認められる。

9．鑑定依頼の趣旨………何のための筆跡鑑定なのか、その目的、意義などを簡明に記載する。

以上の他、鑑定人によっては一つ二つ項目を追加する者もあるが、法的に必要なのは以上の項目である。このあと、「実際の鑑定」、「資料の添付」、「鑑定人経歴」などがあって鑑定書一式となる。5．6の資料のところで記載したような説明をつけて間違いのないようにするわけである。

なお、対照資料は、鑑定書の信頼性、紙面の見やすさや読みやすさ等の観点も踏まえて、二〜五点程度あることが望ましい。一点では、ある筆跡特徴が見つかったとしても、それが本当に書き手に固定化した筆跡個性か否かは、厳格にいうと証明できない。二点以上の資料に共通して表れていれば、安定した筆跡個性としての信頼性が高まるからである。もちろん、一点しかなければやむを得ない。それで、鑑定書をまとめていくことになる。

この資料について、特に元警察官鑑定人にときに見られる悪しき慣習がある。それは、資料をA4サイズならA4そのまま示さずに、縮小コピーにして添付する鑑定人がいる。鑑定資料が原告・被告の片方にしかないということはないが、対照資料だと、片方だけにあって相手側にはない場合がある。

つまり、反論書なりをまとめるには、その対照資料が必要なのであるが、それが縮小されていたり、ましてや鮮明度が悪くなったりしたものを添付されるのは非常に困るのである。もちろん、裁判所に要求して手に入れることはできるが、手間も時間も余分にかかる。できれば相手の鑑定書に添付してあるものをコピーして使いたいこともある。

私は、肝心の資料に何故そのような余計なことをするのかの真相は分からない。警察では、資料はできるだけ外部に出さないというきまりがあるようだが、その一環が習慣化したものなのかと思っている。しかし、刑事事件ではなく、民事事件の筆跡鑑定をしているのである。これは、ちょっと誤った対応ではないだろうか。

2 鑑定で大事なことは信頼関係

(1) 鑑定で大事な信頼関係

さて、鑑定に使う資料もそろった。そこで目星をつけていた鑑定人と交渉し、費用と納期の見積もりを出してもらい合意すれば発注となる。しかし、現実問題としては、鑑定人もたくさんいる。どの鑑定人に依頼をするのか、その見定めが容易ではない。ホームページなどを覗いてみると、皆それぞれ優秀で頼りになりそうなことが書いてある。

しかし、そう簡単に鵜呑みにするわけにもいかない。しっかりした紹介者がいればよいが、そうでない人はなかなか大変だ。

筆跡鑑定は、「経験品質商品」である。一種のサービス業だから、完成した鑑定書を見るまでは品質が分からない。このようなときに、あまり苦労せずに、直感的に適正な鑑定人を見抜ける人もいる。そういう人は、今までにも色々な仕事を依頼することが多く経験豊かな人だ。経験が豊富だと、成功・失敗の事例が多く貯まり、それが人を見抜く直観力を磨いてくれる。直観力とは、文字通りの直観ではなく、真剣な経験の集積から生まれるものだからだ。

自分の眼だけでは自信の持てない方は、友人などでそういう力がありそうな人に相談してみるのも一つの方法だ。

大事なことは、頼む以上は「信頼委任」でなくてはならないということだ。その意味で、あまり、価格にばかりこだわるのも好ましくない。ビジネスだから金銭にはシビアなのは当然だが、一方で、たとえば三八万円と四〇万円にそれほどの意味があるわけではない。受ける側の気持ちとしては、三八万円でも構わないが、仮に四〇万円出そうといってくれたのなら、それ以上の仕事をしようと気合が入るものだ。人により違うだろうが、私はそのタイプだ。鑑定業務というのは、内容的には専門技術であり、取引としては職人的だなと感じている。もちろん、受ける鑑定人のほうも「信頼受託」でなくてはならない。

こんなことがあった。ある地方の弁護士さんからの問い合わせである。案件は遺言状である。書き手は、女性であったが、日頃あまり字を書かないらしく、個人内変動の強いタイプである。調べて見ると、「〇〇県」から始まり住所で一〇文字、名前の四文字を合わせると一四文字による鑑定が可能である。

そこで、つぎのように話した。「鑑定は相手が反論しにくいように、しっかりしたものを提出した方が良いです。この書き手は、個人内変動が強いので、文字数が少ないと強い鑑定書にはなりにくく、相手の反論を誘う恐れがあります」

しかし、依頼者の予算に余裕がなかったのだろう。最小限の方法ではいくらかかるのかと尋ねてきた。私は、最低では、名前の四文字で可能ですがといい、四文字の場合と一〇文字でやった場合の費用の両方を提示した。鑑定は、文字数で金額が異なる。一〇文字でやれば費用は四文字の倍近くになる。弁護士さんは四文字で良いと指定してきた。

ところが、鑑定書を渡して三か月も経たないうちに相手側から反論の鑑定書が出てきた。予測通りである。しかも、私が使わなかった住所の文字を取り上げている。私の作った鑑定書が明々白々、誰が見ても反論のしようもないほど強い場合は別として、現実には、少しでも反論できる余地があるなと見れば、ほぼ間違いなくこのようなことになる。

さいわい、この時は、私が反論書を書きそれで鑑定論争は終結したので良かったが、これが戦闘意欲の強い相手だと、私の反論書に相手も反論し、こちらもやむを得ないので再反論をする……ということになり、三～四回もやり取りしてようやく終止符を打つということもある。

安く抑えようとした鑑定書が、結果として高くつくということは珍しいものではない。この弁護士さんの場合は、私を信頼しないためではなかったが、非常にまれには、信頼がないことによる弊害がないわけではない。こちらは、全体状況を考えて、良かれと思って話をしても、それは高い料金が欲しいからだろうと受け止められては話にならない。その意味で、筆跡鑑定のような世界は、信頼し合わないとうまくいかないと述べたのである。

さて、納得して鑑定を依頼した。普通、納期は三〇日～六〇日程度かかることが多い。待ち遠しいだろうが、その間は雑音など入れないようにし、じっと待つよりしかたがない。ただし、事情があって日数に余裕のない場合は、その旨相談するとよい。大抵は、協力してくれるはずだ。ところで納期だが、私のところでは、二〇日程度が普通だ。私からすると六〇日もかける理由が分からない。早かろう雑だろうでは意味がないが、みるところ、依頼が殺到して、待ってもらうより仕方がないというケースはほとんどないようだ。これは、一つは、裁判に係わることは時間がかかってもしょうがないとする悪しき慣習のせいだと思う。

もう一つは、元警察官鑑定人は、退職後のアルバイト的仕事だから、のんびりとやっている鑑定人が多いようだ。もし、筆跡鑑定を近代的ビジネスとして捉えるならばこれでは落第だ。どれほど時間を掛けても二〇日程度で完成すべきだろう。

⑵ 筆跡鑑定書の評価

さてお待ちかねの鑑定書が出来上がってきた。さっそく熟読することになる。そして、結果として、自分の主張に対応する内容がしっかりと書きこまれていたりすると嬉しくなるものである。しかし、自分としては、もっと強く言いたいことを、比較的あっさり書いてあると残念な気持ちになる。それは当然だ。

しかし、筆跡鑑定人は、あなたの命を受けて鑑定書を作っているが、あくまで、公平で冷静な第三者であることを求められている。鑑定書の最終判定者は裁判官である。裁判官が、鑑定書を読んで、「これは公平だ、信頼できる」と思ってくれなくては価値がない。だが、時に、依頼者が喜びそうな偏った鑑定書をみることがある。私には、これは依頼人を喜ばすだけの鑑定書だなと見えてしまう。このような鑑定書は、裁判官に、偏った信用できない鑑定書だと受け止められる恐れが大いにある。

その他、あまりレベルの高くない鑑定書を挙げれば、おおむねつぎのようなものである。第一にボリュームがある。ごく普通程度の鑑定書で三〇頁もあれば十分なはずなのに、一〇〇頁も一五〇頁もある分厚い鑑定書がある。依頼者からは「立派なものだ。さすが安からぬお金を取るだけのことはある」と感心してしまう方がいるが勘違いである。むしろ裁判官にはいやがられるだろう。

一〇〇頁もの内容が、鑑定そのものを掘り下げたものならそれは価値がある。しかし、そのような鑑定書の多くは、最初に鑑定に係るありふれた一般論が延々と書かれ、最後には、鑑定人の経歴として二〇頁も自己宣伝があり、肝心の鑑定部分は二〇頁もないような程度のものが少なくない。

裁判官は、世界一忙しい人種だと聞いている。そのような立場の人間が、自分の経歴が二〇頁もある鑑定書をみたらどう思うだろう。立派なものだと受け止める人はいないだろう。中には舌打ちしたくなる人もいるのではないか。それよりも、肝心な鑑定部分が、意味の無い夾雑物に邪魔されてポイントが弱くなってしまったとしたら逆効果である。

(3) 中身の乏しさを隠そうと必要以上の分厚い鑑定書が生まれる

確かに、世の中には、「何が書いてあるのか」ではなく「誰が書いているのか」を重視する人も少なくないから、鑑定人のキャリアや実績などが鑑定書の価値を高めることもあるだろう。だから、一概にけなしたものではないのかも知れない。それにしても、四～五頁もあれば十分だろう。

私の経験では、そのような、必要以上に分厚い鑑定書ほど、肝心の中身のない鑑定書である。はっきり言えば、中身の乏しさをそういった自己宣伝でカバーしているとしか見えないものが多い。

第二に、そのような鑑定書の前段に書いてある。筆跡鑑定にかかわる一般論である。大抵は、古臭い時代遅れの内容がめりはりもなく延々と書かれている。どのように考えても、その鑑定を理解するために役立つ内容には思えない。

確かに筆跡鑑定には、専門用語も少なくないから、それらを事前に理解してもらおうというのなら意味もある。私も、たとえば、「個人内変動」が大きく影響する鑑定では、個人内変動の性格や、出やすい箇所などについての事前学習的な情報を書くこともある。しかし、どれほど丁寧に説明してもA4、二～三頁もあれば十分だ。

第三の問題は、肝心の鑑定部分である。比較的よく見る問題点として、世間的には通用しない「専門用語」(?)を、何の説明もなく使う鑑定人がいる。ある元警察官鑑定人は、遺言書の鑑定で、「遺」の文字について「一四画は形態構成」、「言」の文字について「第二画ないし四画の長さの構成」と述べている。「形態構成」、「長さの構成」とは何のことか。鑑定書のどこにも解説はない。

これらの用語は、ある警察のある部署においては通用しているのかも知れないが、世間で通用する用語ではない。元警察官鑑定人のつくる鑑定書は分かりにくいと言われる。このような「井の中の蛙」的センスでまとめているのだから、推して知るべしというべきだろう。

私が良い鑑定書とするのはつぎのようなものである。
①鑑定上の必要事項が過不足なく書いてある。

つまり、資料の性格や書かれた時期などの必要事項が分かりやすくきちんと書いてあり、読み手に不要な疑問を抱かせない。

②前文に説明があるのなら、特にその鑑定上留意すべきことに絞り、ポイントを要領よく無駄がないように書いてある。

③鑑定本文は、資料の図解と一覧性を持たせ、理解しやすく簡明に書いてある。このとき、鑑定人は、同一人の筆跡なり別人の筆跡なり、その結論に一致する特徴は指摘するが、相違する特徴は無視してしまう傾向がある。そうなると相手は、自分に都合の良い箇所だけに傾いていて公平ではないと主張してくることになる。そうならないよう、その相違点は、何故指摘しないのかの理由を説明する必要がある。私は、説明責任だと考えている。

④その他の事柄は、できるだけ余計なものを入れず、鑑定人経歴もシンプルなものが望ましい。

要は、あくまで鑑定書本文に重点を置き、読み手に必要以上の負担を掛けずに、一読して疑問点が解明され、頭がスッキリするような鑑定書である。しかし、実際はそうではなく、一読して、さらに混迷の淵に引きずり込まれるような鑑定書が少なくない。

⑷ 鑑定書はどこまで作るのか

鑑定書をどこまで作るのかということは、つぎのようなことである。たとえば遺言書なり借用書なりで、鑑定書は普通、それを書いたとされる名義人の真筆であるのか、それとも誰か別人の偽造であるのかが争われる。

そして、本人ではない場合は、本人の筆跡ではないということを証明すれば一件落着である。遺言書でも借用書でも、それで無効になっておしまいである。いうなれば、これが第一の鑑定書である。

しかし、それでは誰が偽造したのかという疑問は残る。その場合、係争によっては、書き手は争っている当の相手ということがある。こうなると、事案によっては、それを証明することも法廷闘争上必要になることがある。その鑑定書も作ってくれとのことになる。つまり、二冊目の鑑定書である。このようにして、必要最小限にプラスして二冊目の鑑定書を作ることになる。鑑定書をどこまで作るのか、とはそういう意味である。

私は、普通、第一の鑑定書で終わるケースが圧倒的に多い。依頼者に取って目的を達すればよいので、必要以上の費用を掛ける必要は無いからだ。しかし、稀に、二冊目を作ってくれと言われることがある。

東北のある地方の案件である。母親が遺言書を残して亡くなった。父親はだいぶ前に亡くなっている。母親は明治生まれの方で、日頃文字などはほとんど書かないとのことである。それだけに、ノートに書かれた遺言書はカタカナ六行である。依頼者は娘が二人で、相手側は母親と同居していた長男である。

この事案は、既に地域の元警察官鑑定人によって鑑定書が出されており、遺言書は母親の筆跡であるとなっていた。

この事案は、最初オーソドックスに母親の文字との検証を行った。結果は、元警察官鑑定人の結果とは異なり、別人の筆跡となった。これで、一応は、遺言書は無効になったので鑑定上は普通は終了である。依頼者に聴いて見ると、裁判長の心証もよさそうだと非常に喜んでくれた。

(5) 誰が偽造したのかを探る二冊目の鑑定書

ところが、依頼者はさすが女性というべきか、より確実な方法を求めてきた。私に「誰が書いたのでしょうね」と聞いてきた。私はサッとしか見ていないので、「それは長男さんでしょう」と答えた。「そうですか、それが確実ならば、その鑑定書も作ってくれますか」とのことである。そこで、二冊目の鑑定書を作ることにした。そのときの資料が図44である。

遺言書と母親の筆跡がある。これは一冊目の鑑定書で使ったものである。ただ、ここでは紙面の都合もあり、二冊目に使った長男の筆跡も一括して提示した。他に二種類あったが、家庭裁判所に検認の申立書に署名したものを示した。

結果としては、一冊目の母親の筆跡と比較した鑑定よりも、長男の筆跡を鑑定した方がより明確な結果となり、より強力な鑑定書が出来上がった。紙面の都合で「ケ」という一文字だけ示す。本当は、六字ほど取り上げ、一回目の鑑定書と二回目の鑑定書に別々に記載したものであるが、ここでは一文字だけ、一括掲載した。図45を見て頂きたい。

左の枠内の文字が遺言書に書いてあった筆跡である。右の上段が母親筆跡、下段が長男筆跡である。

母親の残した遺言書

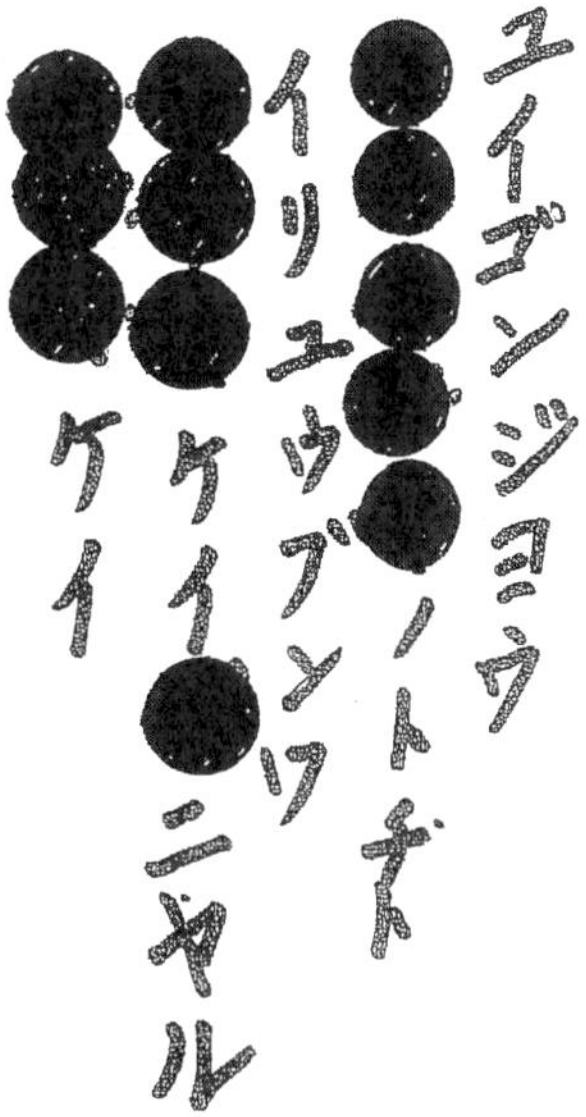

母親の筆跡

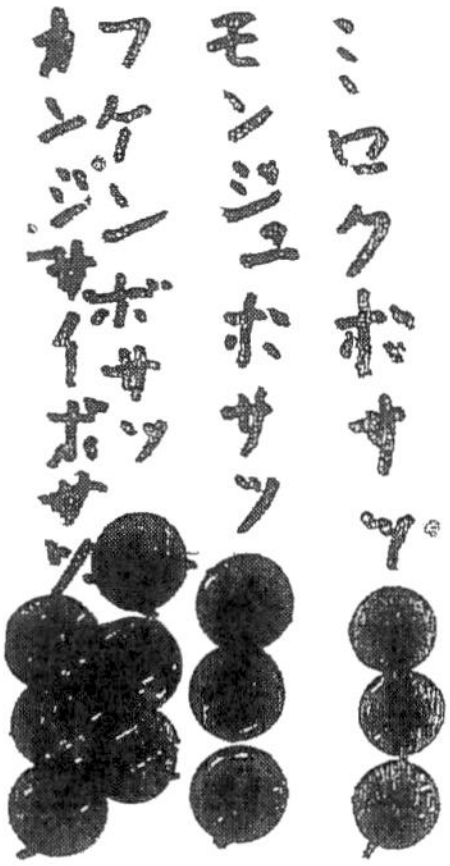

長男の筆跡

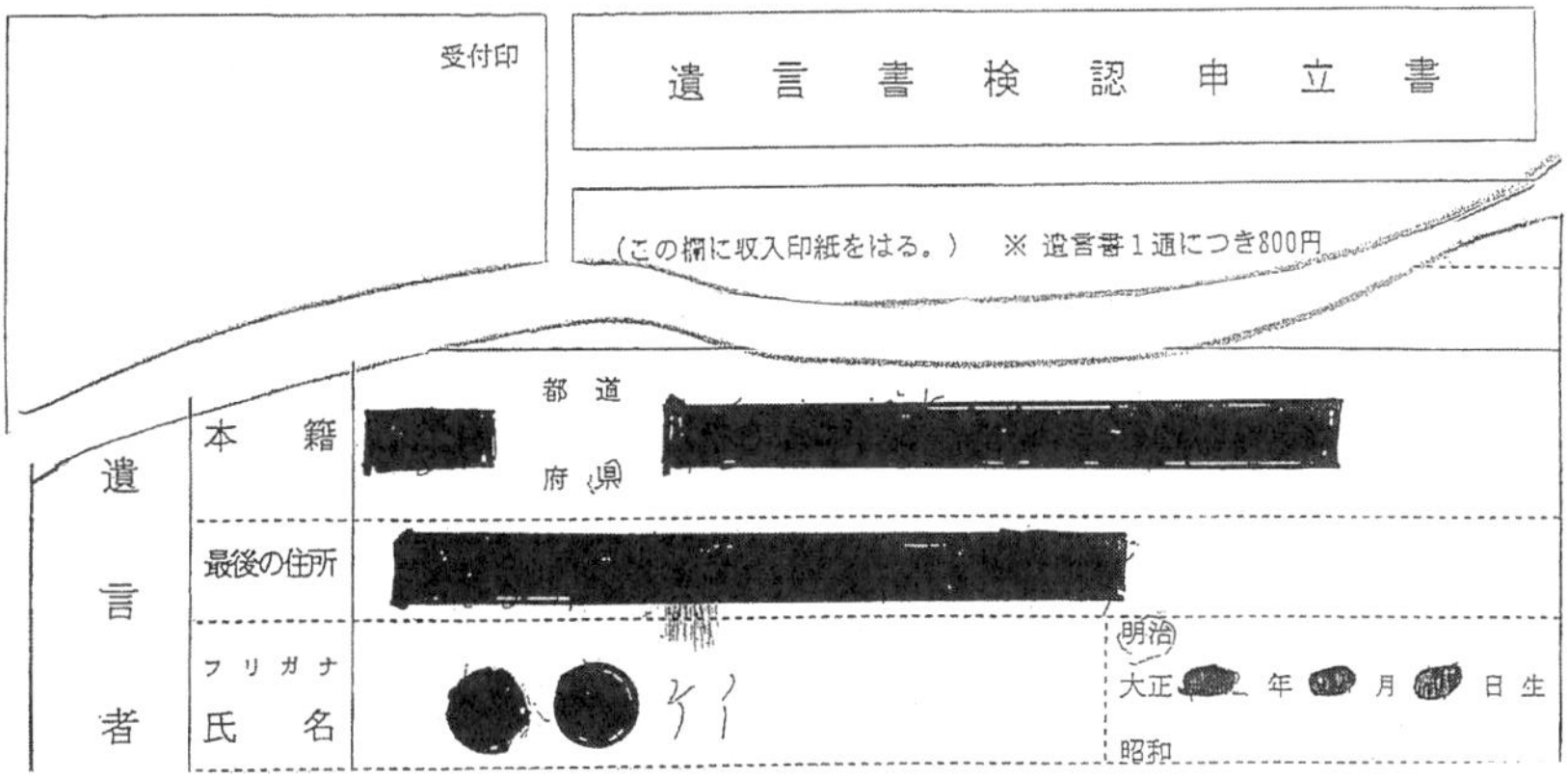
受付印

遺言書検認申立書

（この欄に収入印紙をはる。）　※ 遺言書１通につき800円

遺言者			
	本籍	[redacted] 都道府県 [redacted]	
	最後の住所	[redacted]	
	フリガナ 氏名	[redacted]	明治 大正 昭和 [redacted] 年 [redacted] 月 [redacted] 日生

図44

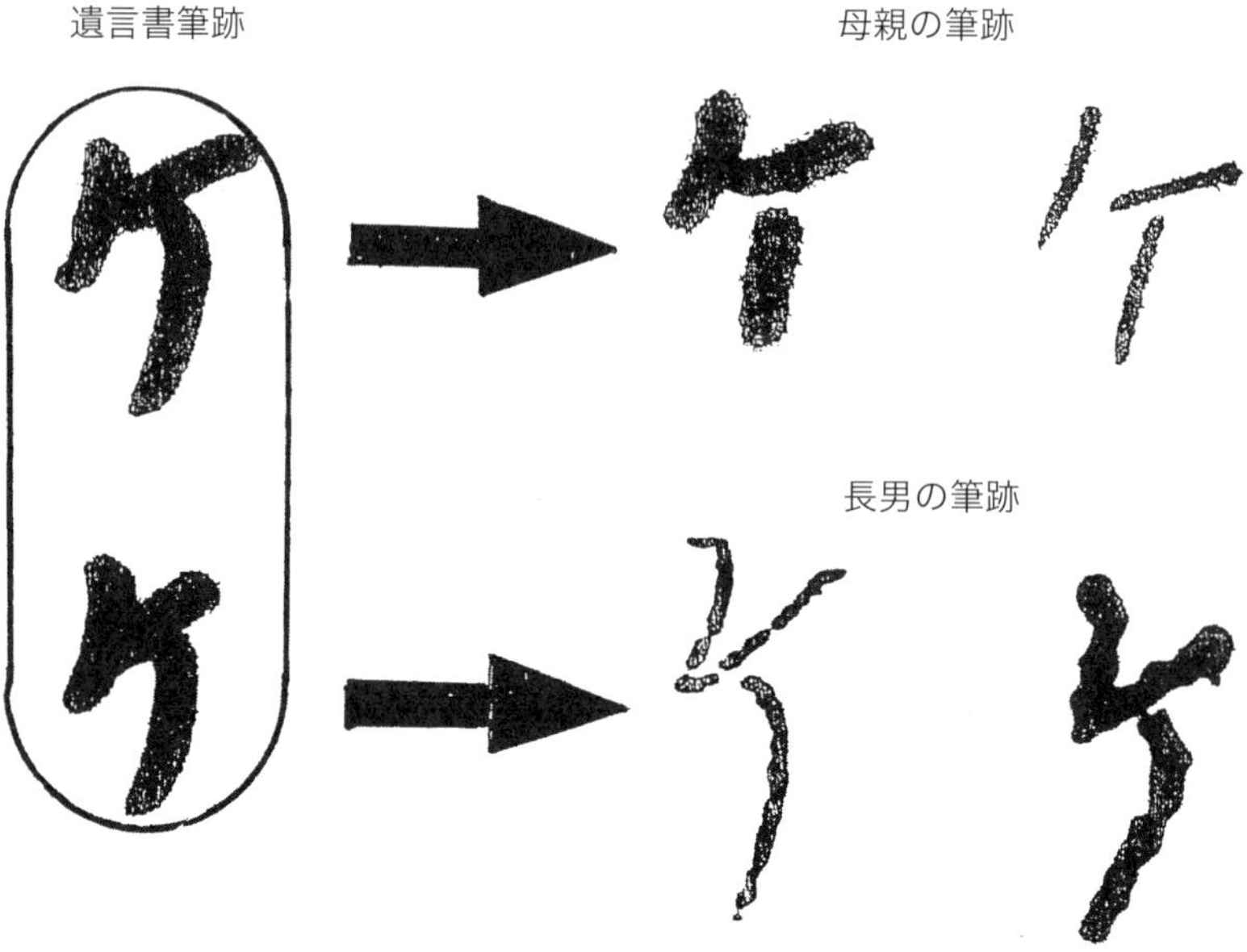

図45

如何だろう。第一に、横画の右肩上がりの強い字体、第二に、縦長の字体、第三に、湾曲した縦画の形、いずれも長男の筆跡に類似し、母親の字形とはまるで相違している。

　ここで取り上げた三つの特徴は、いずれも身に付いた筆跡個性の表れで、偶然に個人内変動で類似するというものではない。そして、このような特徴は、文字を拡大し指摘されて初めて気づくことがほとんどであり、一センチにも満たない小さな文字で、類似していることには気づくことはほぼ考えにくい。つまり、この特徴は、書き手が本来持っている筆跡個性が、何の作為もなくそのまま露呈したものといえる。それが一致することは、同一人の筆跡であることを強く示唆している。

他にあと五文字ほど検証したが、いずれも似た程度の状況であり、文句なく、長男の偽造であることが明確になった。

このときの判決文には、筆跡鑑定について言及されていたが、私の第一の鑑定については、「非常に丁寧であり緻密な鑑定で了解できる」と述べられ、第二の鑑定についても「特に疑問は無い」と記載され、文句なしの勝利といえるものだった。

このときの経験以来、私は依頼人に経済的に余裕があり、且つ、より安全な結果を望むならば、時に、第一、第二と両面からの鑑定もお奨めしている。より安全な結果を望むなら有効な一方法であると考えている。

3　意見書

(1)「意見書」「反論書」とは

ここでは、係争の相手側から誤った鑑定書が提示された場合に対応する「意見書」などの内容と留意点などを述べたい。

相手側から誤った鑑定書が出されてきた場合、こちらから鑑定書が出されていないケースでは、対抗する正しい鑑定書だけ出すという方法もある。この場合は、意見書的な内容は弁護士さんの陳述書に任せるということになる。依頼者の予算の面もあり、私は、まず鑑定書を作りますから、先生がお読みになって、反論書または意見書も必要だとお考えになったら、その時点で作っては如何ですかということも多い。

しかし、最初から全力で対抗するのなら、正しい鑑定書と同時に反論書あるいは意見書を出すという方法もある。また、既にこちらから鑑定書は提出済みであるのなら、反論書あるいは意見書だけを出すということになる。

ここで「反論書」「意見書」に一定の形式があるわけではないが、おおむねつぎのように理解されているようである。一つは「意見書」も含めて「反論書」と一括して理解している鑑定人もいる。これも誤りとはいえない。私は、「意見書」と「反論書」は内容が少し別のものと捉えている。

つまり、相手の鑑定書の誤りについて反論することは両方とも変わりはないが、その結論に至った「理論的」、あるいは「方法論的」誤りについて、「理論的」に意見を述べるのが「意見書」であると解釈している。

その理論にプラスして、誤りの内容を具体的に取り上げ反論もするのが反論書であると解釈している。

まとめるとつぎのようになる。

意見書 → 相手の鑑定書の誤りについて理論的に意見を述べる。

反論書 → 意見書にプラスして誤りを具体的に取り上げ反論する。

作成する時間も、反論書は意見書の二倍以上になり、多くは高額にならざるを得ず、おおむね、反論書は鑑定書よりも高額になる。

これらを組み合わせることで、たとえば「反論書兼鑑定書」というパターンも可能であるし、「鑑定書兼反論書」というパターンもあり得る。前者は、相手の鑑定書に対して、まず、反論を述べておいて、その後正しい鑑定書を示していくものであるし、後者はその逆の順序になる。どちらが絶対に有利というほどの差はないが、それまでの流れからみて、裁判官など関係者が理解しやすいことを中心に組み立てればよいということになる。

第5章
印影鑑定（印鑑鑑定）について知っておくべきこと

1 印影鑑定に力を発揮する「スーパーインポーズ」法

⑴ ハンコ大国のわが国は事件大国でもある

ここまで、筆跡鑑定について述べてきた。しかし、私どもの事務所への相談内容からみると、印影鑑定……印鑑鑑定とも言うが、これについても最低限説明をしないわけにはいかない。印影鑑定は、光学機材などの運用に技術者の腕の見せ所があり、技術的・専門的になり難しい側面がある。そこで、出来るだけポイントを絞り分かりやすく説明したい。

日本は世界でも類を見ないハンコ大国である。決裁書類に、申込用紙に、宅配便の受け取りに、とあらゆるシーンで使用されている。それだけに、ハンコにまつわるトラブルは、実は少なくない。

たとえば、自分の知らないところで偽物の印鑑を作られ、勝手に使用されたなどの問題が起きることがある。具体的なものの一つに、各種保険などの金融商品の申込用紙などがある。また、自分の持つ債権について、契約書などに押印された印影が偽造であるとし、相手方から契約の無効を訴えられるということもある。そのような問題が発生した際、押印された痕跡、つまり印影から、どのハンコで押印されたものか、また複数の印影を比較して、異同を確かめるのに用いられるのが、いわゆる印影鑑定である。

昨今では、スキャナなどで印影をコンピュータに取り込み、その画像と書類を合成し印刷するといった技術を悪用した手口も増えている。つい最近も、税務署収受印をスキャナでデジタル化し、偽の確定申告書を作って金融機関から融資を受けるという事件があった。

このような場合に、印影が朱肉を使った本当の印影か、それとも印刷されたものかを調べるのも、広義の印影鑑定として捉えられている。コピーなどの印刷物であるか否かは、マイクロスコープで拡大するとわかる。オフィスなどで一般的に使われている複合機は、印刷部はレーザープリンターであることが多い。レーザープリンターは、トナーと呼ばれる染料を、一定の間隔に極小のドット（点）で配置し、画像を再現するものである。

色調を表現するためには、ドットの大きさを変えている。この極小のドットの集まりを「網点《あみてん》」という。一般的な商業印刷物も、拡大するとこの網点によって再現されていることがわかる。網点の存在によって、印刷（コピー）されたものか、原本であるかが一目瞭然である。また、インクジェットプリンターによる印刷物も、拡大することで粒状性が視認でき、原本であるか否かが確かめられる。

⑵各種ある技法の中でも「スーパーインポーズ」は優れた技法

さて、押印に用いられるハンコには、印章や印鑑といろいろ呼び方があるが、本書の中では「印顆《いんか》」の語を使っていく。ちなみに「印鑑」の語を、広辞苑を紐解くと「印鑑＝あらかじめ市町村長や銀行その他取引先などに提出しておく特定の印影。印の真偽鑑定に用いる」とある。

この意味からは、印影鑑定という呼び方ではなく印鑑鑑定という言葉が相応しいように思われる。しかし、世間では印鑑鑑定というと、縁起の良い印鑑、開運の印相など、吉兆を占う意味で多く使われているので、当職は印影鑑定としている。

印影鑑定の手法は、①目視による観察、②大きさの計測、③幾何学的作図法による比較、④スーパーインポーズ法による比較、などいくつかあるが、当職は検体である印影の鮮明度などを勘案し、複数組み合わせることが多い。

その中でも中心となるのは、スーパーインポーズ法である。これは、簡単に言うと複数の印影を重ね合わせて、それぞれの印影の外周部の輪郭線や字画線の差異を見るというものである。鑑定書を作って第三者に見てもらうことを考えると、わかりやすさが重要になる。どんなに精密な鑑定書を作っても、読む気が失われるような作りではよくない。その点、スーパーインポーズ法による重ね合わせ画像はわかりやすくて良い。

スーパーインポーズ法について以前は、それぞれの印影を別個のOHPフィルムに印刷し、そのフィルムを重ねる手法が多かった。今日でも、リタイア後に民間の鑑定人として活動をしている元警察官鑑定人を中心に、この手法を用いることが見られるが、当職は印影をデジタル化し、コンピュータ上で重ね合わせを行っている。この方が、重ね合わせる基準の位置をずらしたり、印影の角度を変えたりして、複数の視点で観察するのに好都合だからである。当職の方式のほうが、一歩進んだ方式といえる。

⑶ 最新の機器であっても技術者の力量が差をつける

前述したように、スーパーインポーズ法の場合、当職は印影をコンピュータに取り込んで、画像を加工して観察している。加工と言っても、当然であるが印影の形状に手を加えるわけではない。着色したり、印影の凹部を透明化したりするのである。この項では、このスーパーインポーズ法の手順を説明しよう。

① **鑑定資料と対照資料の印影をスキャンしデジタル化する。**

対照資料が印影ではなく、印顆実物の場合、印顆の印面をスキャンしたり、印顆に朱肉を付け押印し、その印影を対照資料として使用する。スキャンの精度は、最低でも四八〇〇ｄｐｉで行っている。ｄｐｉというのは、一インチの中にいくつの画素があるかの単位である。（dot per inch　ドットパーインチ）一インチは、約二五・四㎜である。

オフィスなどで一般的に使われている複合機は三〇〇から六〇〇ｄｐｉが多い。三〇〇ｄｐｉの場合、一画素の大きさは約〇・〇八㎜（25.4÷300）である。意外に大きいと思われる方が多いのではないだろうか。人間の目では、この程度の大きさでも十分に微細に見えるのである。四八〇〇ｄｐｉだと計算上、約〇・〇〇五㎜である。印影の輪郭線の太さはさまざまであるが、〇・二㎜程度のものを鑑定するには、この程度の精度が必要とされる。

② デジタル化した印影を掃除する。

当職が、個人的に掃除と呼んでいる作業がある。それは、デジタル化した印影の余計な枠線を除去したり、着色および印影の凹部を透明化したりする加工作業である。印影鑑定は、筆跡鑑定に比べると、この事前の作業でかなりの時間を費やすことになる。この作業を正確に行わないと、実際の印影と異なる形状になってしまうため、注意が必要である。また、逆にいうとこの時点で、印影画像をできるだけ綺麗な状態にできれば、この後の観察が容易になる。

図46：スキャンしデジタル化した資料A

図47：スキャンしデジタル化した資料B

図48：掃除をして、背景を着色した資料A

図49：掃除をして、背景を着色した資料B

③　鑑定資料と対照資料の印影を重ね合わせする。

印影の角度を変えたり、位置をずらしたりしながら二つの資料を重ね合わせる。その結果、図50の画像のように、輪郭線・字画線が一致していれば、同一の印顆による印影と判断される。ただし、実際は朱肉の付着量の差があったりするので、線の配置される位置や湾曲の形状は類似するが、太さが違うといったことが頻繁に起きる。この違いを、同一の印顆による押印時の状況による変化の範疇なのか、それとも異なる印顆によるものかを判断するのが、鑑定人の力量が試される場面である。

図50：資料B（黒色）の上に、半透明化させた資料A（赤色）を重ね合わせる

⑷ 印影の線の太さはエッジの位置が決める

印影鑑定では、スーパーインポーズ法による検査であれ、目視による検査であれ、印影を観察しやすく、加工することが第一である。

印影に着色をしたり、凹部を透明化させたりする加工時にもっとも注意しなければならないことは、印影のエッジ（境界）の扱いである。紙に押印された印影を拡大してみると、朱肉の付着した部分と紙の部分は、滲んだような状態で現出し、画然と二分されるわけではない。つまり極端に言えば、どこまでが印影で、どこからが紙面なのかの判断は鑑定人によっても変わることがある。この朱肉の漏れである滲んだような箇所を「マージナルゾーン」と呼ぶ。印顆の印面の凸部である輪郭線・字画線に付着した印肉の量や押印圧、また押印時に紙面の下に引いた素材の硬度によって、マージナルゾーンの大きさは変化する。

図51は印影のエッジ（境界）を拡大したものである。黒色の二本の線は、当職が追加したものである。朱肉が濃く付着した図の下側から、上方向に向かってグラデーション状に薄くなり、階調が現れている。上（外側）の線は、朱肉の限界線と言える。この印影のエッジがどこであるかを決める際、二本の黒色の線のどちらの位置をエッジとするかは、鑑定人によって変わる。二本の間隔は実際の印影では、〇・

〇四～〇・〇六㎜程度である。

どちらの位置をエッジとするかの判断によって輪郭線・字画線の太さが変わり、鑑定結果にも影響することがあるので、非常に注意が必要である。このエッジの検出は機械まかせでは難しい。何回もパターンを変えて自分の目で判断しながら作業をしていくのである。

このエッジの決め方を恣意的に行い、都合の良い鑑定結果を提示する悪質な鑑定人もいる。これについては、次章で詳しく述べたい。

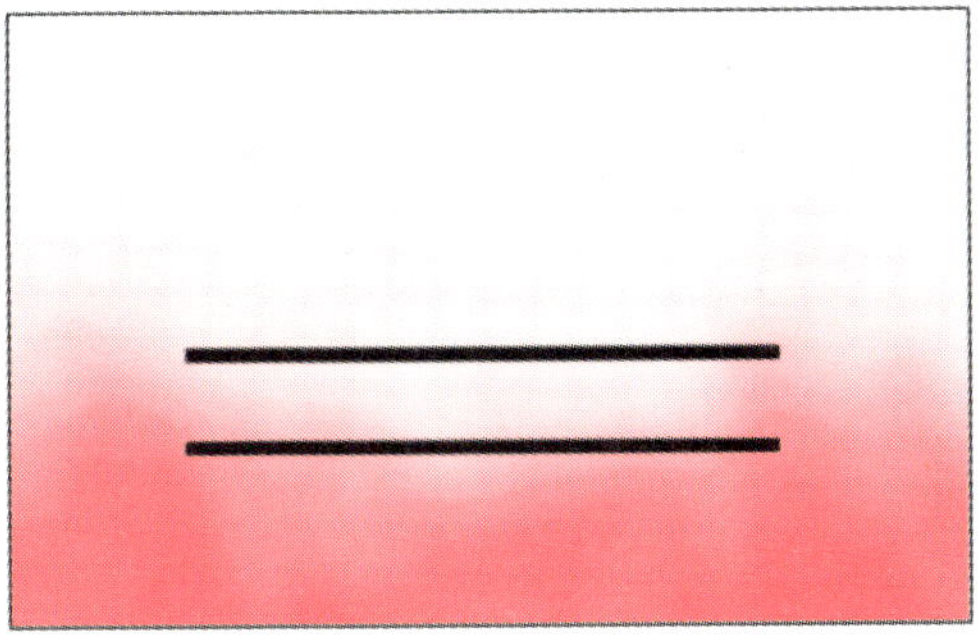

図51

本題に戻ると、このような繊細な判断を行うには、高精度な機材と長年の鑑定実績からくる判断ポイントが必要となる。このポイントについては、簡単に文章化できるようなものではないので、これ以上の説明は割愛する。機材については、前章でｄｐｉについて説明したように、一般的な複合機レベルでは解像度が足りない。高精度なスキャナと、その画像を扱えるパワフルなコンピュータが必要である。

2　杜撰を通り越して詐欺的鑑定もある

⑴　他所の鑑定で疑問に感じることが少なくない

印影鑑定も筆跡同様、元警察官鑑定人や民間の調査会社から独立した方などが事業として行っていることが多い。変わったところでは刀剣などの研究家や市会議員の先生などもいる。

さて、ときに弁護士の先生から、相手方から印影鑑定書が提出されたのだが、それがまったくいい加減ででたらめなもので、どのように対応したらよいでしょうかとご相談を頂くことがある。そこで、まずはその相手方の提出した鑑定書を送って頂き読んでみるが、本当にでたらめな鑑定書は決して少なくないのである。

そのようなでたらめな鑑定書によく見られる特徴としては、一般的な印影鑑定の注意点についての説明や自身の鑑定手法の正しさ、鑑定に使用した機材の能力の高さ、などといった説明が内容の9割方で、実際の鑑定については、ほんのごくわずかで、記載された印影の画像も低画質であったりと、いい加減であることが多い。

ひどいものになると、鑑定すべき印影と対照とする印影の画像を、極めて低い解像度で左右に並べ、その画像の横に「数百箇所を点検」などとだけ書き加えられているというお粗末さである。どこをどう点検し、それがどうだったのかの説明などは一切ない。また、使用機材が古すぎ、当然コンピュータなど使用せず、むしろアピールしない方がよいのではとこちらが心配してしまうほどである。

⑵ 杜撰を通り越して詐欺のような鑑定すら見かけることがある

また、元公務員の鑑定人の一人は、明らかに異なる二つの印影の画像を、おそらく比較しにくいようにするためと思われるが、それぞれ別々のページに記載し、検査内容には一切触れず、ただ同一の印顆による印影であると結論を記載し、杜撰を通り越して詐欺のような鑑定書を作っていた。これは、スーパーインポーズ法で照合すれば、異なる印顆による印影であることは一目瞭然になる。実際に、その画像を記載した鑑定書を反論として提出したところ、何も言ってこなくなった。

また、前述したように、印影のエッジの取り扱い方がおかしい鑑定書も存在する。ある鑑定人は、印影に着色し、ＯＨＰフイルムに印刷して鑑定書に掲載していた。ところが、その着色作業で、実際の印影の字画線よりも形状が明らかに太くなるように着色して、異なる印顆による印影であると結論を導いているのである。

つまり、グラデーション状に現れたマージナルゾーンを、一切無視してベタベタと着色しているのである。これは技術的な問題というよりも、技術を悪用し、依頼人の望むような結果を作り出しているとしか言えない、鑑定人としてあまりに道義にもとる行為である。このような鑑定人に限って、「誠実」「真摯な目」「真実追究への情熱」などと美辞麗句をうたっていることがあり、始末が悪い。

⑶ 印鑑証明書は本人を確認するための手続きであり印影の形状を保証するものではない

鑑定資料が真正な印顆によって押印されたものかを確かめるために、対照資料として、印鑑証明書が提出されることがある。印鑑証明書は、本人を確認する事務上の手続きであり、印影鑑定で印顆の異同を判定するための材料として提供されているものではない。つまり、印影の形状を保証するものでも何でもない。

しかし、実際には対照資料として使われているのが現状であるが、本来は真正な印顆、もしくはその印顆で押印された印影が対照資料としては望ましい。というのは、印鑑証明は印影をスキャンしデジタルデータ化したものを再度印刷したものである。そのスキャンの精度が悪かったり、印刷時の設定の狂いで、スキャン前の印影の形状と異なっていたりすることがあるからである。

実際に九州の自治体で交付された印鑑証明が、実際の大きさの九三パーセントしかないということがあった。これは、本来証明書自動交付機の更新時に設定をチェックし印刷サイズを確認するところ、それを怠ったのが原因である。このようなことは、他の自治体でも発生している。九州の件では、交付を受けた利用者が金融機関から指摘され発覚したとのことである。また、このように設定のミスがなくとも、印刷するプリンターの精度によって、大きさが若干変わることがある。

このことは、印鑑証明書だけではなく、コピー（複写）された印影にも起き得ることである。だから、印影鑑定で使用する資料は原則としては、原本印影でなければならない。そうは言っても現実には、必ずしも原本が手に入るとは限らない。そこで当職は、コピー印影の場合三パーセント程度までの大きさの変化があることを前提に鑑定を行っている。ただし、その場合は鑑定結果について異同を断定することまでは困難である。しかし、輪郭線・字画線の形状の明らかな相違から、コピーであっても異同が十分に判断がつくことも多い。コピー印影だから鑑定をしない、もしくは信用できないというのは合理的ではないと考えている。

3 依頼の際に気をつけること

(1) 依頼をする際に気をつけていただきたいこと

もし、あなたが印影鑑定を依頼することになったら、つぎのことに気をつけて頂きたい。まずは資料の信頼性である。次の順番で信頼性が高くなっていく。当然、信頼性が高いものが望ましい。つまり、印影原本、もしくは印顆本体をお送り頂くのがベストである。

⑤モノクロ2階調のコピー　→　④グレースケールのコピー（＊1）　→　③カラーコピー　→　②印影原本　→　①印顆本体

＊1　【グレースケールとは】
画像を白から黒までの明暗だけで表現する。白と黒の二値だけで色を表現するモノクロ2階調画像と違って、白から黒に至る中間色を濃度の異なるグレーで表現することで、より豊かな内容を表現できる。

図52：グレースケール

図53：モノクロ2階調

また、コピーはスキャンと印刷という二工程の結果なので、それよりはカラーで高精度にスキャンをし、そのデジタルデータを送って頂く方が望ましい。もし高精度（四八〇〇ｄｐｉ以上）のスキャナがあれば、ぜひそれを使って頂きたい。デジタルデータはメールに添付、クラウドサービスでの受け渡し、ＣＤなどのメディアに保存して送付などいずれの方法でも構わない。

なお、鑑定のためにあらためて対照資料として印影原本を用意するのであれば、押印は一つだけではなく、白紙の用紙に四つ程度押印して欲しい。丁寧に朱肉を付けて押印したつもりでも、ズレがあったり、朱肉がかすれて用紙に付着していたりすることがあるからである。

印影が複数あれば、その中から程度の良い物を選んで鑑定に用いることができる。また、対照とする印影に押印時の状況による形状や大きさの相違が目立つ場合、その変動幅を鑑定に利用することもある。つまり、真正の印影の変化の幅を把握することによって、鑑定印影の真贋の理解が深められるということである。これは、筆跡鑑定で言う「個人内変動」の把握に近い。

あとがき

最後までお読みいただき有難うございます。私がこのような小論を公にしたいと考えたのは、鑑定人として仕事を始めた二年目に遭遇したある事件がきっかけです。それは九州のある地方で起こった養子縁組届にかかわる事件でした。

養女になったのは「山口三枝子さん（仮名）、当時五五歳」という方です。三枝子さんは、農家の長男に見初められ、二〇歳そこそこで近くの町からその農家に嫁いできたのです。

ところが、新婚二年目にして夫は急死してしまいます。実家からは、まだ若いし子供もいないのだから、やり直しをすればよい、戻って来いと言われました。もっともな話でしたが、彼女は夫の居ないその嫁ぎ先に留まることにしました。

実は、その家には年老いた父母と長男がおりましたが、父親は生まれつき病弱で農家をやるには十分な体ではなかったのです。他に次男がおりましたが、百姓を嫌って大阪に出てしまいあまり音信もない有様です。三枝子さんは「長男亡きあと私がこの家を出てしまったら、この家は成り立たない」と思ったのです。

それから三〇年、彼女は人の二倍は働き、老夫婦を支えてきました。そして死を迎えた父親は、お婆ちゃんを枕元に呼んでこう言いました。「わしが死んだら、三枝子と養子縁組をして正式な子供にしてくれ。わしらが亡くなったら、あの次男は、この神様のような嫁に何一つ譲ることはしないだろう」。お婆ちゃんも大きく頷いて「ああそれがいい、必ずそうするよ」と答えました。

その後、お婆ちゃんは早速その手続きをしました。三枝子さんは、お婆ちゃんが、三枝子さんが家を出て行ってしまうのではないかと心配していたのを知っていましたので、言われるままに承諾したのです。それで安心したのか、お婆ちゃんも一年後に亡くなってしまいました。

案の定、大阪にいた次男が戻って来て、この養子縁組届は三枝子さんの偽造だと言い出し、裁判になりました。次男は裁判所に筆跡鑑定を申し出ました。元警察官鑑定人の鑑定結果は、「偽造の可能性が高い」というものでした。三枝子さんの弁護士はびっくりして「もう一人別の筆跡鑑定人にお願いしたい」と裁判所に掛け合いました。しかし、結果はさらに悪く、今度は「三枝子さんの偽造である」と断定されてしまったのです。

この段階で私に相談があり、私は十五分で二つの鑑定書が誤りであることを見抜きました。それほど杜撰な鑑定だったのです。私は心をこめて正しい鑑定書を作りました。

しかし、結果は、二人の鑑定人が「クロ」で一人が「シロ」なので、「クロ」を採用するというもので敗訴してしまいました。三枝子さんの弁護士は「今度は刑事事件でやる。刑事事件なら鑑定も厳しいはずだから」と言うので、私としてはそれ以上何もできないので終了したのでした。

ずっと気になっていた私は、一年ほど経って、彼女に電話を入れました。彼女の返事は「いや、刑事事件には進みませんでした。あのままです。もう私も諦めました」とのこと。

この事件は、私も開業間もないこともあり、それ以上有効なアドバイスもできず、無念の思いを抱きながらも電話を置くよりほかありませんでした。

裁判にはこんな不条理なことがある。しかも、同業者の、極めてお粗末な鑑定書がその土台となってまかり通っている。私は、何とかこのようなおかしな状況を打ち破るだけの力をつけたいと強く思いました。これが私の原動力の一つになっています。鑑定人としての私の原点といってよいかと思います。

【著者】

根本　寛（ねもと　ひろし）

1940年～2014年。神奈川県出身
社団法人　日本筆跡鑑定人協会・会長
日本筆跡心理学協会・会長
経営コンサルタント。筆跡鑑定人。

任天堂DSトレーニングで筆跡心理学を担当。

弁護士やマスコミより以下の筆跡鑑定を依頼される。

「池田小事件」「神戸連続児童殺傷事件」「長崎少年事件」

「名古屋千種区通り魔事件」「佐世保同級生殺人事件」

「第五福竜丸の日誌」「文部科学省に届いた自殺予告文」

「塩尻市男女変死事件」「浦安市介護施設・拘束疑惑事件」

「トイレ万札事件」「姫井由美子議員の有印私文書偽造事件」など。

新筆跡鑑定

2015年　3月　20日　第1版第1刷発行

著者　根本　寛

発行者　高橋　考
発行所　三和書籍
〒112-0013　東京都文京区音羽2-2-2
TEL 03-5395-4630　FAX 03-5395-4632
sanwa@sanwa-co.com
http://www.sanwa-co.com

印刷所／日本ハイコム印刷株式会社

乱丁、落丁本はお取り替えいたします。価格はカバーに表示してあります。

ISBN978-4-86251-180-5 C0036

本書の電子版（PDF形式）は、Book Pub（ブックパブ）の下記URLにてお買い求めいただけます。
http://bookpub.jp/books/bp/406